21世纪高职高专财经类专业核心课程教材

财经应用文写作训练

Caijing Yingyongwen Xiezuo Xunlian

（第五版）

邱宣煌 主编

东北财经大学出版社 大连

Dongbei University of Finance & Economics Press

图书在版编目（CIP）数据

财经应用文写作训练/邱宣煌主编．—5版．—大连：东北财经大学出版社，2017.2

（21世纪高职高专财经类专业核心课程教材）

ISBN 978-7-5654-2693-3

Ⅰ.财…　Ⅱ.邱…　Ⅲ.经济–应用文–写作–高等职业教育–教材　Ⅳ.H152.3

中国版本图书馆CIP数据核字（2017）第021452号

东北财经大学出版社出版

（大连市黑石礁尖山街217号　邮政编码　116025）

网　　址：http：//www.dufep.cn

读者信箱：dufep@dufe.edu.cn

大连永盛印业有限公司印刷　东北财经大学出版社发行

幅面尺寸：185mm×260mm　字数：432千字　印张：19.25

2017年2月第5版　　　　　2017年2月第11次印刷

责任编辑：张晓鹏　龚小晖　　　　责任校对：思　齐

封面设计：张智波　　　　　　　　版式设计：钟福建

定价：36.00元

出版说明

　　东北财经大学出版社自建社以来一直担负着出版各层次财经教育用书的重任，先后出版过大量专业水平高、实用性强、富有特色、得到广泛采用的教学用书。其中包括财政部、中国人民银行、中国农业银行、中国工商银行、中国建设银行、商务部、国家税务总局、国家统计局和辽宁省教委等主持编写的数百种教材，积累了丰富的出版资源和出版经验。

　　近年来，随着高等教育结构的调整，高等职业技术教育蓬勃发展。我们系统地研究了国内外高职高专教育的特点，总结了全国部分高职高专学校的教学经验，特别是在研究总结教育部设在东北财经大学职业技术学院的全国高等职业教育师资培训基地教学经验的基础上，策划了本套供高职高专教学使用的教材新系。我们从本社历年来出版的百余种各部委统编的高等财经专科教材中，遴选出部分使用广泛、影响深远、深受用书单位好评的教材，以之为蓝本，组织长期从事教育实践、业务水平高的教师，在继承原教材长处的基础上，吸收我国改革和财经管理的最新成果，着眼于21世纪经济、技术、社会发展和世界经济一体化的历史趋势对人才的需求，重新编写了财经类专业核心课、财务会计、证券投资、会计电算化等系列教材。这些系列教材在内容、结构和形式上都有很大的提高，具有很强的适用性和前瞻性。

　　在新版教材出版之际，谨向原版教材和新版教材的编写人员以及用书单位的师生表示衷心的感谢，并欢迎读者就本系列教材的有关问题多多赐教。

东北财经大学出版社

第五版前言

本书是《财经应用文写作》教材的辅助用书。主教材重在理论阐释，较少或完全不涉及实践能力训练，本书则以实践能力训练为主要内容。两者配合，力避理论与实际的脱节。

本书分上编"各章练习"和下编"测试题库"两部分。上编各章含知识题和实践题两种，供平时教学课内外练习用，为课堂教学提供较便捷的理论联系实际、学以致用的途径。下编则包含测验、考试涉及的题型和具体内容。题型含选择题、填空题、判断题、简答题、案例题、作文题六种。这些题既是教师从中选题组合试卷的来源，也是学生学习本课程后应掌握的知识和能力，让师生于教学的开始就明确目标，从而避免考试时教师命题的随意性和学生"平时不烧香，临时抱佛脚"的现象。

本书作为《财经应用文写作》教材的辅助用书，与其所收文种相同，修订亦同步。此次，主教材进行了全面的修订，本书亦进行了相应的修订。

应用文这种实用文书，不同于文学、艺术作品，它负有社会交流和（或）规范行为的职能。因此，它的制作必须遵循有关的规定或规矩。规定，适用于公文、规章制度、广告等。这类文种的制作必须严格执行规范及相关法规，如《党政机关公文处理工作条例》《中华人民共和国立法法》《中华人民共和国广告法》等。规范本意指校正圆形和方形的两种工具，现常用来比喻一定的标准、规矩、法则或习惯，适用于计划、总结、求职文书等。这类文种虽然没有相关的需强制执行的法规，但在长期的社会实践中已形成了约定俗成、被社会普遍认同和践行的规律性的最佳写作方法，也就是规范学习应用文写作就要学会如何用这些规定、规范（理论）去指导具体的写作（实践）。本书作为写作训练教材引用了不少以往的实例，有的只用其标题，有的用全文也做了删减，对原文涉及的时间均作了淡化处理。这是因为引用的目的不是学习原文的主题或内容，而是借鉴其写作方法，验证其是否符合该文种的规定或规矩，好的作为仿效的样板，有问题的则从中吸取引以为鉴的教训。这就是本书此次修订的指导思想，也是学习者打开应用文写作大门的一把钥匙。

本书由上海财经大学的邱宣煌老师修订并担任主编。本书既可作为财经类高等职业院校的写作教材，也可供各类成人教育学校使用，还可以作为在职人员、社会青年的自学读本。

编写练习虽非创作，但我们做的是沙里淘金的工作，颇为艰难，心余力绌，难免疏漏偏颇，衷心欢迎用书学校和读者批评指正。

编　者

2016年12月

目 录

上编 各章练习

下编 测试题库

附录　参考试卷

上编　各章练习

　　各章练习供平时教学过程中与教材配套用。

　　各章练习设知识题、实践题两种题型。

　　知识题是该章教学要点的提示，也就是教学大纲对教学要求的具体化，同时兼有考试大纲明示考试内容与考核目标的作用。它是学生课后复习的指南，是教师复习检查旧课的依据，同时对自学者也有指导作用。

　　实践题是理论与实际相结合的环节，是把所学知识运用于实践的演练。实践题中包含两部分：大部分是案例题（案例分析），这些案例来源于现实生活，多数是公开发表过的，少数为内部资料；有正面的，也有有问题的。通过对这些案例的评析，旨在锻炼学生分析问题的能力。少部分是作文题（应用题），旨在学以致用，锻炼学生解决问题的能力。

第一章　写作基础知识简介

一、知识题

1.什么是写作的材料？它有什么作用？

2.材料的积累有哪些途径？

3.材料的选择应遵循什么原则？

4.文章写作如何使用材料？

5.什么是主题？它在文章写作中有什么作用？

6.提炼主题有哪些原则和方法？

7.不同的文体，主题在文章中的表现有何区别？

8.什么是结构？它在写作中起什么作用？

9.文章的结构主要涉及哪些内容？应用文的篇章结构有哪些特点？

10.什么是纵式结构和横式结构？它们有什么区别？

11.语言在文章写作中有什么意义？

12.文章写作怎样运用标准语言？

13.写作的表达方式主要有哪些？

14.应用文写作常用哪几种表达方式？

二、实践题

1.应用文的标题常常就是文章主题（又称基本观点）的集中表现。下面是一篇标题为《××局办公室关于国庆放假的通知》的正文，读后请指出该文是否正确表达了主题，你认为应该怎样写？请写出正确的。

[例1-1]

国庆来临，为了更好地迎接今年的××周年大庆，请各科室在节前进行一次大扫除，保持科室清洁，欢度国庆佳节。

2.应用文写作选材要求"精"，也就是材料的取与舍、详与略都应服从于表现主题的需要。阅读下述例文，请作评析并重写。

[例1-2]

有奖征文启事

（1）一个小故事、一段家常事、一番朋友对话、一个精彩的段子、一首诗……只要你写出来的东西讲究文采，情感真挚，请立即寄给我们，字数最好在500字以内，每则均有50元稿酬。

（2）在每个人的生活领域，把事业的艰辛和兴盛、人生的波折、感情的历程、生活的情感记录下来寄给我们，题材不限，文以载道。欢迎您和您的文友们投稿，您将得到50

元以上的奖励。

（3）向文学要表现、向生活要发现，本刊每一个栏目都欢迎投稿，一经采用，稿酬即付。

（4）如果您想对一个人、一些人、一件事、一些事说点心里话，我们的刊物将提供为您刊登的机会，我们欢迎您寄来习作，并给予润色点评，来稿10日必复。请在信封标明"10日必复"，信封内须附通联费5元整，不要错过将您的文字和姓名登上书刊的机会哦！

共青团主办，纯文学书刊，欢迎文学爱好者、诗人来函免费索取本刊"投稿须知"。

来稿请寄414000　岳阳市岳阳楼区文化百香园大院3号《文艺》编辑部（收）

3.应用文写作特别注重结构严谨，层次分明，以利施行。下面一段话不符合应用文表达的要求，读后请按逻辑关系将它分为若干段，并加上标点符号。

[例1-3]

保障老年人合法权益是全社会共同的责任各级劳动和社会保障医疗保险公安司法行政人事财政工商行政管理房屋土地卫生教育文化体育等部门和人民法院人民检察院以及企业事业单位应当依照各自职责做好老年人权益保障工作各级老龄委员会退休职工管理委员会工会共产主义青年团妇女联合会以及老干部管理部门应当协助支持各级人民政府贯彻实施本条例居民委员会村民委员会应当反映老年人的要求维护老年人合法权益为老年人服务报刊广播电视等新闻单位应当加强保障老年人合法权益的宣传教育工作弘扬敬老养老的传统美德谴责侵犯老年人合法权益的行为青少年组织学校和幼儿园应当对青少年和儿童进行敬老养老的道德教育和维护老年人合法权益的法制教育鼓励发展老年慈善事业提倡义务为老年人服务

第二章 应用文概述

一、知识题

1.什么是应用文？为什么说应用文的使用范围广泛、与人们的关系最直接？

2.为什么说应用文的出现和存在与文字和国家的出现和存在是平行的？为什么历代政府都重视公文的规范？

3.应用文在社会生活中有哪些作用？

4.常见的应用文有哪些种类？

5.与其他文体相比，应用文有哪些特点？

6.怎样写好应用文？

7.在你的工作和社会生活中，办哪些事要用到应用文？

二、实践题

下面两篇都是有关语言文字规范的文章，一篇是议论文，一篇是应用文，读后请从文章的作者、主题、选材、结构、语言、表达方式等方面作对比分析，说明应用文写作的特点和要求。

［例2-1］

整治语言文字混乱现象
符达维

由于语言文字所要求的社会共同性和语文使用中的个人随意性这一对矛盾的普遍存在，在人们口头和笔下的语文成品中，总会出现一些不规范的现象。当这种现象严重到形成一个时期的社会用字用语混乱、影响社会生活的正常秩序时，就需要用社会的力量乃至国家机构的权威来加以规范。这在不少国家的历史上都有先例。

回顾中华人民共和国成立以来，语言混乱现象已出现过两次。第一次是在中华人民共和国成立初期，当时由于形势迅速发展，工农群众在政治上、经济上翻身的同时，也打破了文字被少数人垄断的局面，书面语言使用人数激增，而文化教育、语言训练一时未能适应这种变化，结果导致语文规范受到了冲击。《人民日报》为此于1951年6月6日发表了重要社论《正确地使用祖国的语言，为语言的纯洁和健康而斗争》。社论指出了当时人们在使用语言中"普遍存在很多的甚至不可容忍的混乱现象"，号召坚决学好语言，捍卫祖国语言的纯洁和健康。随即党中央机关报以重要篇幅长期连载吕叔湘、朱德熙先生的《语法修辞讲话》，形成了一个全国学语法的热潮。随后，国务院又在50年代开展了一系列卓有成效的汉语规范化工作。

第二次混乱现象，众所周知，是"十年动乱"造成的社会语文水平整体滑坡。对此，《人民日报》于1981年6月19日发表了题为《大家都来讲究语言的文明和健康》的社论，指出"十年浩劫，斯文扫地"，语言也"蒙上秽土污尘"，"中华民族一些美好的语言传统遭到了破坏与践踏"，语言不规范的现象"在报刊、书籍上也屡见不鲜"，并指出报纸、杂志、广播等在正确使用祖国语言方面承担着重要责任。凡是经历过"文革"那一阶段的人，想来对各种所谓"简体字"的泛滥成灾，一定还记忆犹新。

当前，我们正面临着第三次社会语文混乱状态："无错不成书""无错不成报"，电视、广播节目主持人主持节目时别字连篇，广告文理不通，街头告示洋相百出……这一状况的出现，某种程度上和第二次的混乱没有得到根治有关。但本质上的原因，一方面是人类社会正在发生重大变化，信息和信息载体之间存在矛盾；另一方面则是因为我国正处于社会转型时期，迅猛发展的经济大潮与一时滞后的文化语言工作存在落差。

语言是信息的载体。所谓信息社会的信息量激增（"爆炸"），实际上就是社会言语总量的激增，我国近年来报纸、杂志的数量与篇幅以及广播、电视播出量的迅猛增加就是最好的证明。在言语总量激增的状况下，即使差错率不变，言语差错的绝对量也在激增，也可以达到"触目皆是"的地步。

何况，我国社会主义市场经济的发展，使语言文字的应用范围与功能远远超出了以往的任何时代。财经语言、贸易语言、商业语言（最大量的是广告语言）乃至一些法律语言、宣传语言，有的是在计划经济时代所不用的，有的也需要更新和发展，而社会群体在这方面的语言准备显然是不足的，于是难免会出现一时的手足无措。

再加上迅猛的商潮对社会道德的冲击，某些出版社（或"写手"）急功近利，眼睛盯着经济效益而放弃了自己的神圣职责，有章不循、偷工减料，重视选题策划、忽视案头工作，甚至根本不设校对人员，为错别字的出笼大开方便之门。

由此可见，当前语文应用的混乱，既不是偶然发生的，也不是个体行为的后果。它已成为一个特定历史时期的社会文化现象。既然如此，就不是少数语文工作者所能力挽狂澜的，而必须依靠全社会的力量乃至国家权威机关的影响，才能在社会语文应用方面再次"拨乱反正"。

笔者认为，首先，要加强语文立法，依靠法治。党中央最近颁布的《爱国主义教育实施纲要》明确规定："正确使用祖国的文字，大力推广普通话。"这可以说是一个总纲，根据这个总纲，还要制定具体的社会语文管理法规，并真正做到有法可依，执法必严，这样才能从根本上治理混乱。

其次，解铃还需系铃人。既然大量的语文混乱现象来源于媒体，那么，作为媒体的报纸、杂志、电视、广播等在义不容辞地进行语文规范化宣传的同时，必须首先加强自身的语文建设，在内部建立一定的监督语言文字使用的规章制度。一旦从"无错不成书""无错不成报"变为"有错不出书""有错不出报"，则语言的纯洁和健康庶几近矣！

最后，发动并依靠群众依然是开展各项工作的好办法，治理语文混乱也是如此。《咬文嚼字》的"悬赏捉错"就是一种动员群众的有效措施。只有把一切公开的语言文字都置于群众监督之下，让语文差错成为"过街老鼠"，匡谬正误才会有坚实的保证力量。

（摘自《咬文嚼字》）

［例2-2］

国家语言文字工作委员会

广播电影电视部

关于广播、电影、电视正确使用

语言文字的若干规定

根据国务院国发〔1986〕64号文件的指示精神，为加强广播、电影、电视语言文字的规范化，特作如下规定：

一、广播、电影、电视使用语言文字应做到规范化，对全社会起积极的示范作用。

二、县、市以上（包括县、市）的广播电台（站）的播音，除少数民族聚居地区和其他特殊情况者外，都应逐步达到全部使用普通话。现在使用方言播音的节目，要根据当地普通话推广的实际情况，逐步改用普通话播音。

三、电影、电视剧（地方戏曲片除外）要使用普通话，不要滥用方言。扮演领袖人物的演员在剧中一般也要讲普通话。如因内容需要，要用某些方言，也不能过多。使用方言的电影和电视剧的数量要加以控制。

四、电影、电视剧的片名，电影、电视剧片头的制作单位名、字幕、演职员表，以及电影、电视广告，使用文字要合乎规范，不应使用已经简化了的繁体字、被淘汰了的异体字和不规范的简化字，应当消灭错别字。简化字以1986年10月10日重新发表的《简化字总表》为准。使用汉语拼音，要拼写正确，分词连写，以汉语拼音正词法委员会公布的《汉语拼音正词法基本规则（1987）》为依据。

五、广播、电影、电视使用普通话要合乎规范，应当避免读音差错。普通话异读词的读音以《普通话异读词审音表》（1985年12月修订）为准。

六、民族地区的广播电台（站），除使用当地民族语言播音外，根据当地的实际需要和可能，可适当增加使用普通话播音的节目。

七、各广播电台（站）、电视台、电影制片厂、电视片制作单位应采取各种有效措施，使有关工作人员在正确使用语言文字方面，提高思想认识，增强业务素质。

八、电影、电视制作部门要建立严格的审查校对制度。必要时可聘请语言文字方面的专家作顾问。对那些在语言文字规范化方面工作卓有成绩的单位和个人，要给予表彰或奖励。

九、各地语言文字工作部门，要密切配合广播、电影、电视部门做好语言文字规范化工作，并积极开展有关的宣传和咨询服务工作。

1987年4月1日

第三章　公文

【第一节　公文的种类】

一、知识题

1.为什么要了解并熟练掌握公文种类及其功能？

2.公文文种的选用与发文、受文机关有什么关系？

3.公文文种的选用与事由有什么关系？

4.我国现行公文以《党政机关公文处理工作条例》（2012年7月1日起施行）为规范，共有多少种类？其前后顺序主要是以什么原则来排列的？

5.不同的文种基本上体现了不同功能的区分，但又是相对而不是绝对的，试举例说明。

6.按行文关系分，哪些是上行文、哪些是平行文、哪些是下行文？其中哪些文种又有部分与别类存在交叉现象？

7.适用于颁转（包括发布、印发、转发、批转等）另一个文件（包括法规、规章、公文、其他材料）的文种有命令、议案、通知以及公告、报告等，它们的区别是什么？

8.适用于请求事项的文种有哪些？有什么区别？

9.适用于答复事项的文种有哪些？有什么区别？

10.适用于反映情况和提供有关信息的文种有通知、通报、报告、会议纪要等，它们的区别是什么？

11.适用于奖惩人员的文种有哪些？有什么区别？

12.适用于任免和聘用干部的文种有哪些？有什么区别？

13.适用于告示事项的文种有命令、公告、通告、通知、函等，它们有什么区别？

14.适用于上级机关对下级机关发号施令的文种有哪些？其中用命令和用通知有什么区别？

二、实践题

1.下列公文标题已有发文机关和发文事由，请根据不同文种的职能、发文者的职权范围以及行文关系，补写出合适的文种并说明理由。

（1）上海铁路局关于春节期间增开××次列车的_____。

（2）国务院办公厅关于向地方派驻物价特派视察员的_____。

（3）上海市税务局关于本市20××年×月份税收情况的_____。

（4）川沙县商业局关于报送川沙县商业系统上半年财务分析的_____。

（5）苏州市委办公室、市政府办公室关于各级党政机关工作人员在国内交往中收受礼品实行登记的_____。

（6）大连市人民政府关于提请审议《大连市机关团体事业单位治安保卫工作条例（草

案）》的_____。

（7）上海市农业机械总公司关于表彰20××年度先进集体、先进工作（生产）者的_____。

（8）燎原化工厂关于×××违反劳动纪律的处理_____。

（9）国务院关于重视和加强有机肥料工作的_____。

（10）上海市工商行政管理局外商投资企业法人注册登记_____。

（11）中共上海新亚集团股份有限公司委员会转发《东风饭店党支部开展精神文明建设活动的总结》的_____。

（12）上海港机械修造厂印发《上海港机械修造厂消防器材设备管理办法》的_____。

（13）上海市委办公厅、市政府办公厅关于贯彻中央决定抓好当前抗洪抢险工作的_____。

（14）上海市教育局、托幼办、财政局、劳动局关于调整本市幼托收费标准的_____。

（15）雅安地区行政公署办公室关于20××年我区扫盲工作的_____。（主送省政府）

（16）上海市税务局××分局关于××皮鞋厂新产品适用税率问题的_____。（主送市税务局）

（17）上海市人民政府关于原则同意崇明县县城综合发展规划的_____。

（18）上海市人民政府关于邀请总政歌舞团来沪参加上海电视节演出的_____。

（19）南汇县水泥制品厂《关于扩建车间、仓库拟征用土地的_____》。

（20）上海市人民政府与浙江省人民政府《关于进一步加强经济合作的_____》。

2.下列公文标题中的文种运用有的正确、有的欠妥，请加以辨析，认为欠妥的请说出理由。

（1）××市公路管理处《关于超重车辆行驶公路办证的通知》。

（2）××儿童食品厂《更改电话号码的公告》。

（3）×××晒图机有限公司经营部《迁址通告》。

（4）××市自来水公司《降压通告》。

（5）××市邮电管理局《关于春节期间长途电话实行优惠的通知》。

（6）××钢铁厂《关于以留成外汇购置进口仪器的申请报告》。

（7）共青团××公司委员会《关于成立春运突击队的通告》。

（8）××县工商行政管理局《关于改变各集镇赶场期的公告》。

（9）工商银行××市分行《关于表彰信贷员×××同志的通知》。

（10）××省新闻出版局《关于同意<××××>（期刊）继续出版的通知》。（主送该刊）

（11）×××同志《关于发展中药事业的批示》。

（12）××市财政局《关于坚决制止用公款滥发实物的通告》。

（13）××职业学校《关于建立实验商场申请营业执照的请示》。

（14）××省人民政府《关于××市社队煤矿重大事故的通告》。

（15）××市劳动局《关于接连发生压力容器爆炸事故的通告》。

（16）××市民政局《关于印发<社团管理办法>的函》。

（17）国家外汇管理局××分局《关于对外商投资企业进行外汇业务年度检查的通知》。

（18）交通部××海上安全监督局《关于施工期航行通告》。

（19）××市社会保险局《关于对20××年企业离、退休人员计发养老金问题的意见》。

（20）××区商业局《关于个体饮食店（摊）卫生情况的报告》。

3.抄录你单位（或其他基层单位）制发的公文标题5个，并对其文种运用作评析。

【第二节　公文的格式】

一、知识题

1.什么是公文格式？

2.公文为什么必须使用规范的格式？

3.公文格式是由哪些部分（项目）组成的？

4.公文格式是对成文的体式要求；同时，国家标准部门对于拟文格式（发文稿纸）也制定了统一标准，两者是什么关系？

5.公文格式的项目，在一件具体的公文上，有些是必备的，有些是选择性的（视需要而用）。一般公文起码应该具备哪些项目才是完整、合法、有效的？

6.“发文机关”和它下面的间隔线，用红色印制的俗称“红头文件”，没有这种标志的俗称“白头文件”，两者有什么区别？

7.“发文机关”有三种表现形式，有什么区别？

8.“秘密等级”如何使用？

9.“紧急程度”如何使用？

10.“发文字号”由三项内容构成，怎样才是规范的？

11.“签发”的使用，在成文稿与拟文稿上有何区别？

12.“标题”由三项内容构成，为什么“一般应当标明发文机关”？标题中常出现“关于”“印发”之类的介词和动词，它们起什么作用，如何正确使用？标题中可否使用标点符号？标题的字数较多时，应如何分行排列？标题下必要时可用括号加题注，适用于什么情况，如何使用？

13.“主送机关”用于哪些发文对象？应如何表述？可不可以省略？用于“请示”时，有哪些特别要求？

14.“正文”是公文的主体部分，用于表达公文的具体内容，它在结构层次的表达和数字的使用方面有哪些规定？

15.“附件”是什么性质的内容？应如何表达？

16.“印章”是什么性质的项目？应如何用印？哪些公文无印章不影响其合法、有效性？

17.“成文时间”是根据什么确定的？

18.“附注”（注释）是什么性质的内容，适用于哪些事项？

19.“主题词”有什么作用？为什么每个词（或词组）之间要间隔一个字？

20.“抄送”适用的对象有哪些？

21.“印发机关”和发文机关是什么关系？

22."印发时间"和成文时间有什么区别?

23.拟文稿比成文稿多了会签、拟稿单位、拟稿、核稿、印刷、校对、份数等项目,为什么要设置这些项目?应如何使用?

24.公文的用纸幅面尺寸、排版规格、字体字号、页码、标注、装订要求有什么规定?

25.什么是公文的信函式格式、命令格式、会议纪要格式?

二、实践题

1.下列公文标题是否规范?请作辨析,认为不规范的,请说明理由并予以改正。

(1)关于人民银行××市分行改革信用社管理体制的报告。

(2)××区教育局转发××市教育局关于加强学生春游组织工作的通知。

(3)××省工商行政管理局关于国家工商总局、卫生部《药品广告管理办法》的通知。

(4)中共××市××区委员会批转《关于进一步加强基层班组建设的意见》的通知。

(5)××部关于转发国家中医药管理局中医药经企〔20××〕1号文件的通知。

(6)××市技术监督局采用国际标准标志产品备案公告。

(7)××市人民政府关于严禁在市区养犬和捕杀野犬、狂犬的通知。

(8)××省财政厅严格控制会议费的通知。

(9)××县工商局关于×××同志严重失职的处分决定的通知。

(10)××厂关于印发《××厂贯彻国务院关于职工工作时间的规定的实施细则》的通知。

2.下列公文发文字号是否规范?请作评析,认为不规范的,请说明理由并予以改正。

(1)(20××)沪港业字第059号

(2)沈汽所〔20××〕4号

(3)辽劳发(20××)24号

(4)中石化(20××)财字230号

(5)京给水(20××)字第1号

(6)上财财字第6号

(7)津房地改(20××)677号

(8)沪电话局〔20××〕实字第24号

(9)浙财发20××第(43)号

(10)(20××)厂部31号

3.下列公文主送机关是否规范?请作辨析,认为不规范的,请说明理由并予以改正(为了分析的方便,括号内介绍了原文的发文机关/文种名称)。

(1)全体职工(×厂/通告)

(2)各企业(×市局/通知)

(3)局属各单位(×市局/通知)

(4)各有关单位(×市局/通知)

(5)××市商业局物价处、财务处并各位局长(×公司/请示)

(6)各科、室、车间(×厂/通知)

(7)市商业局负责同志(×公司/请示)

(8)省商业厅、市供销社(×公司/报告)

（9）集团紧密层成员单位（×公司/通知）

（10）各纳税户（×税务局/通知）

4.下述内容仅是一件公文中的一个格式项目——正文，请分别用"红头文件"和"白头文件"格式，在必要的位置补出该文必备的其他项目，未知因素用××替代。

[例3-1]

关于你校统计系高年级学生来我局参加城乡居民家计调查一事，我们原则同意，请即派一干部（或教师）前来具体商洽。

5.读下面一段文字，请用"白头文件"规范的格式并加标点符号予以表述。

[例3-2]

上海市人民政府办公厅转发国务院办公厅关于开展安全生产百日督查专项行动的通知和印发本市安全生产百日督查专项行动实施方案的通知沪府办发200812号各区县人民政府市政府各委办局经市政府同意现将国务院办公厅关于开展安全生产百日督查专项行动的通知国办发明电20××22号以下简称国务院办公厅通知转发给你们同时将本市安全生产百日督查专项行动实施方案以下简称本市实施方案印发给你们请按照国务院办公厅通知的要求和本市实施方案加强领导周密部署深入开展安全生产百日督查专项行动确保本市安全生产形势总体稳定不发生有严重影响的重特大事故上海市人民政府办公厅20××年4月29日

6.下面是部分公文实例，读后请就行文格式加以评析，认为不妥的，请说明理由并予以改正。

[例3-3]

上海市××局文件

沪×发（20××）74号

关于本市单位职工调动手续的意见

各区、县劳动局，各主管局、控股（集团）公司：

  为促进本市各单位职工合理流动……

20××年8月26日

（印章）

抄报：有关委、办

抄送：各区、县劳动服务公司

[例3-4]

中国××总会（部）文件

×××〔20××〕036号

×××〔20××〕026号

关于邀请参加……中国展团的通知

有关公司、机械厂、器材厂：

（正文略）

中国××××协会 中国××××分会

（印章） （印章）

20××年3月15日

[例3-5]

××××（20××）70号

中国工商银行××省分行（会计出纳处）

关于协助防范被盗银行承兑汇票的函

各省、自治区、直辖市分行会计出纳处（财会处）：

××省分行营业部开出一张银行承兑汇票被盗……

20××年9月5日

（印章）

主题词：会计结算 防范 银行函兑汇票 函

抄　报：总行财会部

抄　送：总行营业部

打　字：×××　　校　对：×××

7.复印一份你单位或其他基层单位的公文，并就其公文格式的运用作评析。

【第三节　公文正文写作的规律】

一、知识题

1.为什么以立意或主旨指称公文的主题？

2.公文在立意——思想内容方面应遵循哪些原则？

3.公文正文结构的基本格局是怎样的？

4.公文正文的开头起什么作用？怎样写得简明？

5.公文正文的中段（主体）为什么尤需层次分明？可用哪些方式使之观点鲜明、层次清楚？

6.公文正文的结尾起什么作用？有哪些表达形式？

7.公文的语言为什么要求平实而不追求生动活泼？

8.公文语言崇尚的准确、简洁、庄重，其含义是什么？

9.公文文章在层次标注、数字运用等技术方面有哪些要求？

二、实践题

1.读下面两则公文（正文部分），请回答：

（1）公文的立意与文学创作的主题有什么不同？公文的立意应遵循哪些原则？

（2）这两则公文是否体现了公文立意的特点？

（3）如认为欠妥，请指出其问题并予以改写。

［例3-6］

××医药公司工会关于支援灾区的通知

20××年1月以来，我国南方大部分地区和西北地区东部发生了中华人民共和国成立以来罕见的持续大范围低温、雨雪和冰冻灾害。严重的气象灾害，给民众生产生活造成了严重损失。在这危急时刻，我们的人民子弟兵为国家和人民谱写了可歌可泣的抗冰冻救灾英雄之歌。灾区群众为了保大"家"而舍小家，做出了牺牲。我们虽然身在上海，没有遭受冰冻的困扰，但我们的心是与灾区人民紧连在一起的，不能让我们的亲人挨饿受冻，帮助他们早日重建家园是我们最大的心愿。希望工会会员们积极行动起来，献出你们的爱心，发扬"一方有难，八方支援"的互助精神，送去我们社会主义大家庭的温暖。

［例3-7］

××大学关于救灾捐献的通知

5月12日，我国四川汶川地区发生了8级的特大地震，灾害损失极为惨重，给当地生产和群众生活带来了巨大困难。根据统一部署，现将发动本校群众捐献，支援灾区有关事项通知如下：

一、捐献对象为教职工、学生；

二、我市主要支援汶川地区，捐款数额不限、捐献物品限衣物，要求清洁无破损，传染病病人用过的勿捐；

三、捐款、捐物可交院、系转校工会，也可直接交校工会；

四、捐献时间，即日起至本月底截止；

五、接受捐赠均应登记造册，如捐赠人要收据则由接受单位开给。

2.阅读下面的例文并回答问题：

（1）公文正文的结构一般包括几个部分？各有什么职能？

（2）正文的中段（主体部分）特别注重层次清楚、条理清晰、明白通畅，常用哪些方法？

（3）例文中第一层次的小标题被隐去了，请根据内容予以复原，填在括号内。

[例3-8]

国务院办公厅关于开展安全生产
百日督查专项行动的通知

国办发明电〔20××〕22号

各省、自治区、直辖市人民政府，国务院各部委、各直属机构：

今年以来，各地区、各有关部门继续认真贯彻党中央、国务院关于加强安全生产工作的部署，积极推进"隐患治理年"的各项工作，全国安全生产形势保持了总体稳定、趋于好转的发展态势，事故起数和死亡人数比去年同期均有所下降。但煤矿、交通运输、危险化学品、建筑施工等一些行业（领域）隐患仍然比较突出，事故时有发生，给人民群众生命财产造成了严重损失。为进一步加大工作力度，有效遏制重特大事故的发生，促进国民经济和社会又好又快发展，经国务院同意，决定于4月下旬至7月底在全国范围内组织开展安全生产百日督查专项活动。现将有关事项通知如下：

一、（   ）

通过深入持久的督查行动，进一步促进党和国家关于安全生产方针政策、法律法规以及"隐患治理年"各项工作部署的落实，促进各生产经营单位安全生产主体责任和地方各级人民政府监管主体责任的落实，立足于治大隐患、防大事故，建立、健全隐患治理和危险源监控制度，加强事故预警、预防和应急救援工作，努力构建安全生产长效机制，实现全国安全生产形势的持续稳定好转。

二、（   ）

此次督查行动由国务院安全生产委员会办公室（以下简称国务院安委会办公室）综合指导、协调，各省级人民政府、国务院各有关部门组织实施，采取企业自查与部门抽查相结合、综合督查与专项督查相结合的方式进行。各类生产经营单位要按照《国务院办公厅关于进一步开展安全生产隐患排查治理工作的通知》（国办发明电〔20××〕15号）的要求，全面深入地开展好自查。各级安全监管监察机构和负有安全监管职责的部门，要分别组织综合督查和专项督查。地方各级人民政府、各有关部门要结合本地区、本行业（领域）安全生产实际，在对督查工作进行全面安排部署的基础上，确定督查的重点地区、重点行业（领域）、重点企业和重点场所，省级督查要不少于1/3的市（地），市级督查要不少于1/3的县（区），县级督查要不少于1/3的乡镇。

三、（   ）

综合督查的内容主要是：地方各级人民政府、各有关部门、各生产经营单位要贯彻落实安全生产的方针政策、法律法规，建立和落实安全生产责任制，健全安全管理和监督体制机制，制定和实施安全生产规划，加大安全投入，加强应急救援体系建设情况；按照国办发明电〔20××〕15号文件的要求，开展隐患排查、登记、整改、监控情况，特别是重大隐患公告公示、跟踪治理、整改销号情况；汛期除险加固、防范由自然灾害引发事故灾难的各项安全措施落实情况；事故查处和责任追究，打击非法建设、生产、经营行为和瞒报事故情况等。

专项督查的内容主要是：煤矿、非煤矿山、冶金、危险化学品、烟花爆竹、道路交通、水上交通、铁路、民航、建筑施工、消防、水利、电力、农业机械、渔业船舶、特种设备、民爆器材、国防科技工业等各行业（领域）安全生产规章、规程、制度、标准等的制定和贯彻执行情况。

具体督查内容由安全监管总局会同各有关部门研究制定。

四、（　　　　　　　　　　　　　）

（一）高度重视，加强领导。各地区、各有关部门要以对人民高度负责的精神，把这次安全生产百日督查专项行动作为减少隐患、遏制事故的重要举措，作为当前安全生产的重要任务，切实抓紧抓好。主要负责同志要亲自研究部署，加强督促检查；分管负责同志要切实履行职责，亲自深入一线开展督查。生产经营单位主要负责人要切实负起第一位的责任，组织开展好本单位自查工作。有关部门要按照职责分工，密切配合，团结协作。各级安全生产委员会及办公室要及时总结分析督查工作中出现的新情况、新问题，加强综合协调和信息汇总。

（二）周密部署，务求实效。各地区、各有关部门要根据本通知精神，结合本地区、本行业（领域）工作实际，于4月底前，制订下发具体督查方案，明确督查内容、要求和责任，并将有关情况报国务院安委会办公室。要建立和落实督查工作责任制，健全工作机制，对督查中发现的隐患和问题，要责令立即整改；不能现场整改的，要提出防范措施，落实整改资金，明确整改期限和责任人，制订应急预案；严重危及安全的，要立即责令停产整改。各有关部门要将督查发现的重大问题及时通报有关地方政府，并做好整改情况的跟踪督导。国务院安委会办公室要加强对百日督查专项行动开展情况的监督检查。

（三）突出重点，全面深入。百日督查专项行动要统筹兼顾，点面结合，既要全面发动，督促各生产经营单位彻底排查隐患和问题，做到排查不留死角、整治不留后患；又要重点检查事故频发、隐患突出、安全生产形势严峻的地区、行业和企业，特别是煤矿、非煤矿山、交通运输、消防、建筑施工、危险化学品、特种设备等行业（领域），以及易由自然灾害引发事故灾难的隐患点等，把各项安全生产措施落到实处，切实把事故伤亡人数降下来。

（四）广泛宣传，形成声势。各地区、各有关部门要充分利用广播、电视、报纸、互联网等媒体，结合"安全生产月"和"安全生产万里行"活动的开展，加大对安全生产百日督查专项行动的宣传力度，教育引导各生产经营单位和广大职工增强做好安全生产工作的主动性和自觉性。要注意发现好经验、好做法，及时加以总结推广，运用典型推动工作。要充分发挥舆论监督和群众监督的作用，鼓励广大职工和人民群众积极举报弄虚作假行为，对自查不认真、走过场，或者督查不力的单位和部门，要予以公开曝光。

百日督查专项行动期间，国务院安委会办公室会定期编辑《工作快报》。各省级人民政府、国务院有关部门要及时将工作进展情况报国务院安委会办公室，并于8月上旬提交本地区、本行业（领域）开展百日督查专项行动的总结报告，由国务院安委会办公室汇总报国务院。

国务院办公厅

20××年4月17日

3.公文正文无论是纵式结构还是横式结构都重视材料间的逻辑关系。下则例文正文包括8个部分19个自然段,即每个部分下分列若干自然段,但原文顺序被打乱了,读后请理顺部分与自然段的关系,即先将19个自然段编上序号,然后在各部分小题下的括号内填入与其对应的自然段序号。

[例3-9]

国务院关于加强产品质量和食品安全
工作的通知

为加强产品质量和食品安全工作,全面提升我国产品质量水平,现就有关问题通知如下:

一、提高认识,增强做好产品质量和食品安全工作的紧迫感和责任感
( )

二、以食品安全为重点,全面加强产品质量监管
( )、( )、( )、( )、( )

三、强化基础,加快标准体系和监管能力建设
( )、( )

四、加强对外工作,妥善应对贸易保护和歧视
( )、( )

五、完善应急机制,妥善应对突发事件
( )

六、全面加强舆论信息工作,坚持正确的舆论导向
( )、( )、( )

七、以产品质量诚信体系为重点,加强质量法制建设和宣传教育
( )、( )、( )

八、加强领导,明确产品质量和食品安全监督管理责任
( )、( )

(注:以下为原文各自然段小题,阐述文字略)

( ) 认真实施《国务院关于加强食品等产品安全监督管理的特别规定》。

( ) 落实执法责任追究制度。

( ) 加强诚信体系建设。

( ) 加强对产品质量和食品安全工作的领导。

( ) 强化地方人民政府和监管部门的责任。

( ) 加强舆论宣传,树立中国产品的良好形象。

( ) 建立统一、科学、权威、高效的产品质量和食品安全信息发布制度。

( ) 发挥舆论监督作用。

( ) 加大对外交涉力度。

( ) 加强国际交流合作。

( ) 完善风险预警和快速反应机制,切实防范和妥善处置产品质量和食品安全突发事件。

（　　）加快标准体系建设。

（　　）加强监管能力建设。

（　　）坚持从源头抓质量。

（　　）严把货架关和餐桌关。

（　　）加强进出口商品检验检疫。

（　　）开展集中整治。

（　　）引导企业提高产品质量。

（　　）产品质量和食品安全关系人民群众的切身利益，关系企业的生存和发展，关系国家形象。

4.读下列例文并回答问题：

（1）公文的语言有什么特点和要求？

（2）这些例文是否体现了公文及其不同文种的语言风格？

（3）对于不符合要求的，请予以改写。

[例3-10]

××公司百货商场关于购置货车的请示

我商场实行独立核算后，民主推荐、选举了干部，建立了职工代表大会制度，充分行使了民主权利，成立了企管会，完善了企业经营及财务管理制度，全场职工从来没有像现在这样气顺、心齐、力无比。因此企业面貌今非昔比，与三个月前相比，营业额增长了47%，利润增长了36.5%，创历史最好水平。由于营业额增大，原有一部货车已不能满足业务运输的需要，特申请添置4吨货车一辆。可否？请批复。

[例3-11]

××市税务局关于转发《中华人民共和国
税收征收管理法》《中华人民共和国
个人所得税法》的通知

《中华人民共和国税收征收管理法》和《中华人民共和国个人所得税法》规定："个人所得税，以所得人为纳税义务人，以支付所得税的单位或者个人为扣缴义务人""扣缴义务人在向个人支付应税款项时，应当依照税法规定代扣税款、按时缴库，并专项记载备查。前款所说的支付，包括现金支付、汇拨支付、转账支付和以有价证券、实物以及其他形式的支付""扣缴义务人应扣未扣、应收未收税款的，由扣缴义务人缴纳应扣未扣，应收未收税款"。

同时规定："扣缴义务人必须在法律、行政法规规定的或者税务机关依照法律、行政法规的规定确定的申报期限内，到主管税务机关办理纳税申报或者报送代扣代缴、代收代缴税款报告表。""扣缴义务人未按照规定的期限向税务机关报送代扣代缴、代收代缴税款报告表和有关资料的，由税务机关责令限期改正，可以处两千元以下的罚款；情节严重的，可以处两千元以上一万元以下的罚款。"

现将《中华人民共和国税收征收管理法》和《中华人民共和国个人所得税法》转发给你们，以供学习和全面领会有关精神，做好个人所得税的代扣代缴工作。请依照执行。

特此通知

[例3-12]

××研究所关于申请购置空调的请示

今年夏天，本市出现了前所未遇的大热天，人人都喊吃不消。我们的设计人员都是十几人一个办公室，桌挨桌，椅靠椅，工作起来汗流浃背，有时汗水一不小心就滴到了图纸上，实在不像样。当然，与我厂高温车间的工人相比，似乎算不了什么困难。但是考虑到脑力劳动的特点，为了更好地发挥知识分子的积极性，我们还是希望给他们特殊照顾，为他们的办公室安装空调，改善他们的工作条件。如工人方面有意见，请工会做做工作。妥否，请批复。

5.复印一件你单位或其他基层单位制作的公文，请对其正文写作从立意和（或）结构、语言方面作评析。

6.将报纸刊登的一则公文报道，按公文体例略加增、删、调整，复原为原公文。

【第四节　几种常用公文的写作】

一、知识题

1.通告是什么性质的公文？它的发布形式为什么直接面向社会？

2.通告的特点决定了它的写作应注意哪"三个特征"？

3.通知的功能虽广，但从写作方法看可归纳为几种类型？

4.几类通知的写法各应掌握哪些要点？

5.通报在公文中有什么独特性？

6.通报对事件应叙述、议论和提出要求，它与新闻、评论、通知有什么区别？

7.报告是什么性质的公文？为什么其表达方式宜用陈述？

8.报告的职能有几个方面，写法有无区别？

9.请示与报告同属上行文，它们为什么被分列为两类？

10.请求指示的请示与请求批准的请示在写法上有什么区别？

11.批复是答复性公文，它与复函的区别在哪里？

12.批复与其他指示性公文相比，写作有什么特点？

13.函常用于告知事项，部分通知也有知照的性质，它们有何区别？

14.向不相隶属机关请求批准的事项也要用函行文，这种函与请求批准的请示有什么区别？

15.会议纪要是什么性质的公文？

16.会议纪要的结构形式与其他公文有什么区别？

二、实践题

1.通告是用于公布社会各有关方面应当遵守或者周知的事项、向社会公开披露的公文。据此，它在写作上应体现哪些特点？请将下列材料扩写成一篇完整、规范的通告。

[例3-13]

据不完全统计，2015年我国接到诈骗信息的人数高达4.38亿人，相当于每3人中就有1人接到过诈骗信息。另据媒体报道，目前在我国从事网络诈骗产业的人数至少有160万人，"年产值"超过1 100亿元。中国互联网协会发布的《中国网民权益保护调查报告2016》显示，近一年，我国网民因为垃圾信息、诈骗信息、个人信息泄露等遭受的经济损失为人均133元，比上年增加9元，总体经济损失约915亿元。其中，9%的网民由于各类权益侵害造成的经济损失在1 000元以上。

调查显示，老人、高级知识分子、处世未深的青少年是如今电信网络诈骗的高危人群。他们被骗的原因大多因为信息渠道闭塞、警惕心不强、阅历不足或是盲目自信，而骗子也会根据社会热点、公众心理不断升级骗术，令人防不胜防。

[例3-14]

××县人民政府转发县乡镇

企业局《关于加速发展乡镇企业的报告》的通知

×府〔20××年〕第29号

各有关单位：

县人民政府同意县乡镇企业局关于加速发展乡镇企业的报告，现印发给你们，请遵照执行。

当前，全县乡镇企业呈现出万紫千红、百花争艳的大好形势，县人民政府希望大家借这股强劲的东风，像园丁一样，辛勤耕耘我县乡镇企业园地，加速发展乡镇企业，多创税利，把我县工业生产推上一个新台阶。

××县人民政府

20××年×月×日

附注：《关于加速发展乡镇企业的报告》

抄送：市政府、省委、县委、县人大

2.通报按其功能可分为两种类型、两种写法，请说出它们的区别。下面是一则报纸新闻，请将它改写成合适的通报。

[例3-15]

本报讯"我们这儿的保安真好！歹徒贿赂他5 000元，他不要，结果，被歹徒捅了一刀，最后他还是把歹徒抓住了"。昨天，一位姓蒋的女士向本报新闻热线反映，记者迅速前往采访。

记者见到胡永伟时，他已在宿舍休息。他笑着对记者说，没什么大碍，只是伤口痛得腰直不起来。胡永伟是杭州施家花园保安队的领班。据他讲，昨天凌晨3时多，正在蹲点值班的胡永伟看见一个瘦小男子慌今分地夹着一个黑色皮包朝东门走去，便上前盘问，这名男子于是翻门而逃。胡永伟追了上去。

歹徒见胡永伟追了上来，就对他说："给你5 000元钱，放了我吧。"胡永伟没有答应。追到和平小区门口时，歹徒拔出一把刀，对着和平小区的保安威胁说："别过来，不关你们的事。过来，就捅死你！"胡永伟一步一步逼近歹徒，正言道："有胆，你就捅死我！"歹徒举起刀朝胡的胸口捅了过来，胡永伟闪躲不及，被戳了一刀，血一下子就染红了衬衣。胡永伟忍住疼痛，继续追赶。歹徒慌不择路，钻进了一条死胡同，并再一次向胡求饶。胡趁其不备，用橡胶警棍打掉歹徒手里的刀。歹徒上前与胡搏斗，胡因伤口疼痛，不慎被歹徒挣脱。歹徒朝胡同外面逃去，胡紧追不舍。在文晖路与东新路口，歹徒筋疲力尽，束手就擒。

3.报告适用于哪几类事项？下列报告应属哪一类？此文在写作上存在什么错误？请予以改写。

[例3-16]

<h2 style="text-align:center">关于申请拨给灾区贷款专项指标的报告</h2>

省行：

×月×日，××地区遭受了一场历史上罕见的洪水袭击，×江两岸乡、村同时发生洪水，灾情较重。经初步统计，农田受灾面积达38 000多亩，各种农作物损失达100多万元，农民个人损失也很大。灾后，我们立即深入灾区了解灾情，并发动干部群众积极开展生产自救。同时，为了帮助受灾农民及时恢复生产，我们采取了下列措施：

一、对恢复生产所需的资金，以自筹为主。确有困难的，先从现有农贷指标中贷款支持。

二、对受灾严重的困难户，优先适当贷款，先帮助他们解决生活问题，到×月×日止，此项贷款额已达××万元。

由于这次灾情过于严重，集团和个人损失都很大，短期内恢复生产有一定困难，仅靠正常农贷指标难以解决问题。为此，请省行下达专项救灾贷款指标××万元，以便支持灾区迅速恢复生产。

以上报告妥否，请批示。

××银行×市支行

4.请示用于向上级机关请求指示、批准。它有两种功能、两种写法，请予辨析。下面是一篇报纸文章，请以××大学的名义，将此事草拟成请示文稿。

[例3-17]

理工科大学生走进实验室天经地义，而让文科大学生也能做实验就不那么容易了。针对这样的现状，一些教育工作者提出，应该重视大学文科实验室建设，实验室是理工科学生的"试验田"，也应该成为文科学生的"练兵场"。

前不久，全国经管类专业实验室建设研讨会在上海召开，大学文科实验室建设成为热点议题。代表们指出，在大学实验室日益受到重视的大环境下，文科类实验室的建设是个"软肋"，它的投资额远比理工科实验室低。

文科学生到底需不需要实验室呢？从1994年起就致力于建设文科实验室的中国人民大学陈禹教授对此给予了肯定的回答。他说，多数院校都会在毕业前安排学生参加一段时间的企业实习，让同学们接触实践。但这种实习至少有两个局限：一是企业多实行岗位制流程作业，实习学生在一个岗位练得再好，也是"只见树木，不见森林"；二是实习场地过于分散，不利于教师指导释疑。因此，对大学文科专业来说，实验室应该成为教学的一个重要环节。

上海理工大学李好好教授认为，国家应该重视大学文科实验室建设。在目前国家教育经费紧张的条件下，学校要破除"等、靠、要"的思想，自创条件建立实验室。

前不久，一个名为"××ERP实验中心"的文科实验室建设方案受到关注。这个方案主张校企联合，模拟企业环境、职能岗位、企事业流程搭建一个仿真企业平台，建立一个完整的教学实践环境。日前，××工程学院与××软件股份有限公司合作，建设了一个"××ERP实验中心"。实验中心的场地、硬件设施等由学校投资，××公司投资ERP实验软件，并负责安装维护等，实验中心的管理权和经营权归属学校。

5.批复适用于答复下级机关请示事项。下列事项假设省教育厅经过研究表示同意，请拟此批复。

［例3-18］

随着社会主义经济体制的逐步建立，改革进一步深入，开放进一步扩大，秘书工作在社会经济生活中发挥着越来越重要的作用，培养高层次、高素质秘书人才的任务十分紧迫。××高等专科学校经过调研，发现本省有大中型商贸企业、合资企业3 000多家，综合性秘书人才需求量在1 000人以上，为了提高高等秘书专业教育质量、服务本省经济发展，开办秘书专业、培养社会急需人才，是十分必要的。为此，××高等专科学校向省教育厅递交了请示，要求开办中英文秘书专业。

6.函适用于不相隶属机关之间相互商洽工作、询问和答复问题、请求批准和答复审批事项。下列事项为什么不由企业而由区政府行文？区政府为什么用函行文？

［例3-19］

深圳市××区宏达百货股份有限公司是一家较大规模的百货公司，随着改革不断深入，对外开放不断扩大，公司在经营上正积极向着国际化方向发展，为此，特地成立了外引内联的专门工作机构，积极探索与国外企业合资、合作的途径。目前已同日本合作成立了博文美食有限公司，并在日本占有了一定的市场，形成了长期供货基地，为进一步发展对外贸易创造了条件。但是，由于本公司没有小额贸易出口权，无法直接从事出口贸易及签订供货合同，以致公司的产品不能及时、迅速地进入国际市场，失去了许多出口创汇的机会。为改变这一状况，适应形势的需要，增强股份制企业的活力，参与国际竞争，公司已向所属××区人民政府申请小额贸易出口经营权，并得到了区人民政府的批准，但还得经深圳市经贸委准允。因此，深圳××区人民政府于20××年×月×日向深圳市经贸委去函申报。请代拟此函。

7.会议纪要有两种类型,它们的写法有什么不同?下面是上海××大学校报上的一则新闻报道。以此为素材,将其改写为一篇会议纪要,并注明类型。

[例3-20]

我校20××年上半年工作会议于2月23日在徐汇校区包兆龙图书馆演讲厅召开。会议就新学年的工作进行动员和部署。党委书记×××作了《抢抓机遇,顺势而上,努力开创学校发展新局面》的报告。×××校长就具体工作进行部署和动员。常务副校长×××主持了大会。

×××书记的报告分为三大部分:一、充分认清我校当前面临的新形势、新挑战、新机遇;二、努力探求科学发展观的具体实现形式,认真解决好内涵发展和上水平问题;三、着力抓好具有全局意义的两项重要工作。

×××校长的报告主要分为以下六个方面展开:一、认真落实人才强校工作会议精神,大力推进人才强校主战略;二、学习贯彻全面加强和改进大学生思想政治工作会议精神,努力把人才培养工作提升到新的水平;三、启动"985工程"二期创新平台建设,力求在学科、基地和科技创新三方面取得新的突破;四、全校动员,全力以赴,加快推进闵行二期建设,全面实施闵行战略转移;五、切实贯彻学校发展规划,进一步探索现代大学制度建设,确保学校各项改革顺利推进;六、以深入开展保持共产党员先进性教育为主线,推进党的建设、校园文明建设和精神文明建设。

全体校领导、中心组成员,各院(系)、直属单位党政正副职,学院所属各系系主任及总支(支部)书记、各研究所(中心)主任、国家和省部实验室主任,其他教学、科研骨干代表等(院系负责通知并组织),院士、长江学者、总理基金获得者等教授代表,机关处以上(含副处)干部等出席会议。

8.意见适用于对重要问题提出见解和处理办法,可用于上行文、下行文和平行文。区别在于行文关系,基本写法是相同的。下列材料是会议记录,请以整顿市场秩序为主题,改写成一篇意见,为了内容完整,可作合理的虚拟。

[例3-21]

时间:20××年×月×日上午

地点:管委会会议室

主持人:李××(管委会主任)

出席者:杨××(管委会副主任)、周××(管委会副主任管城建)、李××(市建委副主任)、肖××(市工商局副局长)、陈××(市建委城建科科长)及建委、工商局有关科室宣传人员,街道居委会负责人。

列席者:管委会全体干部

记录:邹××(管委会办公室秘书)

讨论议题:

1.如何整顿城市市场秩序。

2.如何制止违章建筑、维护市容市貌。

杨主任报告城市现状：我区过去在开发区党委领导下，各职能单位同心协力、齐抓共管，在创建文明卫生城市方面取得了一定成绩，相应的城市市场秩序有了一定进步，市容街道也较可观。可近几个月来，市场秩序变差了，街道上小商贩逐渐多起来，水果摊、菜摊、小百货满街乱摆……一些建筑施工单位沿街违章搭棚，乱堆放材料，搬运泥土撒落大街……这些情况严重地破坏了市容市貌，使大街变得又乱又脏，社会各界反应很强烈。因此今天请大家来研究：如何整顿市场秩序，如何治理违章建筑、违章作业、维护市容……

讨论发言（按发言顺序记录）

肖××：个体商贩不按规定到指定市场经营，管理不得力、处理不坚决，我们有责任。这件事我们坚决抓落实：重新宣传市场有关规定，坐商归店、小贩归市、农民卖蔬菜副食到专门的农贸市场……工商局全面出动抓，也希望街道居委会配合，具体行动方案我们再考虑。

罗××（工商局市场管理科科长）：市场是到了非整不可的地步了。我们的方针、办法都有了，过去实行过，都是行之有效的，现在的问题是要有人抓，敢于抓，落到实处。只要大家齐心协力，问题是能够解决的。

秦××（居委会主任）：整顿市场纪律我们居委会也有责任。我们一定发动群众配合好，制止乱摆摊、乱叫卖的现象。

李××（建委副主任）：去年上半年创建文明卫生城市时，市里出了个7号文件，其中规定施工单位不能乱摆"战场"，工棚、工场不得临街设置，更不准侵占人行道。沿街面施工要有安全防护措施……今年有的施工单位不顾文件规定，在人行道上搭工棚、堆器材。这些违章作业严重地影响了街道整齐、美观，也影响了行人安全。基建取出的泥土，拖斗车装得过多，外运时沿街散落，到处有泥沙，破坏了街道整洁。希望管委会召集施工单位开一次会，重申市府7号文件，要求他们限期改正，否则按文件规定惩处。态度要明确、坚决。

由管委会牵头，城建委等单位配合对全区建筑工地进行一次检查。然后召开一次施工单位会议，对违章建筑、违章工场限期改正。一个月内改变面貌。过时不改者，坚决照章处理。

9.通告是公文中直接向社会公布的一种，具有法规性和周知性，其写作需注意政策性、可行性和原则性。请以×××大学的名义写一份关于在校内一切室内公共场所禁止吸烟的通告，不少于300字。

10.通知在公文中功能最广、使用频率最高，要根据不同的类型和相应的写作特点去写，避免滥用和乱用。请以本单位行政领导机关的名义写一份关于大力开展绿化、优化本×环境的指示（规定）性通知；以本单位行政领导机关的名义写一份印发本单位《职工考勤办法》的颁转性通知；以本单位办公室的名义就本单位搬迁新址、更改电话号码一事，写一份周知（知照）性通知；以××市教育局的名义写一份关于研究如何加强中小学生春（秋）游管理的会议通知。

11.通报是一种着重于教育功能的公文，有两种写法：表彰、批评通报要包括事实概述、分析评论和要求号召三个部分。传达重要精神或者情况的通报则着重于叙述情况。请以报刊刊载的某先进人物事迹为依据，以该单位有关领导机关的名义写一份表彰通报；以报刊揭露的某种有典型性的错误行为为依据，以该单位或其上级领导机关的名义写一份批评通报。

12.报告不论是汇报工作、反映情况还是答复上级机关的询问，都是以下级机关向上级机关提供信息，使上级机关获取方针政策反馈信息为宗旨的文书，其写作注重于真实、准确地叙述事实。如《吉林省人民政府关于抗灾自救工作情况的报告》（主送国务院）、《上海市人民政府关于开展廉政建设、纠正行业不正之风工作的情况报告》（主送国务院），都是着重反映自己做了什么、怎样做等内容。这些报告的题材通常是当前的中心工作或某项重要工作。请以本班班委会名义（主送学校系或院）写一份一个学期工作的汇报性报告。以系的名义（主送院或校）写一份反映学生迷于上网而疏于学业、重校外考证而轻校内教学等现象的报告。

13.请示的写作有三种：（1）请求指示，这种请示是下级工作中遇到疑难，如缺乏政策依据，或对上级文件理解有分歧等，因此写作的关键是明确地提出疑问。（2）请求批准，这种请示是下级拟办的事项决定权在上级，如要求设立机构、增加经费、扩大职权等，因此写作的关键是把理由写充分。（3）请求批转，要求上级机关将自己的请示（有时也用报告）转发给其他机关贯彻执行。其区别是：职权范围内的工作用报告，超越自己职权范围（管辖权）的工作用请示。如国家工商行政管理局要在全国推行经济合同示范文本制度，但使用合同的远非工商行政管理系统，主要是其他各行各业，为此该局向国务院发了《关于在全国逐步推行经济合同示范文本制度的请示》，"请批转各地区、各部门贯彻执行"。国务院则用通知转发了这个请示。这个请示成为国务院通知的一个组成部分——附件。于是这件事的执行范围就突破了国家工商行政管理局的局限。请以某税务局的名义，就某一新产品缺乏税率规定一事，向上级发出请求指示的请示；以本单位拟办某事而决定权在上级机关的事项，写一份请求批准的请示。

14.批复是公文中最单纯的文种，仅用于对下级机关请示事项的答复。除了引述请示事项（标题及发文字号）外，只需表明态度，通常只是确认（复述）下级的要求，无须说明根据或理由。必要时提出一些告诫意见，也宜简要。请以上题请示实例为依据，写一份批复。

15.函涉及两个方面、三种写法：一个方面是不相隶属机关之间相互商洽工作、询问和答复问题。有两种写法：致函，直截了当地向对方告知事项或请求帮助等；复函，写法与批复相似，先引述来函事项（标题及发文字号），接着表述答复意见。与批复的不同，除了隶属关系外，批复只要正式发文，多数是认同的；而复函既有赞同也有不赞同的。不论是致函还是复函，因为都是不相隶属关系，所以都应注意语气的礼貌谦和。函的另一个方面是用于向不相隶属机关请求批准和答复审批事项。这种函的性质和写法都与请求批准的请示及批复相同，只是由于行文双方不存在隶属关系，所以不用请示及批复而用函了。请以本单位有关机关（党、政、工、团等）的名义写一份与有关单位联系工作的致函，如请求提供帮助、协商解决某个问题、询问某些情况、邀请参加自己的活动、催促对方履行合同约定、要求对方停止侵害行为等。

16.会议纪要是现行办法新纳入的文种，却又是古已有之的文书，所以与其他公文文种的一般写法不同，它由会议概况和议定事项两大部分构成。其功能有两种：一种是报道传达性的，如就某一主题召开的会议，与会者是部分代表，而贯彻执行者却是广泛的，这种纪要应该把做什么、怎样做表述得明明白白。另一种是决议记载性的，如领导机关办公会议后整理的纪要、多方协办一事而举行联席会议会后形成的纪要等，这种纪要应该把会议决定的任务分工、有关权利和义务等写明确，以利于职责分明，各司其职。请将本单位一次会议记录拿来，据此整理成一份会议纪要。为了借阅方便，可以借用过时的材料。

17.意见是 2000 年版《国家行政机关公文处理办法》（自 2001 年 1 月 1 日起施行，以下简称《办法》）新纳入的文种，现行《党政机关公文处理工作条例》保留未变，"适用于对重要问题提出见解和处理办法"，可以用于上行文、下行文和平行文。其实，过去也有应用，只是过去要经公文转发才有效。如《国家经贸委、外经贸部、内贸部关于赋予商业、物资企业进出口经营权试点的意见》，1993 年 11 月 4 日由国务院批转。其写法上行文类似于请求批准的请示，下行文类似于决定、通知。请以校团委、学生会的名义（主送校行政领导机关）写一份关于成立学生卫生巡查团的意见。作为公众督促组织，通过巡查、建议，促进卫生管理工作。

第四章 规章制度

一、知识题

1.什么是规章制度？狭义和广义的概念有何区别？

2.规章制度在社会生活中有何作用？具有哪些共性？

3.规章制度与公文有什么关系？

4.我国规章制度有几个层次，制定程序有何不同？

5.规章制度的具体名称有哪些，如何规范使用？

6.规章制度的篇章结构有哪些形式，表示结构层次常用哪些名称，其中最基本（核心）的是什么？各层次名称如何表述？

7.规章制度内容"三要素"的内涵是什么？其内容与形式是怎么结合的？

8.规章制度文书为什么要求做到内容周全、上下协调、表达准确？

二、实践题

1.规章制度是人们在一定场合的行为准则，人们的行与止、是与非都必须遵循它的规定。因此，规章制度的语言表达应该十分精确、严密。以下例句的语言是否符合规章制度的要求？如认为不妥，请指出其问题并提出修改意见。

（1）无论何种假，7天以下由分公司经理批准，7天以上报总经理批准。

（2）全体同仁请假，原则上事先提交书面报告，否则视为无故旷工。

（3）无故旷工3天以上者，公司有权除名。

（4）进入教室，不得迟到、早退、旷课。

（5）（医药费）住院按90%报销，疑难症、绝症按100%报销。

（6）上岗时间不得看无关书报、打瞌睡；违者罚款。

（7）不精心装卸，造成损失，每例罚50~100元。

（8）有较大贡献，成绩突出，给予一定的奖励。

（9）本公司干部和职工，由本人申请，经批准可为个人会员。

（10）请同志们本着勤俭节约的精神，尽量减少开支，避免不必要的浪费。

（11）其余时间概不报销，请职工自觉遵守。

（12）家属托费的报销，也必须由后勤组主管人签字。

（13）试场内外保持安静，不得喧哗。

（14）凡本厂职工的摩托车、自行车，执照、牌照、零部件齐全者，可以存放。

（15）纳税人每年的收入总额，除去家用各项开支外，即为纳税额。

（16）纳税人确有困难的，可由当地政府确定减征、免征所得税。

（17）纳税情况比较复杂的大中型企业，安排专人进行征税管理工作。

（18）对有利于加快和深化改革、发展生产、提高经济效益的，按照税收管理条例，要积极主动予以支持。

（19）本条例由财政部门负责解释，自20××年度起施行。

（20）本规定自制定之日起执行。

2.阅读下文并回答问题：

（1）这个规定为什么和令一起发布？

（2）规章制度与公文的生效有什么区别？

（3）某工厂制定了一个"仓库管理办法"，可怎样使之生效？

[例4-1]

中华人民共和国国务院令

第285号

现发布《个人存款账户实名制规定》，

自2000年4月1日起施行。

总理　朱镕基

2000年3月20日

个人存款账户实名制规定

第一条　为了保证个人存款账户的真实性，维护存款人的合法权益，制定本规定。

第二条　中华人民共和国境内的金融机构和在金融机构开立个人存款账户的个人，应当遵守本规定。

第三条　本规定所称金融机构，是指在境内依法设立和经营个人存款业务的机构。

第四条　本规定所称个人存款账户，是指个人在金融机构开立的人民币、外币存款账户，包括活期存款账户、定期存款账户、定活两便存款账户、通知存款账户以及其他形式的个人存款账户。

第五条　本规定所称实名，是指符合法律、行政法规和国家有关规定的身份证件上使用的姓名。

下列身份证件为实名证件：

（一）居住在境内的中国公民，为居民身份证或者临时居民身份证。

（二）居住在境内的16周岁以下的中国公民，为户口簿。

（三）中国人民解放军军人，为军人身份证件；中国人民武装警察，为武装警察身份证件。

（四）中国香港、中国澳门居民，为港澳居民往来内地通行证；中国台湾居民，为台湾居民来往大陆通行证或者其他有效旅行证件。

（五）外国公民，为护照。

前款未作规定的，依照有关法律、行政法规和国家的有关规定执行。

第六条　个人在金融机构开立个人存款账户时，应当出示本人身份证件，使用实名。

代理他人在金融机构开立个人存款账户的，代理人应当出示被代理人和代理人的身份证件。

第七条　在金融机构开立个人存款账户的，金融机构应当要求其出示本人身份证件，进行核对，并登记其身份证件上的姓名和号码。代理他人在金融机构开立个人存款账户的，金融机构应当要求其出示被代理人和代理人的身份证件，进行核对，并登记被代理人和代理人身份证件上的姓名和号码。

不出示本人身份证件或者不使用本人身份证件上的姓名的，金融机构不得为其开立个人存款账户。

第八条　金融机构及其工作人员负有为个人存款账户的情况保守秘密的责任。

金融机构不得向任何单位或者个人提供有关个人存款账户的情况，并有权拒绝任何单位或者个人查询、冻结、扣划个人在金融机构的款项；但是，法律另有规定的除外。

第九条　金融机构违反本规定第七条规定的，由中国人民银行给予警告，可以处1 000元以上5 000元以下的罚款；情节严重的，可以并处责令停业整顿，对直接负责的主管人员和其他直接责任人员依法给予纪律处分；构成犯罪的，依法追究刑事责任。

第十条　本规定施行前，已经在金融机构开立的个人存款账户，按照本规定施行前国家的有关规定执行；本规定施行后，在原账户办理第一笔个人存款时，原账户没有使用实名的，应当依照本规定使用实名。

第十一条　本规定由中国人民银行组织实施。

第十二条　本规定自2000年4月1日起施行。

（新华社北京3月31日电）

3.上面这个规定在规章制度体系中属于哪个层次？这个层次的规章制度由哪些机关制定？这个层次的规章制度可以使用哪些名称？"规定"适用于什么事项？

4.规章制度内容的层次可以用编、章、节、条、款、项、目来指称。上例规定为什么一上来就是"第×条"？"第五条"中有8个自然段，这8段文字包含了几个层次？这些层次的表达形式与"条"有什么区别？这个规定的第六条、第七条、第八条内都有两个自然段，为什么不编序号？假如在（一）（二）（三）这些项的层次之下还要分条列述，应如何表述？

5.规章制度的内容不论繁简，一律应包括总则、分则、附则三个部分。读上例请回答：

（1）总则、分则、附则各应表达什么内容？

（2）这个规定哪几条属于总则，哪几条属于分则，哪几条属于附则？

（3）这个规定为什么不直接写出总则、分则、附则？

（4）在直接标准的规章制度中，为什么只见"总则""附则"，而见不到"分则"二字？

6.规章制度对它所规范的行为，应当涵盖全面，界定明确，每一个条文都有特定的内容，不与其他条文相混淆，确实是层次分明、结构谨严的典范。下面是《××市禁止和限制使用黏土砖管理暂行办法》的部分条文，读后请用一个词或词组概括出这一条的主要意思，填写在括号内。

第一条（　　　　　）

为了保护土地资源和生态环境，禁止、限制使用黏土砖，促进新型墙体材料的发展，根据《××市建设工程材料管理条例》的有关规定，制定本办法。

第二条（　　　　）

本办法所称的黏土砖，是指采用黏土烧结而成的实心黏土砖和空心黏土砖。

第三条（　　　　）

本办法适用于本行政区域内黏土砖的生产、销售、使用以及相关管理活动，但农民自建住房除外。

第四条（　　　　）

××市建设和管理委员会（以下简称市建委）是本市禁止、限制使用黏土砖的行政主管部门，其所属的××市建材业管理办公室（以下简称市建材办）负责具体管理工作。

县（区）人民政府指定的部门依照本办法，负责所辖区域内禁止、限制使用黏土砖的监督管理，在业务上受市建委指导。

市政府有关部门按照各自职责，协同实施本办法。

第六条（　　　　）

建设工程中非承重墙体以及围墙，禁止使用黏土砖；建设工程零零线以上的承重墙体，禁止使用实心黏土砖。

第八条（　　　　）

建设工程使用黏土砖的，应当缴纳专项资金。

专项资金由市建材办或者县（区）人民政府指定的部门按照实心黏土砖（折标准砖）每块0.10元和空心黏土砖（折标准砖）每块0.025元的标准征收。

第十八条（　　　　）

市建委可以对本办法的具体应用问题进行解释。

第十九条（　　　）

本办法自20××年1月1日起施行。

7.规章制度的谋篇布局有严格的逻辑性，即使是横式结构，什么材料在前，什么材料在后，都有讲究。下面是××市人民政府关于新建大型建筑必须配建停车场（库）的规定中的部分内容。先后顺序已被打乱，每一条前的序数词也被删去。读后请加以调整恢复其原貌（可在条文前括号内加上正确的条款序数词），并说明为什么如此调整。

（　　　　）新建供外事用大型建筑必须配建停车场（库），其停车车位指标：

（　　　　）旅游宾馆不小于0.2小车位/每间客房，高级宾馆、饭店不小于0.3小车位/每间客房。

（　　　　）外商办公楼不小于0.5小车位/每100平方米建筑面积。

（　　　　）高级公寓每套住户配建一个小车位。

（　　　　）以接待国内宾客为主的旅馆、饭店，以及以国内人士居住为主的公寓和以国内企事业单位使用为主的办公楼等新建工程，同样必须配建停车场（库），其停车车位按上述指标的30%~50%设置。

（　　　　）本规定自20××年1月1日起执行，由城市规划建设管理局和市公安局共同负责实施。今后国家如有正式关于大型建筑配建停车场（库）的规定，则以国家颁布的文件为准。

（　　　　）上述工程应配建的停车场（库），应与主体工程同时设计、同时施工、同时交付使用。

（　　）为了保证城市交通的畅通，适应对外开放和城市建筑的发展，迅速扭转本市大型公共建筑的停车矛盾，制定本规定。

（　　）已明确的停车场（库），一般不得随意变更使用性质，确需变更用途的，需经市规划、公安管理部门批准同意。

8.规章制度虽然在制定权限、使用文种等方面不同级别的机关有区别，但是表达形式、内容要素都是相同的。下面是××省第二建筑公司第四工区的一个规章制度，读后请从内容、格式、语言等方面作评析。

[例4-2]

第四工区门卫制度

根据上级有关治安管理条例，为了维护正常的生产秩序、工作秩序、生活秩序，搞好治安工作，保护国家、集体、职工生命财产的安全，结合我单位实际情况，制定门卫制度如下：

一、门卫值班人员应提高警惕，加强责任心。

二、外来人员来我单位联系工作，需持介绍信或证件，无关人员不得入内。

三、本单位的原材料、产成品和其他物品出门时，需持有关部门签发的出门证，如无证出门或证物不符，门卫人员有权制止。

四、外来车辆进本单位时，需办理手续，允许后才能入内。

五、开关大门时间为5：00—22：00，夏令时间为5：00—0：00，值班人员应按规定时间开关大门。

第四工区保卫科

9.参考下列材料，并作必要的补充（允许合理的虚拟），写一篇以外来务工人员管理为主题的规章制度。

[例4-3]

加强单位内部外来务工人员的管理

近年来，随着改革开放的不断深入和企业用工制度的改革，流动人口中的外来务工人员日渐增多，就如何管理好外来务工人员，笔者谈几点看法。由于用工制度的变化，许多单位都使用外来劳动力，其所占的比例逐年提高。外来务工人员的情况差别很大，其中存在的问题也较多，所以用工单位必须加强领导，健全用工管理制度。可以成立由各职能部门（人事、保卫、劳资、后勤总务、工会、共青团等）参加的、以人事和保卫部门为主的管理办公室，开展日常管理工作。

把好进人关，保证外用工质量

一个单位需要多少劳动力，需要什么样的人，必须做到有计划和有选择，既不能盲目进人，也不能频繁换人。人员杂乱，一是不便于掌握了解，二是不便于有关部门管理。我们使用外来劳动力，基本上都是成批的。这就要求我们劳资和人事、保卫部门要首先介入，到劳务输出地实地考察，严格标准审查，并与输出地劳务部门签订治安责任手续，搞好上岗前的法制教育和技能培训。外来务工人员由于受教育水平和所处地区不同，需要熟悉了解有关法律、法规和基本技能。法制教育可由公安派出所和单位有关部门联合举办，要向外来务工人员宣传有关地方性法规（如《城市暂住人口管理办法》）和其他法律、法规，广泛地进行普法教育，使他们懂法守法，并通过培训掌握基本技能。培训合格后，才能录用，同时签订用工合同。

明确各部门职责，落实管理措施

外用工培训合格被录用后，各职能部门要充分发挥作用，履行职责，人事和保卫部门要与外用工领导小组签订《治安责任书》，落实治安责任制，并定期组织法制学习。后勤部门要采取公寓式集中管理，指定治安管理员，负责休息时间的日常管理。各车间要成立外用工自管小组，选出素质好的外用工担任组长，会同车间工会、共青团、妇联等进行管理。其他如治安、劳资等部门要在厂外用工管理小组的领导下，支持配合。

公安派出所要在单位人事和保卫部门的配合下，积极参与管理，定期召集有关部门和外用工自管小组开会，掌握各种情况，同时进行法制宣传教育。

10.以下是一篇公文通告。通告与规章制度都具有行为规范的作用，这是两者的共同点，但两者又是有区别的，请说说它们的不同点，并将这则通告改写成规章制度，主题仍然是渡口管理，但要紧扣渡口管理的关键，不要不分主次或喧宾夺主。

[例4-4]

通 告

本渡口是××河上的重要渡口之一，过往车辆、行人很多，等候时间往往较长。为了减少等船时间、加强渡口管理，特作如下规定：

一、不准携带易燃、易爆、腐蚀性强的物品上船。违反规定擅自携带上船被查出者，没收所带物品，并酌情予以50~200元罚款。

二、凡需乘渡船过河者必须购票，机动车每辆5元，非机动车每辆3元，行人每位1元（儿童免票）。不买票者不得乘船。

三、乘客必须听从工作人员的指挥，按顺序上下船。各种车辆要按指定位置停放，以保证渡船安全。

四、凡牵引牲畜过渡，必须到指定仓位，并购票，每头（只、匹）2元。放在筐、篮等容器内的家禽、仔猪等以筐计算，每筐1元。

五、渡船开动后，乘船者不要来回走动，机动车必须熄火，牲畜必须有人看管。

六、违反规定或者在船上无理取闹、不听指挥、妨碍渡船正常航行者重罚，情节严重的移送公安机关，依法惩处。

七、乘船者必须爱护渡船及其设备，损坏要赔偿。

××河渡口管理处

20××年××月××日

11.复印一份你单位或其他基层单位制定的规章制度，并对其是否规范作评析。

12.联系本单位或个人的工作实际，写一份行政管理性质的规章制度，用以明确岗位职责、维护公共秩序、规范操作程序或加强业务管理等。

13.道德规范与法律、行政性规章制度在制定、作用、写法等方面有所不同。请写一份与自己职业或生存环境相关的、起自律作用的道德规范。

第五章　计　划

一、知识题

1.什么是计划？

2.规划、纲要，要点、重点，方案，设想、打算，安排等，有什么区别？它们与计划是什么关系？

3.计划对人们的行为有什么积极作用？有何约束力？

4.计划可以按不同的标准分类，如按时间分的长期计划、短期计划与按内容分的综合计划、专题计划等，它们之间是什么关系？

5.表格式计划和条文式计划各有什么所长？

6.计划的标题为什么一般都包括时间因素？

7.什么是计划内容的"三要素"？三者之间是什么关系？

8.将目标任务（"做什么"）与措施步骤（"怎么做"）分开的"分列式"写法，其所长和所宜是什么？

9.将目标任务（"做什么"）与措施步骤（"怎么做"）结合写的"结合式"（交叉式）写法，其所长和所宜是什么？

10.制订计划的过程中为什么要做到"四个深入"？

11.计划应体现"六个性"，其含义是什么？

二、实践题

1.一份完整的计划都具备"三要素"，下面这份××市20××年财政预算安排材料（摘要）也是"三要素"皆有的，请读后在合适的位置加进几个小题，使之更醒目。

[例5-1]

20××年是我国经济继续保持稳定发展势头的重要一年，也是加快社会主义市场经济体制改革的关键一年。本市20××年财政预算安排的指导思想与原则为：全面贯彻党和国家的路线、方针、政策，保证财税改革和各项经济改革顺利推进，发挥地方优势，积极培植财源，探索和建立地方税体系，使财政收入增长与经济发展的需求相适应；调整支出结构，保持基础设施、农业、科技、教育等重点投入和政法部门经费的必要增长，规范价格补贴支出，压缩一般性消费支出，促进经济持续、快速、健康发展。

本市20××年财政预算收支按分税制口径做如下安排：

本市20××年预算收入根据国家经济工作总方针和本市20××年国民生产总值增长12%、社会商品零售额（剔除物价上涨因素）增长12%的要求，确保20××年地方财政收入为113.8亿元，比上一年（按分税制口径计算，下同）增加8.7亿元。

20××年本市预算支出按照"以收定支"的原则，着重调整支出结构，保持对基础设施和农业、科技、教育、政法部门等的重点投入，努力挖掘资金潜力，提高资金使用效益，适应经济发展的需要。20××年财政支出131.5亿元，比上一年增长4.8%，扣除中央专款支出，同口径比较增长 7.9%。

为保证今年预算任务的圆满完成，我们要努力抓好以下五方面的工作：

（一）认真落实分税制的各项工作，全面推行分税制改革。

（二）积极采取有效措施，确保税制改革的顺利进行。

（三）支持建立现代企业制度，尽快与国际惯例接轨。

（四）认真加强支出管理，积极支持各项事业发展。

（五）加强财税立法和稽征管理，提高财税工作水平，确保财政收入及时足额入库。

2.下面这份计划（《××市××区 20××年计划生育工作要点》）原来是规范的，现在顺序被打乱了。读后请按照计划的写作规范加以调整，恢复几个被删的小标题，使之符合计划写作规范的结构模式。

（1）进一步认真学习，严格贯彻修订后的《××市计划生育条例》《××市计划生育条例实施细则》及有关解释。强化依法行政，加强执法培训、指导监督。认真做好计划内二胎的审批工作、独生子女发证及计划外生育处罚、行政复议等经常性工作。

（2）健全和加强流动人口计划生育的管理工作，做到流动人口与常住人口一起管理、一起宣传、一起服务，列入目标管理考核内容，对在流动人口管理工作中有显著成效的部门及街道，予以表彰奖励。

（3）全区人口出生数控制在 3 096 人左右，人口出生率 4.6‰，自然增长率 3.19‰。

（4）进一步统一各级领导对计划生育工作重要性、必要性、长期性和艰巨性的认识，真正将计划生育工作纳入两种生产一起抓、两个文明一起建的总体规划之中。第一季度将分别召开计生联席会议和计划生育工作会议，使全区计划生育工作管理真正形成合力，实行综合管理。

（5）改进、完善计划生育目标管理和考核，充实调整考核内容，制订 20××年目标管理考核方案；坚持经常指导与年终考核相结合，进一步加强企事业单位和全区流动人口的计划生育管理。

（6）计划生育率 99.65% 以上。

（7）全面贯彻落实中共中央、国务院《关于加强计划生育工作、严格控制人口增长的决定》的精神；结合本区实际情况，把提高人口素质放在重要地位，在进一步抓好日常基础工作的同时，不断探索计划生育管理的新机制；结合市场经济新形势、新特点，不断提高工作质量和效率，为本区经济和社会发展创造良好的人口环境。

（8）坚持计划生育的宣传教育。积极引导干部群众正确认识人口负增长的形势；围绕计划怀孕、优生优育等内容，以降低意外妊娠和保护妇女健康为主要目标，全面开展计划生育健康教育；创造计生工作与社区建设、与有关部门协作的新经验。

（9）全面推行"××市育龄妇女生育信息系统"软件应用。指导各街道开展现代化、科学化管理；在各街道配置电脑的基础上，积极组织应用培训。

（10）充分发挥计生协会的"三自"作用。结合社区服务，大力开展教育活动，不断增强协会的活力；继续开展合格协会创建活动。

（11）加强企事业单位经营机制转换后的计划生育工作。加强联系、研讨，了解新情况，解决新问题；与地区配合，做好下岗、待工育龄妇女的工作。

（12）加强避孕药具管理，努力降低人流率。继续实行双轨制供应，满足群众对药具的需求；普及节育避孕知识，积极推广避孕新技术、新产品。

（13）加强调查研究。针对本区外来无户籍和流动人口多的特点，深入调查研究，制定有效管理措施，加强薄弱环节的管理。

3.读下列例文并回答问题：

（1）本例以及上面两篇例文，有何异同？

（2）"分列式"写法有什么优点？适用于什么计划？

（3）"结合式"（交叉式）写法有什么优点？适用于什么计划？

[例5-2]

土壤污染防治行动计划

（序言部分含总体要求、工作目标、主要指标）

一、开展土壤污染调查，掌握土壤环境质量状况

（一）深入开展土壤环境质量调查

（二）建设土壤环境质量监测网络

（三）提升土壤环境信息化管理水平

二、推进土壤污染防治立法，建立健全法规标准体系

（四）～（六）

三、实施农用地分类管理，保障农业生产环境安全

（七）～（十一）

四、实施建设用地准入管理，防范人居环境风险

（十二）～（十四）

五、强化未污染土壤保护，严控新增土壤污染

（十五）～（十七）

六、加强污染源监管，做好土壤污染预防工作

（十八）～（二十）

七、开展污染治理与修复，改善区域土壤环境质量

（二十一）～（二十四）

八、加大科技研发力度，推动环境保护产业发展

（二十五）～（二十七）

九、发挥政府主导作用，构建土壤环境治理体系

（二十八）～（三十一）

十、加强目标考核，严格责任追究

（三十二）～（三十五）

（国务院）

4.下列两份计划是成教院学生（在职干部）就自己单位当前实际工作而写的，读后请从计划的性质作用和写作要求两个方面作比较、评析。

[例5-3]

才利房地产公司20××年度工作打算

房地产业持续十几年的高速发展，使之成为我国现阶段重要支柱产业，预计下半年房地产市场还将持续升温，房价上涨的空间继续扩大。但与此同时，房产公司也将为利所趋而越开越多，竞争将空前激烈，联系我公司实际情况特计划如下：

一、稳扎稳打继续开拓房地产市场

20××年在全面完成计划的基础上更上一层楼，争取每月净利润增加20%。为做到这一点，就必须充分调动广大同仁的积极性，广泛联系同行，了解该年房地产市场开发量，再加以分析，选出易出手的房源推向市场，促成交易。

二、开辟"市内快递"的新业务

20××年计划把"市内快递"这一业务开展起来，这样可以多种经营，分散风险。该业务对我公司来讲是项全新的业务，首先要先聘一名懂行的人来主管该业务，人员配备一开始不宜过多，等业务蒸蒸日上时再逐步增加。

20××.12.16

[例5-4]

SM-901市场导入计划

当今社会，随着人们生活水平的日益提高，对保健需求的意识也开始普及起来。我公司研制生产的SM-901家庭型保健治疗仪恰好适应了这一市场的需求。为了保证这一新产品能够顺利进入市场，公司制定了一份较详细的导入期日程安排，具体计划如下：

（一）动员准备期（7月份）

1.让全体员工明确企业的总体目标及自己的工作任务。

2.完成产品投产的原料准备、生产线布置工作及试运转工作。

3.完成有关产品材料的编写及广告宣传活动中有关连载文章的初稿。

4.完成销售人员的培训计划及培训教材的编写。

（二）全面启动期（8、9月份）

1.实现生产线的正常运转，达到月产产品500台的生产能力。

2.完成产品的投产鉴定工作。

3.宣传文章开始"见报入台"，频率每周1~2次。

4.销售队伍开始扩充及完成培训，集团销售工作开始启动，试探性地进入一些经销医药店及商场，寻求设立专卖店。

（三）宣传高潮期（10、11月份）

1.宣传文章见报频率加快，有关学术争论在报上展开，有关健康老人的评选活动进入高潮期。

2.车身、路牌广告开始面世。

3.药店、商场布点全面展开，集团购买向纵深发展，专卖店开始营业。

4.各分销渠道进入正常运转阶段。

（四）促销突击期（12月份、下年1月份）

1.生产线加班加点。

2.硬广告全面问世。

3.抓住年底、春节前保健治疗仪的销售旺季及送礼高峰的契机，突击推动集团购买。

4.展开百店大联销活动。

5.各分销渠道展开销售竞争。

以上计划如在具体实施中与现实问题发生冲突，可视情况做更改。

策划部
20××年5月

5.下列材料是一项专题工作安排（即计划）。读后请完成：一是加标题；二是加区分层次的小题；三是补充作为计划应该具备而本文尚缺的内容（可以合理虚拟），使之完整、规范、可行。

[例5-5]

根据省人民政府侨务办公室、省统计局、省财政厅《关于××省首次侨情普查的通知》的精神，为进一步做好我市侨务工作和对台工作，把侨、台工作重点转移到为经济建设服务上来，促进我市对外开放和外向型经济的发展，现拟定在全市开展侨、台情况普查工作。现将有关工作安排如下：

①_____

凡我市的归侨、侨眷和港澳台同胞的亲属以及他们在海外的亲属，均属于这次普查对象，要对他们的基本情况进行一次普查。凡我市长住户口的居民在港澳台及国外有亲属关系的，为本次普查摸底的范围。其中属于动迁户的，以户口所在地为准，调查人员可与当地派出所联系，进行登记。

②_____

根据省侨台情普查办的要求，各乡、镇、街道要根据本地普查工作量情况，培训一定人数的调查员。各县、区侨台情普查办公室对普查登记表要进行认真审核，无误后，于20××年×月×日前报市侨台情普查办公室，由市侨台情普查办公室组织会审和验收。

③普查经费来源

（略）

④_____

为加强对这次普查工作的领导，市成立侨台情普查领导小组。领导小组组长由×××副市长担任，副组长由×××秘书长担任。各有关领导同志为领导小组成员。市侨台情普查办公室负责日常工作。各县、区政府要重视这项工作，成立相应的领导机构，抽调必要的人员，保证高质量地完成普查任务。

⑤_____

……

××市侨务办公室

××市台湾事务办公室

××市统计局

××市财政局

20××年×月×日

6.下列材料是"××印刷厂核定20××年度流动资金定额工作计划",内容基本充实,但层次被打乱了。读后请按计划写作的要求,调整材料顺序,补充必要的词语,使之成为一份规范、可行的计划。

[例5-6]

(1)总的时间为1个月,自即日起到10月底结束。

(2)核资工作分三步进行:第一步,各部门自查自核,财务科配合协助;第二步,全厂平衡,汇总上报;第三步,建立健全制度,深入动员,做好执行定额的思想准备。

(3)在去年核资的基础上,结合增产节约运动中揭露的问题,发动群众挖掘资金潜力;按照正常生产最低需要和加速资金周转的要求,从紧核定资金定额。通过核资,认真建立、健全制度,进一步提高企业管理水平。

(4)这次核资采取分级归口、自查自核、专业部门协助的办法进行。具体做法是:

①定额的核算,以第一季度生产计划为依据。

②一切不参加正常周转的呆滞、积压物资和供、产、销各个环节上不正常因素所需的额外资金,不包括在核定范围内。

③凡原材料供应方式、地点、价格发生变动,产品生产周期和存放期限变化,或者销售条件和结算方式改变的,均据实予以调查。

④供应正常,可以保证供应或有其他代用品的原材料物料,一律不计算保险日数。

⑤各项定额应分项计算,并计算系数。如纸张分品种计算,油墨分出版墨、色墨、一般墨和高档墨计算,一般原料和辅助材料分小类计算。同时,应认真计算定额负债(包括税金、应付工资等),以防止资金使用上的浪费。

(5)根据上级关于核定资金定额通过的精神,提出我厂20××年度流动资金定额的工作计划。

(6)9月1日至20日,财务科内部测算,开始拟定资金归口办法,厂部动员。

(7)9月21日至30日,各部门准备资料,发动有关群众讨论,自查自核。

(8)10月8日至31日,向上级办理资金交拨,公布资金归口办法。

7.下面是一份完整的"××商厦20××年度安全生产工作计划"。注意,这是一个基层单位。读此计划并对照教材例文,请指出本例存在什么问题?请予以改写,使之符合基层单位计划的要求和特点。

［例5-7］

××商厦20××年度安全生产工作计划

20××年度××商厦在平稳、发展的基础上将继续坚持"安全第一、预防为主、综合治理、同步发展"的方针，积极配合市、区"安全生产执法年"活动，努力为企业"跨越发展、科学发展、和谐发展"创造更加良好的和谐和平安环境。在总结分析20××年度安全生产工作经验的基础上，安排布置20××年度安全生产工作计划：

一、认真贯彻落实国务院关于安全生产工作的重要指示，根据"隐患治理"的总体要求，在"安全生产执法年"活动中，深入开展事故隐患排查治理工作。把执行安全生产法律、法规，保障企业安全生产和社会稳定认真贯彻到具体工作中，把安全生产的各项制度和要求落实到每一个环节。把企业内部的组织建制与《安全生产法》《消防法》紧密结合、统筹管理，把目标责任层层分解到部门，明确到人。充分发挥"人"的主观能动性，充分提高干部、员工的安全责任意识，增强干部、员工爱企敬业、居安思危的思想。

二、切实做好以总经理为核心的安全生产监督管理工作。充分发挥常效管理机制作用，在企业安全生产中，突出领导抓职责、行政职能部门抓日常管理的体系。一把手亲自抓、分管经理重点抓、具体工作专人抓，形成安全生产综合管理一级抓一级，层层抓落实，步调一致，齐抓共管的工作管理体系。

三、深入开展"排查隐患"工作，把督查和日常检查相结合，严格值班制度，严格用电管理，预防控制各类违章违规行为和"习惯性"违规行为。保卫科、设备科实行24小时值班制度，不定期对重点区域、重点岗位和重点部位进行监控，坚持部门联合检查制度，同时做好台账记录和月报制度、考核制度，签订"安全生产责任书""安全工作目标考核责任书"。

四、加强对员工安全生产的宣传、教育、培训工作，提高员工的安全意识和参与安全管理的素质，人人重视安全工作；提高队伍的管理水平。今年将分期分批、有计划地对全体员工进行安全知识、法律法规培训，广泛开展具有针对性、知识性、趣味性的问卷答题活动，调动职工安全生产的积极性，营造安全生产的良好氛围，形成人人讲安全、事事讲安全、处处讲安全的好环境。

五、完善内部安全生产管理，彻底治理安全隐患工作，加大设备维护保养，投入资金逐步改善安全消防设施的不足，增添安全设备。适时对本企业应急预案进行充实、完善，保证在应急情况下可靠适用。

××商厦

20××年1月

8.下面是××大学领导层为明年校庆举行的一次专门会议的记录。请以此为基础，结合你自己学校的具体情况，草拟一份符合教育方针、贴近实际生活的校庆活动计划。

［例5-8］

唐××：请学校副校长兼校友总理事会主席颜××讲话。

颜××：我讲两个内容：①汇报本届理事会近4年来的工作；②明年校庆的设想，请理事们审议。

发言内容见书面材料《关于校友总会理事会工作总结》和《××大学校友45周年活动设想》。

唐××：以下时间请各位理事、各地校友会代表自由发言。

蓝××：作为校友，听到母校近年来的大好形势，感到振奋、鼓舞。但目前各地校友会与母校联络不够。

上次校庆，大家很积极，为筹建校图书馆出了很多力。校庆逢五逢十应该好好庆祝一下，搞一些活动，大家交流交流。现提出筹建校友楼，我个人意见，这是好事。今天理事济济一堂可交换意见，为母校做点好事。

蒋××：明年校庆，联络各地校友感情很有必要，但不宜太铺张。筹建校友楼，我赞成，但实际工作很难做，最好进一步估算一下造价。

许××：学校发展振奋人心，我个人很赞成45周年校庆的安排，补充两条建议：①把校庆内涵再进一步扩大，从两方面体现：把校庆的主题扩大；爱我××，振兴教育。因为教育不仅是一所学校的事，也是社会的大事，无论哪个市，哪个省，乃至整个国家，都有一个教育问题，把主题定位于"振兴教育"，更易引起共鸣，振兴教育，××就是教育的基地。②建议校庆当日各地校友会有钱出钱，有力出力，可把校友楼建成校友会各种交流的阵地。

周××：主张多渠道解决校友楼筹建资金的问题，可内设以各地命名的地方馆，××大学十周年校庆十侨胞捐建十友楼，是一个经验。

杨××：近年经济不乐观，校友楼建设时间能否放宽些，把工作做足。

9.下面是某省政府对元旦、春节假日期间安全生产工作提出的若干要求。请参照这些意见，并作必要的充实，草拟一份规范的、可行的本单位节假日期间或组团参访旅游、异地执行任务等的安全计划。

［例5-9］

一是狠抓各项责任制的落实到位。目前，各项工作已作部署，关键是要把条条块块的责任制落实到位，尤其是各级政府，各部门要加强领导，切实负起责任。拟于近期再召开一次安委会全体会议，进一步要求省直各部门强化本系统的安全生产工作。

二是狠抓各项监管措施的落实到位。要求各地、各部门对已出台的各项措施，必须加强督查、督办，不走形式、不走过场。副省长×××同志将于元月7日下午率安监、交通、公安等部门检查××市春运工作。省安监局拟于近期组织若干督查组，主要采取暗访形式，对重点春运单位、重点煤矿、公众聚集场所等重点行业、部位进行明察暗访，同时要求市、州分别组成督查组，采取同样的办法，对辖区内的重点企业进行督查，针对检查中发现的问题，提出措施并落实到位。

三是狠抓重点隐患整改的落实到位。对省政府和各部门组织检查中查出的隐患，实行跟踪督办，确保整改到位，一时难以全部整改的，必须严格监控。各市、州参照省里的做法，对所有隐患按分级监管的办法，加大整改力度，切实做到防患于未然。

四是狠抓事故责任追究落实到位。凡对节日期间安全生产工作重视不够、措施不力、落实不到位，而造成重特大事故的，要严肃处理，追究责任，并予以通报，强化警示教育作用。

五是确保节日期间安全生产值班制度和信息沟通落实到位。省委、省政府已强化了节日值班制度，下一步要督促各市、州、各部门的安全值班制度落实到领导和工作人员，确保上情下达和下情上报，及时协调处理节日期间的突发事件（省安全监管局值班电话：×××××××　×××××××）。

10.复印一份你单位或其他基层单位的计划，从该计划的预期和它发挥的实际作用方面，联系计划的写作规范加以评析。

11.为自己的工作或所在单位、部门的工作起草一份阶段性（如年度、季度、学期等）工作计划。尚未工作的可写一个学期的或期末复习迎考的学习计划。

12.明年本地区（或本单位）将承办一次重要的国际性活动，为了树立良好的形象，请写一份献策性的《改善本地区（或本单位）景观面貌的设想》，应该有背景，有明确的目标，有具体的措施。

第六章 总 结

一、知识题

1.什么是总结，它是什么性质的文书？

2.总结与相关的报告、计划、调查报告，有什么联系和区别？

3.总结的积极作用从微观和宏观看表现在哪些方面？

4.总结可有内容、时间、题材、主体等多种分类，为什么按功能分类更有实用意义？

5.汇报性总结的功能是什么，在实践中常用于何处？

6.汇报性总结应具有哪些基本内容？为什么从总体上都呈"倒三角"和"递进"的形式？

7.经验性总结的功能是什么？适用于哪些情况？

8.所谓经验，宜写哪些内容以利于交流？

9.什么是评述体和叙述体写法？各有什么特点？

10.总结的成败关键在于有无实用价值，因而写好总结特别需要注意哪些问题？

二、实践题

1.写总结首先要明确为什么而写？希望它起什么作用？这就首先要确定用什么文种写。总结写的都是做过的事，但不能简单地叙述往事，要把实践上升到理论，提高认识，指导今后更好地实践。作者对事实要做综合分析，在文章中就表现为体现其观点的大小标题。读下面两篇例文（摘要）。请完成：

（1）说说这两篇总结各属于什么类型？

（2）在括号内填入能概括这部分内容的大小标题。

[例6-1]

1.（　　　　　　　　　）

（1）加强和改善宏观调控，促进经济平稳快速发展。

（2）大力推进改革开放，注重制度建设和创新。

（3）全面加强社会建设，切实保障和改善民生。

2.（　　　　　　　　　）

（1）必须坚持解放思想。

（2）必须坚持落实科学发展观。

（3）必须坚持改革开放。

（4）必须坚持搞好宏观调控。

（5）必须坚持执政为民。

（6）必须坚持依法行政。

3.（　　　　　　　　　）

（1）经济运行中一些突出问题和深层次矛盾依然存在。

（2）涉及群众切身利益的问题有待进一步解决。

（3）国际经济环境变化不确定因素和潜在风险增加。

（4）政府自身建设和管理需要加强。

4．（　　　　　）

（1）搞好宏观调控，保持经济平稳较快发展。

（2）加强农业基础建设，促进农业发展和农民增收。

（3）推进经济结构调整，转变发展方式。

（4）加大节能减排和环境保护力度，做好产品质量安全工作。

（5）深化经济体制改革，提高对外开放水平。

（6）更加注重社会建设，着力保障和改善民生。

（7）深化文化体制改革，推动文化大发展大繁荣。

（8）加强社会主义民主法制建设，促进社会公平正义。

（9）加快行政管理体制改革，加强政府自身建设。

5．（　　　　　）

（1）加快转变政府职能。

（2）深化政府机构改革。

（3）完善行政监督制度。

（4）加强廉政建设。

（注：被隐去的标题是：过去五年工作回顾；20××年主要任务；主要体会；面临的挑战和风险；加强政府自身建设。）

（摘自20××年"两会"《政府工作报告》）

［例6-2］

大连××饭店是一个提供客房、餐厅、商场和旅游多种服务的大型饭店，建店10多年来，始终坚持宾客第一、质量第一、信誉第一的宗旨，企业管理水平不断提高，营业收入连年上升，经济效益稳步增长。近年来，多次受到省市表彰，获得"企业整顿先进单位""商业文明单位""经济效益先进单位"等称号，去年进入省级先进企业行列。

一、（　　　　　）

在商品经济中，企业生存和发展的关键在于质量和信誉，因此，饭店自开业以来，就把为宾客提供优质高效服务作为基本功来抓，制定了各岗位服务工作标准，推行全面质量管理。去年根据商业部颁发的接待服务工作规范化的规定，重新制定了11个方面的642条服务规范作为每个岗位的服务标准。为了便于检查，改定性考核为定量考核，并把考核与工资挂钩，从而使饭店全方位的质量管理实现了规范化、标准化的要求。

二、加强财务管理　提高经济效益

1．（　　　）饭店为适应承包经营责任制的需要，实行了饭店、部门、班组三级核算。部门实行独立核算盈亏，向饭店报送会计报表；部门对班组本着管什么算什么，从实际需要出发、区别对待的原则，有的要核算全部盈亏，有的主要核算营业收入或产量指标，有的主要核算成本、费用指标。

2．（　　　）去年在资金定额管理的基础上，饭店建立起了"内部银行"，统管全店的流动资金。参照外地经验，制定了内部银行管理资金和会计核算办法。提高了资金使用效能，节省了利息支出，特别在当前情况下，在一定程度上减轻了银行信贷资金不足的压力，资金紧缺的矛盾也得到一定缓和，饭店各部门的干部职工较普遍地增强了资金时间价值观念，这是资金管理的重要的思想基础。

3.（　　）除了不断健全制度、经常进行监督检查之外，饭店针对当前出现的问题，采取了四项具体措施：一是对重点部门、重点项目实行定额管理，如后勤部的费用开支为全店的27%左右，过去是实报实销，管理较松，存在浪费现象，现在实行定额包干、超支自负、节支分成的办法，使费用开支有所下降；二是对客房部物料用品中的35个品种实行定额管理，落实责任，对物品领用均实行以旧换新的办法；三是对重大项目开支和新添设备，实行事前预测，事后跟踪分析的办法，防止了盲目花钱；四是将各餐厅集中洗刷餐具改为各自洗刷，分清了责任，减少了短少损耗。

4.（　　）根据实际需要，逐步将量本利分析和ABC管理法引入饭店；对微机已开发应用于统计日报、工资计算、银行记账、对账、登记商品账及保本保利分析等方面。工作效率和企业管理水平大为提高。

三、（　　　　　　　）

去年，饭店开始第二期承包，将承包内容具体分解为15项指标，与各业务经营部签订了内包合同，各业务部又将指标分解落实到班组，有的指标还落实到人。与此同时，饭店按照"增收节支"的精神，对全店各种用房进行了统筹规划，腾出16间非生产用房作为营业客房，一年可增加利润18万元。店领导带领全店职工千方百计降低能源消耗，杜绝跑、冒、滴、漏，对维修项目一般都是自己动手干，今年这些方面的开支节省10万元左右。

2.下面是一份汇报性总结，读后能对这个单位的情况有些了解。但它存在着汇报性总结的常见病——单纯地记叙往事，未将实践上升到理论，找出事物发展的规律。请以这份材料为基础，重写成为规范的汇报性总结，允许改变顺序，允许补充（虚拟）一些原文缺少而又必需的内容。

[例6-3]

20××年工作总结
××银行上海分行行政处招待所

我行行政处招待所是为了方便银行系统人员来沪出差时住宿的内部招待所，服务的对象上至各省、市分行的行长，下至办事处的一般工作人员，涉及面广、接触人多，因此，服务质量的好坏直接影响到我们上海市分行的声誉和形象。几年来，我们招待所在处里的严格要求和管理下，始终保持良好的服务态度和高昂的工作热情，得到了全国各省、市分行的热情赞扬。

我行招待所共有正式职工7人，并聘用一些退休工人和下岗职工。由于招待所分为三个地点，人员比较分散，管理起来难度比较大。我们只能从发挥人的主观能动性入手，克服人员少、任务重的困难，一人身兼几职，分工不分事，积极做好各项细致的工作。根据各人的岗位，制定了岗位职责，对聘用的职工也一视同仁，严格要求，奖罚分明。

招待所的工作其实和宾馆性质相似，但内容又有所不同，甚至比宾馆有更高的要求，更特殊的服务。有些客人来沪看病，我行招待所的同志都主动地陪客人去医院检查，有的开刀住院，招待所的同志多次炖了汤、煮了菜，不辞辛劳地送去，家属都感动得热泪盈眶，病人也复原得很快。有的外地来沪出差的人员对上海的情况不甚了解，招待所的同志主动为他们联络相关人员、联系工作。遇到外出办事晚了，过了吃饭时间，招待所的同志也临时做起来，送上热气腾腾的饭菜，使客人像回到了家里一样温暖。深圳分行的同志送来了一面锦旗"宾至如归"，有些分行写来了感谢表扬信。

我招待所的工作还有一个重要的特点，就是安全工作，在多次抽查评比中，均受到表扬。20××年，建国西路两个点被评为当地警署的优秀、先进、安全招待所。真正地把安全工作落到了实处。

20××年我招待所共安排住宿旅客8 448人次，较好地完成了工作任务，做到客人"高兴而来，满意而归"，无一例投诉事件，说明全国银行系统来沪人员对我们上海市分行招待所的服务是满意的。彻底扭转了上海市分行过去以"老大"自居的形象。

在热情服务的同时，我招待所还从政治上、业务上提高职工的素质。在20××年行里的献血任务中，我所的同志积极主动要求献血，体现了职工的美好心灵。同时，我们还派厨师去外面的宾馆、饭店学习新的烹饪技术，做出更美味、可口的饭菜，使客人们吃得更好。

我们将在新的一年中向行里其他先进单位学习，认真总结经验，克服一切困难，把服务工作做得更好！

3.下面是一份经验性总结，介绍有效的学习方法。但它不符合应用文总结的写作要求，读后请完成：

（1）介绍经验（知识）的内容，可以用议论文、说明文、应用文等多种体裁，说说它们有什么异同。

（2）论文和总结从字面看，常常都是先提出论点（观点），后用论据（材料）去证明其论点（观点）。但二者的论点（观点）形成和论据（材料）运用却不相同，请说出它们的区别。

（3）以介绍学习方法或工作方法为题材，联系自己的学习、工作实际，写一篇应用文性质的总结。

[例6-4]

语文学习的心得

自上小学一年级开始，每年每学期都少不了语文课，在财经大学又进一步学习了应用文写作。语文陪伴我度过了十多年的学习生活，因此对语文课我是颇有感情的，并对语文学习有一些心得体会。现把自己对语文学习的看法总结如下：

一、重视基础。对于各门功课，基础都是至关重要的，语文当然也不例外，万丈高楼平地起嘛。因此对语文学习不能急于求成，贪多求快，而应当循序渐进，步步扎实，尤其是对于初学者来说更应如此。要重视拼音、字、词、句的学习，在掌握一定的词汇量的基础上，再逐步开始习作。

二、广学博览。语文学习除了有与一般功课共同之处以外，还有自己的特点：那就是要博览群书，这一点在语文学习中尤为重要。对语文不仅要学好课本上的内容，而且还要阅读大量的课外书籍。对于古今中外的名家名著都要认真对待，努力学习，借以扩大自己的知识面，提高文学修养和文学水平。当然博览群书不是盲目地乱读对自己没有多大用处的书籍，同时博览群书也不排斥精读细看。

三、动笔勤练。只博览而不勤练，语文水平也提高不快，影响学习效果。对于语文学习，要经常拿起笔来，只有多练习才能逐步提高自己的写作水平。现在有许多同学害怕写作文，提起写作就感到头疼，这是不正常的。不经常练笔，写作岂能不生疏，当然也写不出好作文来。只有勤练，才能熟练，熟能生巧，从而写出好作品来。

当然，语文学习方法有很多，因人而异，各人要在学习中注意探索出适合自己的方法来，以提高自己学习语文的成效，搞好自己的学习，提高自己的语文水平。

4.经验性总结作为应用文，介绍自己成功的做法是必不可缺的，或者单写做法，或者兼及效果和（或）体会。既然是总结不是说明书，它就不能就事论事，简单地记录过程，它应该从实践中总结出事物的规律，从而发挥"以点带面"的作用。下面这篇总结用的记叙写法，如实地反映了做的过程，而忽略了其中的规律，作者的观点不鲜明突出。读后请以此文为基础，重写为有观点有材料、着重介绍成功做法的经验性总结。允许在合乎逻辑的前提下，作必要的补充。

[例6-5]

我们是如何确保原料质量的

我公司依靠先进的橡皮布发泡技术、高品质的原料和全体员工的努力奋斗，创造出了骄人的业绩，远远领先于国际同行，享誉海内外。在目前国际市场竞争日趋激烈、汇率波动巨大的情况下，要发展企业自身，在降低或保有原单位产品制造成本的基础上，保证产品的品质是赢得更多客户的先决条件。

橡皮布的生产对原料的要求极高。不可避免地要对所有工序中的原料进行质检，其中也包括半成品。只要原料合格了，生产工艺是极易调整的。

现在让我们来看一看，原料（半成品）的质量是通过何种检测来保证的。首先，马来西亚或日本的橡胶进库以后不能直接使用，必须进行"配合"。"配合"由专人负责，只有他才有料剂室的钥匙。按所配橡胶的粉剂配量比例配粉。"不同橡胶+某几种粉"便成了适应特殊需要的原始料。配料完成后，在每个袋上贴标签、注明净重与毛重，并且要签名，记录粉、料明细账，以备查实。原始料是整个工序的开始，应严格把关，是整个生产管理的重点。经验告诉我们，粉料的配比是一克也不能差的，甚至为了"克"后的小数点还要几经周折，高品质来自于高精度。

其次，让我们来看一看半成品的质检吧。当原始料经过机器变成块状的"加硫料"后，其性能的优劣是难以人为加以判断的，必须经过"加硫机"的测定和硬度计的钻磨。面对一张张的硫化曲线图，必须极仔细地观察其数值的变化。经验告诉我们，对不同的料套用不同的函数公式，其值才最为可信。小诀窍是用直尺量取 ML 及 MH，T××、T××、T×× 的尾规线加上以上的函数值综合判断可万无一失。硬度的钻磨数值差异较大，经验告诉我们只要不破下限即可。

通过工作中的不断研修，对产品性能的优越之处有更多的了解，也保证了原料的质量，减少了成品返还率，有效控制了因原料问题而产生的废品，真正把握住了整个生产链中的成本控制点。为"明治"橡皮布的发展做出了贡献。

5.经验性总结的作者为了突出自己成功做法的普遍意义，有时采用"以体会为纲，以做法为目"的写法。"体会"就是实践、体验后的认识、领会。"体会"是一种观念形态，具有理论性。这种写法弄不好就容易变成泛论性论文，有共性而无个性，偏离了总结作为应用文的性质。下面这篇总结就存在着这种问题，大道理完全正确，具体如何做读后不甚了了，人们难以借鉴它的经验。读后请提出具体的修改意见，或将自己（包括个人和单位）某事成功的做法另写一篇"体会为纲，做法为目"的经验性总结。

[例6-6]

关于规范组建××合作银行的经验总结

××××银行于20××年3月中旬召开了全国组建××合作银行试点城市的工作座谈会，上海、北京、天津、深圳、石家庄被确定为全国首批试点城市，我们根据××市的实际情况，明确步骤，规范运作，平稳过渡、深化改革，在无前例可循的情况下，克服种种困难，较平稳地顺利完成组建股份制商业银行的任务。

1.平稳过渡是组建××合作银行的前提。需严格遵照"六不变、四不准、三必硬"的政策，该政策为组建工作的顺利开展创造了良好的内部环境，也为筹建期间原金融机构的业务经营风险降到最低水平创造了条件。

2.明晰产权是组建××合作银行的重点。根据××××银行及国家有关政策规定，我们严格依照法律程序开展对原金融机构的清产核资工作，工作量大、政策性强，并涉及各方面的利益关系。筹备领导小组严格遵照国家的政策、法规，广泛征求各方面意见，制定统一标准和操作办法，做到切合实际，受到了有关部门的好评。

3.规范运作是组建××合作银行的基础。组建××合作银行的目标之一就是要创立合理完善的内部管理制度，建立健全规范的股份制商业银行机制：（1）落实对原金融机构清产核资的授权工作；（2）严格规定原金融机构的贷款呆账核对程序；（3）按法定程序召开首届股东大会；（4）严格按法律规定建立××合作银行机构。

综上所述，由于我们较重视组建过程中存在的经营风险和社会安定问题，较妥善地解决了各有关方面的思想问题，较合理地维护了各有关方面的权益，所以，全体干部职工、股东及牵头单位信心百倍。

到20××年，全行存款达到×××亿元，比年初增长36.5%，开立各类企业账户××户，全年利润××亿元，比上年增长75.9%，纳税××亿元。

6.下列材料原来是公文中的一种——通报。通报反映的也是过去的事，这与总结相同。但两者文种不同，功能不同，写作体式不同。请将此材料改编成一篇体式规范、层次清楚（插入几个小题）的汇报性总结，或就本单位（或本人）过去一段时间（或一项工作）写一份汇报性总结。

[例6-7]

为进一步做好全国政府网站信息内容建设的有关工作，有效解决政府网站"不及时、不准确、不回应、不实用"等问题，维护政府公信力，2015年3—12月，国务院办公厅组织开展了第一次全国政府网站普查。现将有关情况通报如下：

一、总体情况

《国务院办公厅关于开展第一次全国政府网站普查的通知》（国办发〔2015〕15号）印发后，各地区、各部门高度重视，迅速行动，确保普查工作顺利推进。通过普查，基本摸清了全国政府网站底数，有效解决了群众反映强烈的政府网站"僵尸""睡眠"等问题，政府网站管理服务水平不断提高，社会公信力稳步提升，正在成为各级政府提升治理能力、推进"互联网+政务服务"的重要平台。

（一）摸清了全国政府网站底数，实现整体达标合格……

（二）提高了政府网站管理服务水平，有序推进集约化建设……

（三）建立了政府网站基本信息数据库，社会公信力稳步提升……

二、整改工作的成效

各地区、各部门对普查中发现的问题认真查找原因，着力推进整改。通过整改，全国政府网站信息不更新、内容严重错误、咨询信件长期不回复、服务不实用等问题明显减少。

（一）信息更新更加及时……

（二）内容准确性普遍提高……

（三）互动回应情况明显改善……

（四）办事功能不断完善……

三、需要进一步解决的问题

在全国政府网站建设管理水平大幅提升的同时，一些政府网站仍存在需要进一步解决的问题，主要是：

（一）部分基层网站仍不合格，少数网站问题严重……

（二）个别地方检查走过场、整改不彻底……

（三）一些网站便捷性、实用性亟待提升……

四、下一步工作要求

各地区、各部门要高度重视，加强对政府网站建设和管理工作的领导，并针对普查发现的问题举一反三，进一步查漏补缺，加大对本地区、本部门网站的检查力度，巩固普查成效，避免出现整改不彻底、问题反弹等情况。要切实把办好政府网站摆到服务人民群众、提高治理能力、提升政府公信力的高度，加强督查考核，按照推进"互联网+政务服务"的工作要求，扎实推动各级政府网站持续健康发展。

对本次通报的网站问题，各有关地区和部门要采取有力措施进行整改，并于2015年12月31日前将整改情况书面报送国务院办公厅政府信息与政务公开办公室。

7.下列材料原是上海《静安时报》上的一则新闻，主要报道他们创办的一种社区教育形式——"白领学堂"这个新生事物。请仍以此为主题，将它改写成一篇经验性总结，并做到内容全面（含做法、效果、体会），层次清楚（每一部分加小标题或序数词）。

[例6-8]

在前不久召开的全国社区教育工作座谈会和上海市学习型社会建设推进会上，静安区"关注白领人群学习需求，提升学习型社区建设内涵"的主要做法在会上作书面交流。同时，国家教育部公布的全国社区教育示范区的名单中，静安区榜上有名。

近年来，静安区以提升市民人文素养为主题，以整体提升市民的学习力、各类组织的创新力和城区的综合竞争力为目标，以深化五类学习型组织建设为基础，以巩固、提升各类学习载体为抓手，努力拓展社会化教育网络和市民学习平台，不断完善终身教育体系，初步构建了一个以学习型社区为基础，从而推进学习型城区建设的终身教育新格局。形成了一批引领作用强、影响力大、辐射面广的具有静安区特色的学习型城区建设活动品牌。其中，静安区白领学堂被列为上海市学习品牌之一。

静安区在着力改善现代服务业聚集区软环境的同时，针对楼宇多、白领积聚的特点，关注不同教育、经济背景人群多元化的学习需求，积极探索学习型楼宇建设及白领人群参与学习活动的规律和方法，提升了静安区学习型社区的创建内涵。

面向广大白领开展的一次大规模学习需求调查显示，白领们因文化层次高和工作压力大的特性，需要并热爱轻松愉快的学习生活，希望从中获得高雅、健康、技能等与众不同的感受。为此，静安区从2008年开始，精心打造的适合白领人士学习的平台——静安区白领学堂诞生了。

白领学堂以政府主导、社会力量合作、市民参与的运作方式，推出了职业生涯导航、国学与文化、信息技术、艺术欣赏、英语、戏剧、舞蹈、摄影、绘画、旅游等可供选择的学习沙龙，目前已有1万多人次参与了学堂的各类学习活动。

区学习联盟发挥社会组织的优势，联合区域内各办学单位和培训机构，积极整合优化并合理利用了区域内有关学习的课程资源、物质资源、信息资源、文化资源、人力资源、管理资源等，成立了"静安区学习联盟"，学习内容涵盖职业技术、文化、艺术、外语、社会生活和紧缺人才等各个领域，制作了各类课程菜单和学习指南，发放到各个楼宇。同时，社区学院合理运用网络资源，在公共服务平台上开设了1 000门各类课程，辟有网上课程、网上展示厅、学习互动窗口、学习资源联盟、网上图书馆、社区教育信息窗、学习网络连线等栏目，极大地丰富了白领人士的学习选择。

持续开办了近两年的国学与文化精品讲座也受到了众多白领的青睐，累计吸引了近万人次听众的参与。钱文忠、葛剑雄、王德峰、鲍鹏山等专家的讲座让白领青年如沐春风，孟京辉、林亦华、黄磊等戏剧名家的文化论坛让白领青年兴致盎然。

在众多的兴趣爱好中，阅读也是白领青年的首选。今年4月，一个以书为媒、面向公众的公益性学习活动平台静安区书友会成立了。书友会组织开展图书漂流、新书推荐、签名售书、心得交流等书友互动活动，以及文化沙龙、名家对话、专题研讨、成果展示等各类兴趣学习活动。目前，书友会已有白领会员1 000多名，双休日学习沙龙活动已开展20余次，吸引了近千人次的参与。

静安区关注白领人群学习需求，拓展白领青年学习空间，不仅为白领提供了灵活多样的学习选择，精彩纷呈的学习活动，高雅时尚的学习环境，也极大地丰富了社区教育的内涵，为学习型城区建设增添了新的活力。

8.下列材料是某供电分公司市场及客户服务部的一份年度电费回收工作总结，属于汇报性总结。他们的工作成绩出色，工作措施对服务行业具有启发意义。请将其改写成适合公开发表的经验性总结。

[例6-9]

在上级领导的正确指导下，经过市场部和各供电所全体人员的共同努力，年电费回收取得了可喜的成绩，创历史最好水平。

一、指标完成情况

全年应收电费为41 901.8556万元，实收电费41 901.8556万元，电费回收率达100%，比去年同期99.94%上升了0.06%；年初累计旧欠电费为40.0315万元，累计收回旧欠电费12.82万元，旧欠电费回收率达32.03%，比年度指标21%上升11个百分点，比去年同期25%上升7.03个百分点。年末预收电费余额为5 273 149.79元，收回已核销旧欠电费达1 160 259.17元。

二、在电费回收工作中所采取的主要措施

加强电费回收的经济考核力度，除了执行电费回收风险金外，还执行该公司制定的供电所岗位责任考核办法，每月对各供电所的电费回收情况进行评分考核，与每位职工的经济收入挂钩，大大地提高了职工的工作积极性和电费风险防范意识。

各供电所分别成立了多个电费追收小组，将电费回收指标分解落实到个人。强化职工的电费回收意识，改变以往到月底和年底追收电费的习惯，实行提前追收欠费办法，每月缴费期为×—××日，于每月××日起开展追费工作，电费回收做到月月结零。例如：20××年上半年××供电所有××铝型材厂、×××蓝宝石有限公司、×××镀厂、××电镀厂等几家大宗工业用户经常不按期缴交电费，××供电所每天派人上门追收，宣传有关电力法规，积极与用户沟通，争取地方政府和上级主管部门的理解和支持，采取"缠身式"追收电费方法，终于如期收回电费。多数职工牺牲休息时间，经常利用午间、晚间的休息时间或节假日时间，分组对各个欠费用户实行上门追收。例如：城区供电所有一名女工，为了完成电费回收任务，经常在晚上和丈夫一起上门派发追费通知，由于电费回收工作做得非常好，她被评为该所的追收电费标兵。

加大电费回收工作的宣传力度，每日黄金时间在当地广播电台和有线电视台播放缴交电费广告，使广大用电客户形成一种按时缴交电费的习惯。追收电费的同时，做好优质服务工作，对农村综合变用电的客户做到电量、电价和电费上墙公布"三公开"；对专变用户每月××日前派发电费通知单，有效地促进了电费回收工作。

积极推广安装预购电装置，采取预收电费措施，有效地防范了电费回收风险。20××年全公司新装预购电装置133套，累计安装预购电装置178套，实施预收电费用电客户总数达385户，控制容量为28 452kVA，购电量达6 845×10⁴kWh。以××供电所为例，20××年该所共安装预购电装置22套，累计安装预购电装置24套，占该所专变数量的90%，是执行预收电费较好的供电所之一。

农业排灌所用的电费分摊到千家万户，多年以来都是电费回收工作中的老大难问题。

因排灌站属水务局管理，20××年××月，该公司领导和市场部有关人员多次与××市水务局有关领导协商解决农排电费回收问题，最终达成协议，由水务局属下的××电站上网电费代缴所有的农排电费，再由各供电所和排灌站收回各户农排电费后，交回××电站。

市场部和各供电所层层把关，防范电费风险。原市镀锌铁线厂在20××年××月—20××年××月期间欠下本分公司电费109 844元，该厂因经营管理不善而亏损，欠下电费一直未能归还。20××年××月该厂将厂房出租给某电镀厂经营，该电镀厂老板到本分公司办理用电报装手续时，市场部派人了解情况后，发现该厂仍欠电费未还，立即要求厂方做出旧欠电费还款计划，才给予办理用电报装手续，及时收回了拖欠多年的电费，防范了电费资金风险。

三、存在的问题

在电费回收方面，虽然取得了较好的成绩，但仍然存在一些问题，如五保户和特困户的电费较难收取；一些出租屋和租赁企业的电费仍存在风险；农业排灌电费较难回收，特别是按月收取等。

四、今后的工作设想

（1）认真分析和总结20××年电费回收的成功工作经验，继续发扬优势，克服缺点，巩固电费回收所取得的优良成绩。

（2）加大电费回收的宣传力度，鼓励用电客户到工商银行或邮政局办理代收代扣电费业务（正在考虑一定的经济奖励措施），减少收费人员的工作量，节约客户的缴费时间，提高电费回收率。

（3）加强实施预购电费制度，对出租屋和租赁企业强制安装购电装置，实行预收电费。

（4）加强与各级政府的沟通，争取由政府承担五保户和特困户的电费。同时，组织职工捐款帮助五保户和特困户解决生活困难。

（5）按照客户交费信用评级办法，对用电客户的缴费情况进行评级，被评为AAA级的客户，每月通过有线电视宣传表扬，颁发证书（或锦旗），并给予一定的物质奖励。

（6）经常向各级政府反映电费回收工作中存在的问题，加强与客户的沟通，争取各方面的理解和支持，取得市政府同意由市政局用城市建设附加费代缴全市的路灯电费。

9.复印一份总结并加以评析。评析可以写成书评式，也可以写成答题式。如果写成答题式，主要抓以下问题：

（1）这份总结为什么而写？选用了什么类型？选型是否合理？体例是否规范？

（2）是否做到从事实出发又上升到理论，观点与材料有机结合？

（3）结构的安排、详略的处理是否得当？

10.就自己熟悉的工作、学习或单位的工作写一篇总结，内容不拘，但需注明总结类型，并按此类常规写作，不少于1 000字。

第七章　调查报告

一、知识题

1.什么是调查报告？它是什么性质的文书？

2.调查报告不具有行政效力，为什么却受到重视？

3.为什么说"没有切实的调查研究不可能形成有价值的调查报告"？

4.调查研究常用哪些科学的方式方法？

5.积累材料对写好调查报告具有决定意义，应如何做好材料积累工作？

6.基础调查具有什么功能？应掌握哪些写作要点？

7.经验调查具有什么功能？它与经验性总结有何异同？

8.问题调查具有什么功能？应如何抓主要矛盾？

9.调查报告记叙、议论兼用，为什么又不是议论文或记叙文？

10.调查报告的开头很重要，不同类型调查报告的开头有何特点？

11.什么是评述体和报道体写法？应如何选用？

12.提炼有现实意义的主题对于调查报告至关重要，应如何把握？

二、实践题

1.调查报告是经过调查才写的报告。这种调查是一种有目的、有计划、有准备的行为。下面是马克思在对纺织工人进行调查前拟的一份调查纲目，即向工人了解什么的一些问题。读后请以此为样板，拟一份当前社会关注或你个人有志研究的问题的调查纲目。

[例7-1]

工人调查表（马克思）

1.工作日一般有多长，一个星期一般有几个工作日？

2.在一个工作日内有哪些休息时间？

3.请说明一年有几个假日。

4.有没有规定一定的吃饭时间，或吃饭是不定时的？

5.在吃饭时间干不干活？

6.如果用蒸汽，请说明实际的开关时间。

7.开不开夜工？

8.请说明童工和16岁以下少年工人的工作时间。

9.在一个工作日内，童工和少年工人是不是换班？

10.政府有没有通过控制童工劳动的法令？企业主是不是严格遵守这些法令？

11.有没有为在你的工业部门劳动的童工和少年工人设立学校？如果有，那么一天中哪些时间孩子们是在学校度过的？他们学习些什么？

12.在生产日夜进行的地方，采用怎样的换班制度？是不是由一班工人换另一班工人？

13.在生产繁忙时期，工作日通常延长多久？

14.机器是专门雇人来擦拭的呢，还是由使用的工人在工作日内无报酬地擦拭的？

15.采用哪些规则和处分来保证工人在工作日开始时和午休后准时上工？

16.你每天从家里到工作地点以及工作后回家要花多少时间？

2.写调查报告前一定要做调查，调查有许多科学的方式方法，问卷法是一种比较客观又易行的方法，被广泛采用。问卷法的关键是要设计好一份既能满足调查需要，又能得到被调查者积极支持的调查表。下面是一家企业为了经营决策而在报纸上发表的市场调查问卷。读后请：①谈谈问卷（调查）表应如何设计？②就你将要调查的课题（如拟办事项人们的看法、某项既有事物的状况、搜集自己行为的反馈信息等）设计一份问卷（调查）表。

[例7-2]

"管道输送，纯净水进户"问卷调查

1.用管道输送方式向居民供应直接饮用的纯净水，您是否了解？

□了解　　　　　　　　□听说过一些　　　　　　□不了解

2.将"生活用水"与"饮用水"完全分开，您认为是否有必要？

□有必要　　　　　　　□无所谓　　　　　　　　□无必要

3.若在您家中安装管道饮用水，是否会接受？

□非常乐意　　　　　　□可以考虑　　　　　　　□不考虑

4.使用管道饮用水，您会担心的问题：

□饮用水质量　　　　　□后期管理服务　　　　　□其他_____

5.经您的了解和理解，管道饮用水的长处是：

□增加居住配套功能　　□提高居住质量、品位

□改善饮水质量　　　　□使用方便

6.安装管道饮用水的初装费，您的心理价位是：

□1 500元　　　　　　□1 500~2 000元　　　　□其他_____

7.初装费的付款方式，您会选择：

□一次付清　　　　　　□分期付款　　　　　　　□债券与现金相结合

8.使用管道饮用水，每月按实际消费量收取水费，您认为水费的单价应是（桶装水：0.53~0.74元/升）：

□0.30元/升　　　　　□0.50元/升　　　　　　□0.70元/升

9.使用管道饮用水，您认为本公司必须做到：

□管理服务规范化　　　□公开承诺制度

□设立监督热线　　　　□定期公开水质检测报告

10.您的家庭成员结构：

□2口之家　　　　　　□3口之家

□4口之家　　　　　　　　□4口以上

11.若您已使用桶装饮用水，每月消费量是：

□2桶　　　　　　　　□3~4桶　　　　　　　　□4桶以上

12.你的年龄＿＿＿＿　性别＿＿＿＿　文化程度＿＿＿＿

（截止日期、抽奖办法、企业地址、邮编、电话等略）

3.问题调查对社会生活有促进作用，也是调查报告中最多的一类。在写法上，对潜在而值得引起注意的问题，可以单独揭露；对已经出现的问题，还可分析产生的原因，或提出解决的建议；既揭露，又剖析，又有建议的问题调查报告则更全面。下面是一篇揭露超市经营管理中存在问题的文章。读后请以此文为基础，联系你所在地区的情况，按调查报告的规范写法予以重写，揭露问题并剖析原因和（或）提出解决的建议。如果仅是揭露，作为调查报告必须有根有据，简单地列举个别现象是不行的。

[例7-3]

超市购物还有尴尬处

常有读者反映，现在到超市购物虽然比较方便，但还会遇到一些尴尬事。近日，记者去一些超市现场采访，发现超市经营中确有值得改进之处。

商品不标价格，条形码替代价格标签。昨天上午，记者来到中华新路上的某超市，只见一位老妈妈站在化妆品货柜旁，拿着一盒化妆品直发愣，她左看右看没有找到价格标签，不敢贸然购买。无奈之下，只得请在超市内的某厂方促销员帮忙找价格标签。"为什么不把价格标在商品上？"记者不解地问一名工作人员。"为了节约价目单"，工作人员答道。不知何故，这家超市的许多商品都以条形码代替了价格标签。在该超市保鲜柜台，嘉兴肉粽、鲜八里鸡翅、鲜八里鸡腿等几十种食品摆放在一起，每件商品的包装袋上都没有标明价格，几十种价格标签一溜排在货架底部的平台上，消费者购物时只能自己辛苦地对货找标签。

同一类的不同价位的商品混放在一起，也给消费者带来不便。在不远处的另一家超市，记者又看到这样一个情景：一位老妈妈拿着一包馒头等在货架旁，见有顾客走过，就客气地请人帮忙看看价格是多少。在小商品货架上，20多种袋装小商品，共用一张标着0.50~9.00元的标签。记者要买几袋50克一包的茶叶，营业员凭着经验，认为这茶叶三四元一包，可是条形码一扫描显示，每包为11.60元，价格相差约3倍。到超市购物就图个方便，可现在因价格不明，却增加了不少麻烦。

超市安装监视器却不作明示，遮遮掩掩，这也会令消费者心中产生不快。因为按照国际惯例，消费者对此有知情权。记者调查中发现，在一家有名的连锁便利店门口的显著位置，公开写明本店为"防盗监视摄像设置店"。可是，另一家超市却不是这样，悄悄地在角落里安装了监视探头，记者提出"应作明示"的建议，得到的回答却是："那样还能抓住小偷吗？"他们显然不明白安装监视器的目的主要是警示和防范。

（摘自《文汇报》）

又据上海《新民晚报》报道：上海市质量协会用户评价中心发布的市民调查报告显

示，20××年上海大型综合超市的服务质量满意度指数为74.78，创下8年来大卖场服务质量满意度指数的新低。这一指数比上年下降2.13%，比历史最高点20××年的指数下降了7.04%。今年3月，市质量协会用户评价中心借助市民信箱开展网上实名制调查，共收集有效样本6 500个，分别涉及大润发等13家大卖场的110家门市店。调查显示，与标准化菜场相比，大卖场在质量、计量以及环境上优势明显，但在食品的新鲜程度以及价格方面仍是弱项。调查显示，市民希望大卖场的商品种类多一点，引导购物活一点，收银结账快一点，投诉处理妥当一点。

（摘自《新民晚报》）

4.情况调查的功能在于提供真实、可靠、典型、实用的情况，为决策工作、研究问题提供科学的依据。因此应特别注重数据，因为数据是概括了的事实。除了陈述数据反映出的情况，如果分析，也仅是说明注释性的，并非作者的褒或贬。在具体写作上，有的既有一系列的数据统计表，又有分析文字；有的则仅表述数据所反映的情况，即只告诉读者结果。下面是××市社科院房地产研究中心发表的《20××年4季度上海市住宅购买意向调查分析》（节录），读后请完成：

（1）说说上述两种不同写法，各有什么所长和所宜。

（2）例文中仅节录数据统计表而删去了分析文字的几项，请仿照保留作者分析文字项目的写法，试写分析文字。

（3）试写一份你熟悉情况或便于调查的事项的情况调查（如本校学生课外时间运用的调查、本校学生课外读书情况调查、本校学生消费情况调查、本校毕业生就业意向调查、对本校生活服务满意度的调查、本校学生参与社会公益活动情况调查、本校学生电脑上网情况调查等），题材不限，写法应规范，至少2 000字。

[例7-4]

20××年4季度，本中心对××市居民的住宅购买意向进行了持续3个月的调查。调查的方式是通过多种途径请有购房意向的居民直接填写问卷，并且要求填写者留下姓名、地址、电话，事后我们对填写的问卷进行了检查，别除明显失实的问卷后输入计算机。经整理有效问卷共5 032张。这些购房意向资料可分区域提供给需要的房地产开发商，以便开发商直接同希望购房的居民联系，也可以提供给房地产中介代理或咨询机构。现本中心将全部问卷的汇总数据及分析公布，以飨各界。

1.购买住宅种类意向（见表7-1）。

表7-1　　　　　　　　　　购买住宅种类意向

种类	多层	小高层	高层	复式	别墅	公寓	新里、旧里和老公房
%	80.4	8.7	3.9	2.2	0.4	1.6	2.8

分析：（1）多层和小高层合计占89.1%，令人印象深刻，指明了目前居民住宅购买和建造的主要方向。（2）相比之下，想买高层住宅的居民只有3.9%是令人惊奇的。数据之低比我们原来估计的还要惊人。这预示着目前数量不小的高层住宅内销前景极为暗淡，削价竞争是必然趋势，正在建造的高层住宅也将面临极大考验。（3）新里、旧里和老公房只

有2.8%，数据是低的，恐怕未必能够反映旧房的购买潜力。因为我们的调查是针对居民，没有包括机构和单位。其实有不少机构和单位想通过购买价格低廉的旧房作宿舍，以解决临时性人员的居住问题。这种调查对象分布上的不足可能也是高层住宅购买意向比例偏低的原因，但是高层住宅购买意向低是不容否认的。

2.购买房型意向（见表7-2）。

表7-2　　　　　　　　　　　　　　　购买房型意向

室/厅	1/0	1/1	2/0	2/1	2/2	3/0	3/1	3/2	4室以上	其他
%	1.65	8.78	0.85	53.68	5.88	0.24	18.36	9.06	1.25	0.25

分析：略。

3.购买总建筑面积意向（见表7-3）。

表7-3　　　　　　　　　　　　　　购买总建筑面积意向

平方米	0～48	49～58	59～68	69～78	79～88	89～98	99～113	114～128	129以上
%	6.21	6.55	8.64	15.47	21.15	8.56	24.16	4.58	4.68

分析：略。

4.购买每平方米建筑面积单价意向（见表7-4）。

表7-4　　　　　　　　　　购买每平方米建筑面积单价意向

千元	1.4以下	1.4～1.8	1.9～2.3	2.4～2.8	2.9～3.3	3.4～3.8
%	0.56	1.67	8.10	15.57	24.38	10.94
千元	3.9～4.2	4.3～5.3	5.4～6.3	6.4～7.3	7.4～8.3	8.4以上
%	16.82	14.67	4.88	1.36	0.67	0.38

分析：略。

（注：原文未节录的项目为：购买区域意向；购买总价意向；购买时间意向；购买方付款方式意向；其他意向）

5.调查报告既属于应用文又是新闻体裁之一。作为应用文的调查报告基本上都采用述评体的写法，作为广义新闻之一的调查报告常用叙述体写法。下面是报纸刊登的《一个高中生对流行音乐的调查与建议》，属于叙述体，读后请完成：

（1）说说这两种不同写法各有什么所长和所宜。

（2）以例文素材为基础，结合对一所或几所学校调查的情况，重写成一篇评述体的调查报告。

［例7-5］

流行音乐已被人们所熟悉和接受，并广为流传。在青睐流行音乐的青年人中，中学生占了大多数。对高雅音乐与流行音乐的长短优劣，社会各界曾发生过诸多讨论。下面是我的调查和观点、建议。

一、流行音乐的传播

流行音乐是20世纪70年代末80年代初从中国香港、中国台湾地区传入大陆的。由于它通俗易懂，故很快被人们接受，尤其是中学生。比如较早的时候，"四大天王"成了学生们的偶像。接着流行音乐在歌坛的发展似乎进入到白热化的状态，歌手则分为实力派和偶像派。于是，越来越多的学生成了"追星族"的一员。

二、流行音乐受中学生喜爱的原因

中学生是最乐于接受新鲜、时尚事物的人群之一。流行音乐易在中学生中流行，不足为奇。若究其根源，不外乎有这么几点：①流行音乐易上口、易哼唱，这一点使它易被接受；②流行的抒情歌曲像一杯浓郁的咖啡可任你细细品味；③节奏强劲的歌曲则犹如一场激烈的球赛，让你在欣赏中释放自我。同时，因为流行音乐属于一种快餐文化，它迎合了中学生喜新厌旧的心理。它的朦胧、浪漫，正与年轻人的生理状态合拍。

现在，一些师长认为，高雅音乐才该占据学生们的音乐欣赏空间，而流行音乐只能是一种附属品等。高雅音乐（古典、交响音乐等）往往具有较扎实的创作基础，有些名曲甚至是经千百年积淀多种智慧和文化而成的。这些音乐对人生也许会产生深远的影响，但要真正学会欣赏，却需要各方面的修养。而人生阅历、文化素养尚不完备的中学生是不容易做到的，这也许就是青年学生容易喜欢流行音乐的主观原因。

客观原因，就是现在为我们学生所写的歌曲实在太少，音乐教材中的若干教学内容似显老化。而几百元一张的音乐会门票别说我们学生，恐怕连不少师长也买不起。我们仅能从一星期一节的音乐课上接触到高雅音乐（且有不少学校为了追求升学率把这仅有的机会都给剥夺了）。这样，学生对高雅音乐只能是可望而不可及；流行音乐就抓住机会，扩展影响了。

三、建议和设想

第一，是否可以将高雅音乐引入课堂（并不仅仅局限于音乐课），并且不再是老师单一的讲授，而更多地让学生自己学、自己唱。

第二，学生应利用课余时间，多了解一点高雅音乐的历史与文化背景，以提高个人的修养。毕竟，21世纪需要的人才是多元复合型的。一个人的知识面越广，就越能理解高雅文化，就越能适应社会的发展。

第三，对流行音乐的内容也应该加以选择，不要沾染那些不健康的。这样，我们可以与父母有更好的沟通，消除两代人在这一问题上的代沟。

第四，词曲作家们也应多创作一些适合我们中学生演唱的校园流行歌曲，丰富我们的校园生活。

（作者：许卓琳，晋元高级中学学生）

6.下面几段材料是围绕废旧物资回收问题，报刊披露的有关信息。请以此为主题，对你生活地区的情况进行调查，写成一篇供政府决策参考的调查报告。既可以写情况调查，也可以写问题调查或经验调查。需注明类型，并按该类规范去写。

[例7-6]

近几年，许多企业的有利用价值的残次料、废料，不能及时得到回收利用，城市居民

"交售废品难"的怨声更是不绝于耳。据统计，近两年，我国废钢铁的回收率仅为40%左右，废纸、废塑料、废有色金属的回收率更低。

在瑞典、日本、法国等经济发达国家，废旧物资是被称作"第二资源"的。它们把废纸冠以"城市森林"的美称，誉废金属为"地上宝矿"，还把回收利用废旧物资当作延缓地球寿命、减少环境污染的大事，制定了专门的法律，力求最大限度地回收和充分利用废旧物资。

对废品资源进行充分的回收利用，是防止资源再流失、能源再浪费、环境再污染的有效途径，有利于资源循环利用和经济可持续发展；有利于城市环境保护，提高城市环境卫生管理水平，提高居民生活质量；有利于增强市民保护资源与环境的意识。

7.研究性调查报告又称工作研究、工作调研、调研论文、调查与思考等，读下面的例文，请回答：

（1）它与经验调查、问题调查、情况调查有哪些区别？

（2）它与普通的议论文有哪些区别？

（3）就当前社会关注的话题（如大学生就业难，经济发达地区企业招工难，春节期间城市保姆荒，互联网、手机垃圾信息多等）写一篇研究调查。

[例7-7]

关于本溪市农网建设的调查与思考（纲要）

前言（略）

一、可喜的成果

引言（略）

1.有效地帮助农民对接市场，促进了农产品流通。

2.有效地促成招商引资，推进农村经济的发展。

3.有效地促进了农业科技的推广和应用。

4.有效地促进了领导决策方式和工作方法的转变。

此外，也为各级政府趋利避害、防汛抗旱和指导生产提供了可靠依据。

二、经验与做法

引言（略）

1.加强农网系统信息平台建设。

2.强化乡镇信息服务站建设。

3.加大信息入村工作力度，打好信息延伸攻坚战。

4.加强农网系统信息员队伍建设。

三、几点启示

引言（略）

1.端正服务方向是办好农网的重要前提。

2.充分发挥政府主导作用是农网建设的重要保证。

3.搞好网络整合是农网建设的正确路径。

4.标准化和广泛化管理是农网良性运行的重要举措。

8.住养老院的老人物质生活可谓无忧无虑，但他们的精神生活十分空虚、匮乏。读下列新闻报道，并对你所在地养老院生活状况作调查后，写一份关于养老院老人精神生活的调查报告，根据掌握资料的多少和现状的主流，选择撰写经验调查或问题调查等。

[例7-8]

阳普敬老院里有了时尚兴趣班

[本报讯] 近日，记者获悉，阳普敬老院为了能进一步激发老年人的自信心，调节老年人的情绪状态，在区养老服务协会的帮助指导下，尝试老年教育活动新方式，开办了新颖的课程。

记者了解到，入住敬老院的老人大多数存在着不同程度的听力、肢体、智力障碍。原有的戏曲、健身、读报兴趣小组虽然能正常开展，但始终存在活动时间不固定、活动内容单一、缺乏中远期规划、对老人需求缺乏足够了解等缺陷，导致活动质量不高，老人参与活动的热情不大。

为此，阳普敬老院针对入住养老机构的老年人大多受到健康、高龄、文化程度等因素的局限，联手平凉路社区老年学校在敬老院试点办班。

针对老年人年龄、身体、文化程度、兴趣爱好等情况，阳普敬老院与老年学校一起协商，双方从老年人实际需求出发，科学制订计划。

在学习内容上，院方为老人们选择了既贴近生活又具有时尚气息的插花、手工课程，并由老年学校老师定期来敬老院授课。

同时，双方推行"教师启动，师生互动，学生自动"的老年课堂教育模式，并随时跟踪教学过程，及时反馈教育活动成效，根据每次的实际效果，对教案不断进行补充、调整和完善，既确保教学活动正常进行，又真正使老年人有兴趣学，"学了还想学"。

据介绍，大部分老人之前没有亲手插花的经历，插花课开班教学第一天就吸引许多老人踊跃参加，课程不仅使敬老院的老人们学会了插花制作技巧，更让大家懂得如何在日常生活中寻找更多的乐趣，从而能够保持一种积极健康、乐观向上的生活态度。

(摘自《杨浦时报》)

9.图7-1是国家统计局上海调查总队《上海市民出行状况调查报告》的附图，基本上涵盖了该报告的主要内容。读后请将其改写成一篇用文字表述的调查报告，允许添加一些合理虚拟的材料，使文章结构完整。

[例7-9]

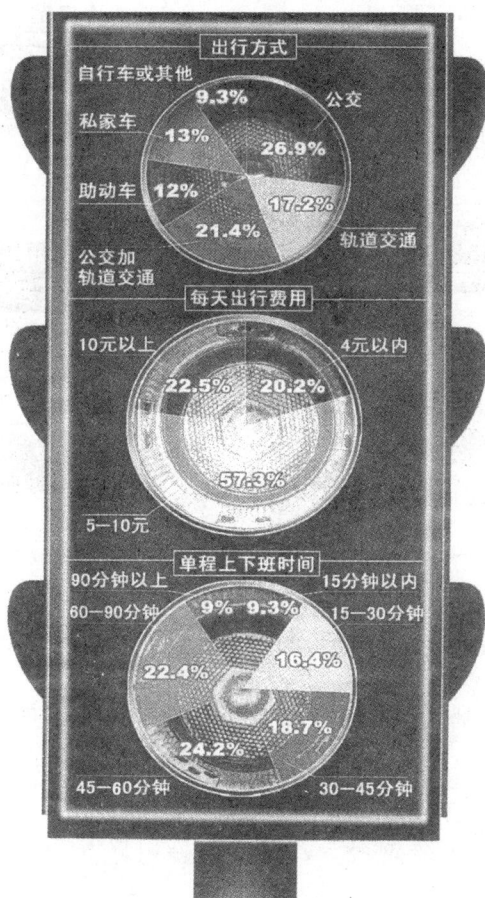

图7-1 上海市民出行调查

10.上海《新民晚报》对近年迅猛发展的一种消费形式——网络购物作了调查,并披露其结果。下面剪裁了该文的引言和主体部分中的数据资料,请读后把它们编写成一篇规范的调查报告,种类自定,标题自拟。

[例7-10]

网络购物,这个名词对我们而言已经不再陌生。但在2010年,网络购物的迅猛发展,却是让人感觉眼前一亮。

来自商务部的数据显示,今年我国网络购物的规模预计可达4 500亿元。这一数字几乎是2009年的1倍,比5年前翻了整整22倍!

民众对网络购物是否满意?在购物时又关注些什么呢?本期"新民意"通过新民网的调查关注网络购物话题,详情见图7-2。

消费金额方面,过半的网友一般每次会在网络上消费200~500元,15%的网友会消费不超过1 000元。近四成的网友表示,他们每月在网络购物方面的支出占总支出的5%~10%,也有近两成的网友表示,这一比例在30%以上。

参与网络购物的频率：

2%从不　7%每天
25%偶尔　30%每月
36%每周

对网络购物最不满意的是：

10%网络交易安全问题　42%产品质量未知
33%售后服务问题　15%商家信用未知

您在C2C购物网站(如淘宝)上消费，最关注商品的哪个方面？

16%售后服务　24%品牌真伪
39%质量　21%价格

您在B2C购物网站(如京东商城)上消费，最关注商品的哪个方面？

14%售后服务　2%其他　18%品牌真伪
23%质量　43%价格

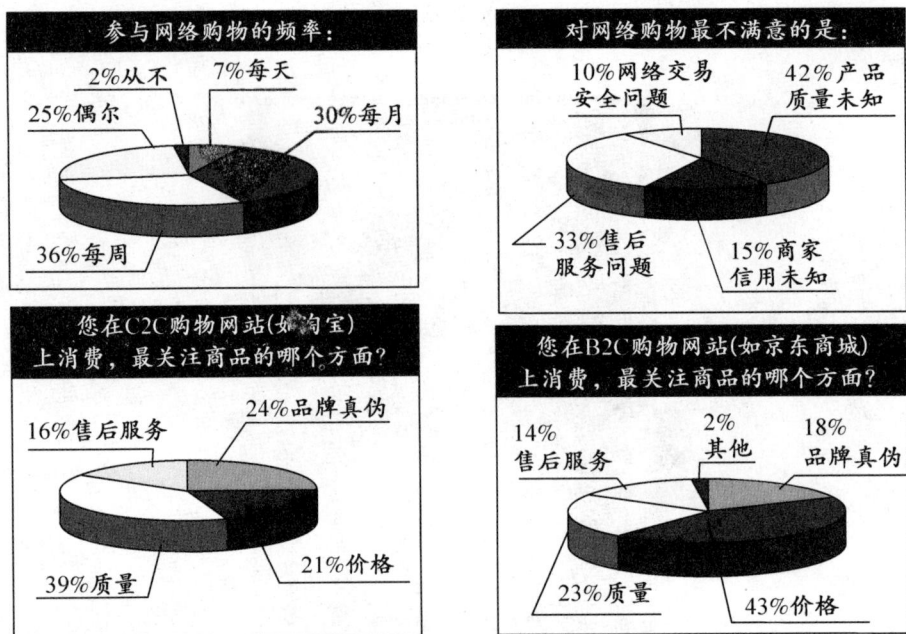

图7-2　网络购物调查情况图

　　"新民意"的调查结果显示，42%的网友认为满意，50%的网友认为一般。认为"非常满意"和"非常不满意"的网友都极少。

　　网络购物也带动了大批大学生、下岗人员的就业。淘宝网就曾经发布过数据，截至2010年4月30日，他们创造了106万个直接且充分的就业机会，也就是说有106万人通过在网上开店实现了就业。

　　11.复印一份调查报告，并就其写作意图与选用种类、表达方法等是否相适应作评析，不少于300字。

第八章　简报（新闻）

一、知识题

1.简报是怎样出现和演变的？现在的简报与新闻（即消息，下同）有何异同？

2.简报文章和新闻一样应该注意真实性、新闻性、时效性和指导性，其内涵是什么？

3.简报文章的分类和新闻的分类有何异同？

4.什么是动态性简报文章（动态新闻）？

5.什么是经验性简报文章（经验新闻）？

6.什么是综合性简报文章（综合新闻）？

7.什么是转引性简报文章？为什么说这是简报特有的？

8.简报作为一种内部新闻，较适宜报道哪些内容？

9.简报的排版、装订形式是怎样的？

10.各类简报文章与同类新闻的写法是完全一致的，唯有转引性简报文章是它独有的，应如何正确运用？

11.动态性简报文章（动态新闻）与一般记叙文有哪些共同点和显著的不同点？

12.现在机关事务的透明度日益扩大，许多信息都可以通过新闻公诸社会，简报面临新的挑战。怎样才能使它不与新闻雷同，发挥其不可替代的作用？

二、实践题

1.标题是文章能否吸引读者的首要环节。报道性简报文章（即新闻）的标题要能反映出报道的主要事实，因而字数就比较多，动态报道（消息）常用两行、三行题形式。如果是三行，中间就是主题（正题），上面是引题（眉题、肩题），下面叫辅题（副题、子题），各司其职。主题，反映主要事实；引题，反映背景，被称为虚题；辅题对主题作补充。如果是两行题，就有两种可能：或是引题+主题，或是主题+辅题。读下列两行题，请逐一指出它们上下两行是什么关系。

（1）美国外贸瞄准新领域
知识产权出口额超过飞机

（2）南京经济开发区实行"零收费"
三资企业只需纳税和缴社会保障基金

（3）深圳动物园发生一罕见奇观
雄虎与雌狮交配

（4）上海率先推出科技项目招投标
首个DNA芯片研究与开发项目昨日招标

（5）市有关部门联合下发若干纪律规定
机构改革不得突击进人突击提干

（6）"电玩"益智？否！
玩电子游戏机学生大脑工作指数低于未玩者

（7）为维护百年清誉不再受骚扰

武汉大学注册"武大"商标

（8）浙江民营企业赴京办高校

招生规模达1万人的北京吉利大学日前奠基

（9）糖尿病伴肥胖症有成因

胰岛抵抗素是关键因素

（10）东方男篮保住主场不败纪录

以119比112险胜浙江万马男篮

2.下面是一则动态消息的正文，读后请按新闻标题的特点，补上一个两行或三行标题。

［例8-1］

［据新华社北京8月22日电］中共中央、全国人大常委会、国务院、全国政协、中央军委22日上午在人民大会堂隆重举行大会，纪念伟大的马克思主义者，伟大的无产阶级革命家、政治家、军事家、外交家，中国社会主义改革开放和现代化建设的总设计师邓小平同志诞辰100周年。中共中央总书记、国家主席胡锦涛发表重要讲话强调，我们这个时代的共产党员、共青团员，全体社会主义劳动者、社会主义事业的建设者、拥护社会主义的爱国者和拥护祖国统一的爱国者，一切热爱祖国的中华儿女，要更加紧密地团结起来，肩负起历史赋予我们的神圣使命，沿着中国特色社会主义道路，向着全面建设小康社会的宏伟目标、向着实现中华民族伟大复兴的光辉前景奋勇前进。

3.动态消息正文材料的组织，既不是一般记叙文的纵式结构（注重时间顺序），也不同于一般应用文的横式结构，常常采用"倒三角"结构。读下文后请回答：

（1）"倒三角"结构根据什么原则组织材料？

（2）具体分析本文各段的大意并提炼段首句。

（3）报道性文章为什么适宜用这种结构方式？

［例8-2］

无性繁殖绵羊成功

一些国家立法禁止"复制人类"

［本报华盛顿2月25日电］上星期六，两名英国胚胎学家维尔姆特和坎贝尔宣布，他们通过无性繁殖方法第一次成功地"复制"出哺乳动物，他们将以这种方法繁育出的9只绵羊的第一只命名为"多利"。"多利羊"的诞生标志着人类在生物学研究领域又一项新的突破，同时它比生物学家的预料要早许多。

维尔姆特和坎贝尔的研究成果将发表在星期四出版的英国《自然》杂志上。他们采用的方法是，先将一个成熟的6岁绵羊卵细胞中的脱氧核糖核酸（DNA）取出，只留下细胞中的营养物质作为母本。然后从另一只绵羊的乳房上取下一个普通细胞，并将它的细胞核放入上面的卵细胞当中，使二者结合，形成一个类似受精卵的细胞。最后将这个受精卵移植到第三只绵羊体内使之发育。第一只无性繁殖的绵羊于去年七月在爱丁堡的罗斯林学院培育成功。

"多利羊"身世的特别之处在于，它打破了传统上哺乳动物一定要两性结合才能繁殖后代的束缚。某些家畜的奶液中含有制药所必需的蛋白质，而无性繁殖则可以将这种家畜变成真正的药品加工厂。它还为大规模推广优良的家畜品种提供了可靠的保证。由于在两性繁殖中会出现遗传变异，因此经过一段时期以后某个优良品种就退化而不得不淘汰，使用无性繁殖的方法就避免了这个缺点。

如果绵羊可以通过无性繁殖而获得，那么从理论上讲作为哺乳动物的人类也可以通过这种方法进行"复制"，恰恰是因为这一点，"多利羊"的诞生同时引发了人们关于伦理学的激烈争论。一些科学家指出，维尔姆特等人的方法并不复杂，因此在一些情况下，如父母面临失去孩子的困境，或一个富翁觉得只有自己的化身才最适合继承遗产时，要求使用这种方法复制人类的需求将会增多。而无性繁殖出的后代同他的细胞来源既不是亲子关系，也不是兄弟姐妹的关系，因此将造成伦理、法律关系方面复杂的矛盾。英国等一些国家已经立法禁止用这种方法"复制"人类。

4.动态消息要求把最重要或最有吸引力的事实先写出来，这种开头方式叫导语。下面这则消息的导语被隐去了。读后请根据标题和正文反映的信息，补写出导语。

[例8-3]

变害为宝　巧串"生态链"

兴国一农民用蝇蛆喂甲鱼

[本报兴国讯] 前些年，王太元搞起"鸡—猪—果"的生态农业发展模式，即用鸡粪喂猪，猪粪则浇果、肥田、种菜，串起生态链，使他近几年的年纯收入均在15万元以上。去年春，他建了个甲鱼池，专养雌甲鱼。有一天，他准备给果园施肥，当他挖开沤熟了的猪粪，看见许多蛆虫时，突发奇想：能不能用蛆喂甲鱼？他将一勺蛆倒进了甲鱼池，顷刻间，竟被甲鱼抢吃一空。他想，苍蝇产蛆在猪粪上，猪粪在沤熟的过程中正好可以把蛆培养出来，何不利用猪粪大规模养苍蝇？

现在，王太元养苍蝇的笼子已发展到14只。成千上万的苍蝇每日产蛆30千克，足够1 000只甲鱼的日饲量，他的成本投资少了近一半，而年产值可望比去年翻一番。（钟贞培）

5.导语根据报道内容的特点，可以采用不同的表达形式，常见的有叙述式、评论式、结论式、提问式、引语式、描写式等。下面是动态消息《中科院一项调查拨正高考认识误区　高考状元大多很普通》一文的导语，读后请完成：

（1）说说这段导语属于什么表达形式？

（2）再从报纸上抄录除本例外另外5种形式导语各1例，并注明原文的标题。

[例8-4]

[本报北京1月21日专电] 什么样的家庭、什么样的环境、什么样的学校最容易出高

考状元？最近，高考研究专家、中国科学院心理研究所博士生导师王极盛对全国各省、自治区、直辖市的74名高考状元进行了调查研究，发现高考成功是有规律可循的。

6.简报（新闻）报道的都是新近发生的人们未知的事实。有时作者为了帮助读者理解所述事实，还播入一些非"新"的内容，这叫背景材料。按其作用可分为三类：说明性背景——用以说明事实发生的来龙去脉；注释性背景——用以对不常见事物的解释；对比性背景——通过对比显现事物的意义。对于下面这则新闻，读后请：

（1）指出这里用的是什么类型背景。

（2）再从报纸上复印（或抄或剪）两篇含另外两类背景的新闻，并将背景部分用[　]标出，指出其类型。

[例8-5]

习近平同神十一航天员天地通话

新华社北京11月9日电（记者霍小光、张晓松）中共中央总书记、国家主席、中央军委主席习近平9日下午来到中国载人航天工程指挥中心，同正在天宫二号执行任务的神舟十一号航天员景海鹏、陈冬亲切通话，代表党中央、国务院和中央军委，代表全国各族人民，向他们表示诚挚问候。

16时20分，习近平走进指挥中心，在指挥席就座。电子屏幕清晰显示着天宫二号内的实时画面。景海鹏、陈冬正在开展机械臂人机协同在轨维修技术试验。习近平注视着大屏幕，观看2位航天员的试验操作。人机协同在轨维修技术试验为世界首次，通过探索人机协同作业模式，为空间机器人在轨服务积累经验。

16时25分，景海鹏、陈冬到视频通话位置并排站立，向习近平敬礼。习近平微笑着向2位航天员点头致意，拿起电话机同航天员通话。

习近平：海鹏同志、陈冬同志，你们辛苦了。我代表党中央、国务院和中央军委，代表全国各族人民，向你们表示诚挚的问候！

景海鹏：谢谢总书记，谢谢全国人民！

习近平：你们已经在太空工作生活了半个多月，海鹏同志是第三次执行载人航天任务，陈冬同志是第一次进入太空，全国人民都很关心你们。你们的身体状况怎么样，生活怎么样，工作进展得顺利吗？

……

7.阅读下面一则短消息，请回答：

（1）标题上下两行是什么关系？

（2）哪个部分是导语，属什么类型？

（3）全文采用什么结构？依据是什么？

（4）有无背景材料？如有，在哪里？是什么类型的？

［例8-6］

国际口语语言处理会议传出信息
不同语种直接对话为期不远

　　［本报讯］据新华社报道，专家介绍，"在为期不远的将来，不同语种的人，不需要学习对方的语言，手持终端就可以用各自的语言进行无障碍直接对话；机器和人的关系也将更加密切，我们可以用语言直接下达指令"。在今天举行的第六届国际口语语言处理会议上，一位中国专家这样对记者说。

　　为期4天的第六届国际口语语言处理会议吸引了47个国家和地区的1 000多名科学家和学者参加。据介绍，这是在我国举行的规模最大、水平最高的国际语言声学方面的会议。

　　在信息社会中，语言处理、人机语音对话有着极为重要的作用，已成为信息科学的一个热点。近年来国际上在语音识别、语音合成方面有了重大突破，语音输入和语音合成有些部分已经基本上达到了实用化程度，像计算机的语音输入、手机的语音拨号。

　　8.下面是一篇通讯（一般记叙文写法），请读后改写成符合简报（新闻）特点、300字以内的动态消息。

［例8-7］

到关岛种菜去
——梅陇农民在美国

　　今年10月初，曹永兴等三位农民把美国的关岛闹了个沸沸扬扬，然后曹永兴悄无声息地回到上海，前几天又为他们在关岛的农场送去了第二批耕耘者。

　　面色红润的曹永兴是上海梅陇农业公司总经理，说话也坦率："梅陇乡农业水平高，特别是蔬菜生产水平高，但近年由于房地产开发，乡里土地减少近3 000亩，我们得为自己的农业找个出路。我一直在想，外国人到中国来办企业，是因为能赚中国的钱，那么我们能不能把我们的农业打出去，赚赚外国的钱？"他说，这就是创汇农业。

　　说干就干，经上海外经贸部门牵线，曹经理在关岛以每年2 000美元的租金租下了24亩土地。关岛是旅游胜地，农业不能获取高利润，再加上这个太平洋小岛长年高温，而且时有台风，岛上13万居民，从事农业生产的还不足百人，蔬菜价格奇贵，500克青菜可卖到1.5美元。考察关岛时，曹永兴碰到一个问题：关岛的红色土壤，是否适合蔬菜生长？曹经理看着荒山草地，凭26年的农田经验回答："没关系，能长草就能种菜。"今年9月7日关岛正式种上中国的豇豆、青菜、黄瓜，由于阳光充足，蔬菜生长快，10月份就已上市，收入达6 000美元。关岛居民高兴地吃上了中国菜。

　　曹永兴从岛上的生活谈到"创汇农业"的竞争上。他告诉笔者，他们在岛上的生活不苦，只是那时没带什么工具，只能顶着日头手工劳作。曹经理回忆说："那时，上午一身汗，下午又一身汗，可这又算什么？我们中国人就是凭能吃苦耐劳和别人竞争的。"（张陌）

9.下面这篇文章是某自治区政府的一份表彰通报。读后请将其改写成突出反映经验的经验性简报文章。

[例8-8]

去年,我区各级政府继续开展创建土地执法模范县活动,取得了显著成绩。经自治区人民政府同意,自治区国土资源厅对我区开展土地执法模范县活动进行了检查验收,检查结果表明,兴业县、蒙山县、上思县均达到了土地执法模范县的标准。为激励先进,学习先进,进一步促进我区创建土地执法模范县活动的深入开展,自治区人民政府决定授予兴业县、蒙山县、上思县200×年度"土地执法模范县"称号。现予以通报表彰。

在开展创建土地执法模范县活动中,上述三县高度重视,把创建土地执法模范县工作纳入县人民政府的工作目标责任制;相关部门密切配合做好土地执法管理的各项工作,健全了县、乡、村、组四级土地监察网络,落实动态巡查责任制;以保护耕地为核心,严格实行土地用途管制的原则,确保了耕地总量动态平衡;加强矿产资源勘察、开发利用管理和地质环境保护工作,矿产资源得到了合理勘察、开发利用,地质灾害防治工作成绩显著;广泛开展国土资源管理法律、法规的宣传,促进全民参与创建土地执法模范县的活动,强化全社会依法用地、依法采矿的意识,使合理开发土地、开采矿产资源、保护耕地的观念深入人心。

希望全区各市、县和有关部门认真学习兴业县、蒙山县、上思县的经验,认真贯彻执行国土资源管理法律、法规,依法行政,扎扎实实地开展土地执法模范县活动,力争有更多的县(市)达到"土地执法模范县"标准,进一步改善我区投资软环境。

10.下面一篇文章是短评。评论文章是"就事论理",必然要引述所评对象的主要事实。读后请将其改写成一篇主要反映长江大学10多名"90后"大学生舍生忘死救人的动态性简报文章。

[例8-9]

面对江水中挣扎的少年,长江大学10多名"90后"大学生舍生忘死,手拉着手,搭起令人肃然起敬的"生命之梯"。两名少年得救了,陈及时、何东旭、方招3名年仅19岁的大学生却献出了宝贵的生命。

20世纪80年代,24岁的第四军医大学学员张华为救69岁掏粪老农不幸牺牲,"该不该救""值不值得"曾引起社会广泛争议。其实无论哪个年代,在救人的英雄看来,值与不值从来都不是一个问题,"只要有百分之一的希望,就要尽百分之百的努力"。因为生命无价,责任无价,良知永恒。

从舍身救人的张华,到广东韶关为救1名少女牺牲的4名男子,再到长江大学的英雄群体,一个个动人事例说明,在生与死的紧要关头,哪有值与不值的斤斤考量?深深植根于心底的,是刻不容缓的责任与担当,在惊心动魄的一瞬间迸发出无穷的勇气和力量,化成他们不约而同的一致行动,一架"生命之梯"就此搭成。

"自觉的行动,无怨无悔。"第一位跳入水中的大学生李佳隆表示,今后遇到有人需要帮助,他还会毫不犹豫地伸出援手。朴素的语言彰显的是大学生良好的道德底蕴和善良本能,是以实际行动为"90后"正名。

"90后"曾被认为"依赖性强、缺乏独立能力，以自我为中心、太自私"，是比"80后"更"崩溃的一代"。但从去年奥运火炬海外传递，到汶川地震抗震救灾，"90后"表现出来的良知、坚忍、自强、互助的精神，令人鼓舞。

见义勇为，舍己救人——中华传统美德代代相传，薪火不熄。一代又一代人成长起来，担负社会重任，用灿烂如花的年轻生命，书写了生命的瑰丽与伟大。让我们向"生命之梯"致敬！

黎昌政　魏梦佳

新华社记者

（据新华社武汉20××年10月27日电）

11.下列材料本来就是一篇综合性简报，它以事件发生时间的先后罗列材料。作为新闻/简报，不仅要注意真实性，还要有指导性，即不仅要客观地反映事实，而且要让读者从该事实中得到启发和教益。读后请按此要求将其改写，但仍保持综合性简报特点。

[例8-10]

9月26日凌晨4时多，位于××路177号2楼挂靠梅花街私人承包的大都夜总会发生特大火灾。烧毁彩电、投影机、音响设备、空调机和沙发等物品一大批。受灾面积达400多平方米，经济损失81万多元。幸好是在非营业时间起火，故未造成人员伤亡。起火原因待查。

10月3日，××医科大学东门小卖部，由于冰箱开关接触不良引起火灾，烧毁一台电冰箱，损失3 000元。

10月5日下午，南方××广场首层管理部由于60瓦的灯泡与临时堆放的纸板箱接触，产生高温引起火灾。受灾面积12平方米。

10月5日19时许，××镇南街1号4楼民房由于电线短路引起火灾，受灾面积130平方米。

10月7日凌晨5时许，××市××路15号民房起火。受灾4户14人。烧毁建筑面积180平方米。火灾原因和经济损失尚在调查中。

10月8日晚上6时15分，××市第一人民医院急诊部4楼女临时工宿舍，由于女临时工在宿舍内用酒精炉煮饭不慎酿成火灾。受灾面积48平方米，损失约8 000元。

10月9日14时41分，××中路92号××菜馆厨房起火。消防部门共调出三个消防中队6台消防车到现场扑救，至15时才将火扑灭。烧毁面积200平方米。

市第一人民医院继10月8日宿舍失火后，10月9日中午12时许，该医院厨房又发生火灾。

10月9日11时许，××中路11号601室一老人在使用煤气炉煮饭时，由于老人病发，昏倒在煤气炉旁，不省人事，并且由于老人衣服被炉火烧着，火烧至腿部，烧伤面积达30%。至12时，其女儿下班回家才发现老人已死亡。炉火仍在烧，但没烧着其他东西。

10月10日凌晨1时10分，××路农贸市场发生火灾。烧毁个体摊档的服装、粮油及金鱼缸、加氧泵等。受灾面积70多平方米，经济损失初步统计为4万元。起火原因是金鱼缸加氧泵电线短路。

12.转引性简报文章是一种"借嘴发言"的方式，即转引他人的文章或讲话以表达自己的观点。或全文引用，或部分引用。这种以编代著的文章是简报这种内部发行、无稿酬的内刊上特有的文章样式。下列材料是中国一名因颠覆国家罪在狱服刑人被授予诺贝尔和平奖，我国台湾报纸所作反应。节录几段如下。读后请参照这种方式，就大学生关注的问题，为学校团委、学生会的简报提供一篇此类简报文章。如中国的社会主义民主与西方的资本主义民主、中国的一党领导多党参政与西方的两党竞争领导权、中国屡禁不绝的腐败现象、某地区或单位正在试行的对"我"有借鉴意义的事项等。

[例8-11]

据我国台湾《旺报》日前发表文章披露，中国回击诺贝尔和平奖授予刘晓波，叫停多项中挪互访活动安排。

文章说，有关人士认为，诺贝尔和平奖已沦为部分政治势力的工具。而中国不断升级的外交回击，正是针对挪威政府一再无视警告，翻云覆雨干涉中国内政的强力反制。

文章援引外电称，挪威诺贝尔委员会8日宣布将2010年诺贝尔和平奖授予刘晓波，当天中国即在北京召见挪威驻华大使表示抗议，并警告此举将损害中挪关系。中国强调，刘晓波是因触犯中国法律，而被司法机关判处徒刑的罪犯，他所作所为与诺贝尔奖的宗旨背道而驰，其获奖是亵渎和平奖。

挪威政府对诺奖的态度前后截然不同。先在评选前，强调无权干涉诺奖评选工作，等到宣布刘晓波获奖后，挪威政府就开始与美日等国政要呼应，要求中方放人，挪威驻华使馆甚至试图探望，严重干涉中国内政。

文章说，在刘晓波获奖消息公布不到2小时，达赖就发表声明祝贺刘晓波，并呼吁中国政府释放"刘晓波先生和其他因言获罪的所有良心犯"，此举更为刘晓波获奖一事抹上政治色彩。有关人士指出，挪威诺委会在1989年，授予达赖诺贝尔和平奖，但是当年3月，达赖集团还在拉萨制造严重的流血骚乱事件。

文章指出，直至现在，部分西方国家仍不断地找麻烦，高调支持达赖的分裂主义言行，企图迫使中国政府对西藏"独立"让步，并借2008年奥运会要挟中国。显然，"诺贝尔和平奖已沦为被一些政治势力利用的工具"。

13.以自己身边的新近发生的事实为依据，写一篇内容有新闻价值、形式体现动态消息特点的简报（新闻）稿。

14.复印一份单位内的简报文章，并就其报道价值、写法做评析。

第九章 公务员录用考试·申论

一、**知识题**

1.根据《中华人民共和国公务员法》的规定，录用何种公务员需要采取"公开考试、严格考察、平等竞争、择优录取"的办法？

2.公务员录用考试的公共科目笔试分为"行政职业能力测验"和"申论"两个科目，两者有什么不同？

3.公务员录用考试的"申论"与普通高校招生考试的"语文"有什么共同点和不同点？

4."申论"试卷开篇的几条"注意事项"是什么内容？为什么不要等闲视之？

5."申论"试题中的"给定材料"与传统给材料作文形式所给的材料有什么质的不同？

6."申论"试题中的概括题，意在检验考生的什么能力？应如何应对？

7."申论"试题中的对策题，与一般应用文教学练习及测试用的案例分析题有什么共同点和不同点？"申论"对策题要求的"针对性""可行性""抓本质"如何理解？对策意见在工作实践和"申论"考试中对下一步行动有什么重要意义？

8."申论"试题中的论述题，与前面的概述题、对策题在写法上有什么区别？它与一般议论文的写作有什么共同点和不同点？论述题在要求紧扣给定材料的前提下，也给作者发挥才智和创造性留有余地，应如何理解和运用？

9.备考"申论"为什么应特别关注时政？应如何合理安排？

二、**实践题**

申论考试是由国家有关考试权威机构统一命题的，地方仅限于省市级考试自行命题，并且完全依照国家考试命题的模式。

申论试卷与一般应用文教学和测试惯用多题型不同，它先是罗列一批资料，然后要求"仔细阅读给定的资料，按照后面提出的'申论要求'依次作答"。其"要求"也就是三道题，这些题都是实践性的题，其中"概括"和"对策"题类似于应用文的案例分析题，"论述"题类似于应用文的作文题。

根据上述情况，申论的平时教学和自行安排的测试，都应该与国家考试的模式相一致。本书特选了几套试卷（列于附录·参考试卷部分）供选用。有条件上网者，可以访问中国公务员考试中心网（www.gongwuyuan.com.cn）以及人民网、腾讯教育网等，从中获取公务员招考信息、历年考试题、模拟试卷等资料。本章申论不另拟实践题。

第十章　求职文书

一、知识题

1.求职文书具有什么性质和作用？

2."求职文书"是一个类名，具体包括哪些材料？其中为什么更应特别重视求职信？

3.按求职者的身份不同，求职信可分为哪几类？

4.院校学生求职者的求职信应如何自荐？

5.再就业求职者的求职信应如何自荐？

6.按求职者动因的不同，求职信可分为哪几类？

7.动因模糊的求职者，应如何运用求职文书？

8.动因明确的求职者，应如何运用求职文书？

9.求职信的形式（结构）包括哪些组成部分？

10.求职信的内容主要表达哪三层意思？

11.求职信的主体（自我介绍）部分一般应表达哪三项内容？

12.求职信的结尾要注意什么问题？

13.求职信的自我介绍为什么应当和怎样注意诚信得体？

14.求职信为什么应当和怎样写得尽量引人注目？

15.求职信的书写体式要注意哪些规范？

16.求职者参加面试时，应注意哪些问题？

二、实践题

1.本例是一封院校学生求职信。求职者的专业背景和谋求的工作职位是明确的，专业与职业也是匹配的，这封求职信能否引起招聘单位的重视？能否满足招聘单位对一名学生应聘者的信息需求？根据求职文书写作的一般原理，请评析这封求职信写得是否成功并提出改进意见或予以改写。

[例10-1]

求职信

尊敬的领导：

您好！

首先感谢您即将耐心地看完我的求职信。前阵子从报纸上看到贵公司招聘软件工程师，我希望应聘。

我叫李××，是××学院信息系的学生，希望得到为您效力的机会。

××学院是全国唯一的一所本领域的本科大学，虽然××学院不是一所一流院校，但是鸡窝里也会飞出金凤凰。在××学院的四年，我努力学习，博览群书，在毕业时我拿到了计算机和财经双学位，并通过了英语四级考试和计算机二级考试，同时我积极参加学院的各项活动，获得过院里主持人大赛三等奖、"金笔杯"作文大赛三等奖。在学院的四年，我团结同学，尊敬师长，得到大家一致的好评。

我知道我现在没有任何实际工作经历，但是，我相信您会给我一个机会，因为我的加入会成为一支强心针，我会给您带来惊喜，甚至会让您有天上掉豆包——不劳而获的感觉。速回信！

李××
20××年7月10日

2.本例是一封院校学生求职信。求职者就读的学校、院系、专业是明确的，应聘的具体岗位虽不明确，但信的第二段大体能显示其意愿，他说"我在学校辅修经济管理专业，在这方面有自己的一些不成熟的思路，盼望能有一个付诸实践的机会"，据此可见他应聘的大概是经济管理的职位。也就是说，这位同学应聘的职位不是他的主修专业而是辅修专业。按照传统的观念，招聘与应聘首先要专业对口，而这位同学的情况属于勉强对口，他被招聘单位看中的可能性很小。但是，现在随着人们思想解放，观念趋新，有些招聘者并不在意专业对口，而更看重求职者的职业兴趣和实际能力。因而，又不能排除这位同学应聘成功的可能性。请评析：这封求职信的作者能否得到用人单位的青睐？为什么？在这种招聘专业与应聘专业不完全匹配的情况下，应聘者应如何写好这封求职信？

[例10-2]

经理先生：

我是××大学公共关系专业的本科生，现已学完全部课程，学习成绩优秀，各门功课平均成绩在80分以上（成绩表复印件附后），曾担任系学生会纪检委员，工作认真负责，曾被校学生会评为优秀学生会干部（荣誉证书复印件附后）。我有广泛的爱好，在书法、足球方面尤有特长，是系足球队主力队员。身体健康，能够从事重体力劳动。我善于处理人际关系，在大学四年，从未跟同学和师长闹过别扭。

我应聘贵公司的职务，主要目的是想干一番事业，并不计较福利待遇和个人得失。我研究过贵公司的背景材料，发现贵公司有一套独特的经营管理之道，在实行过程中，虽然难免有不完善之处，但只要不断总结经验教训，就能逐渐形成贵公司的经营管理特色。我在学校辅修经济管理专业，在这方面有自己的一些不成熟的思路，盼望能有一个付诸实践的机会。这也是我向贵公司积极应聘的原因之一。如能如愿以偿，我将勤奋工作，在本职岗位上创造出骄人的业绩。我坚信您是不会失望的。恳请您在×月×日前给我答复。

　　此致

敬礼！

××大学社会系　×××
20××年4月18日

3.本例是一封院校学生求职信。求职者所学——机电技术专业与谋求的职位——中学物理教师，虽然不完全对口，但有一定的相关性。这种"供""需"关系大体匹配的情况，求职者应怎样自荐才好？本例的表述是否合适？请作评析并予改写。

[例10-3]

尊敬的××中学领导：

我是一名即将毕业的大学生，现就读于××农业技术师范学院的农产品加工系机电技术专业，主攻电子方面的课题。当您收到这封自我推荐信的时候，肯定会惊讶我是否投错了门，在你们看来，我应该找家很有前途的企业，以自己在专业方面的特长谋求出路而不该是从一名工程师成为一名人民教师。的的确确，您的惊讶也就是我向你发这封发自内心的求职信的原因了。

首先，就我们这所学校性质而言，是一所专为全省中等职业教育培养师资的学校。可以肯定的是，每一言每一行都是以为人师表为准则来约束我们的。就授业水平而言，我除了有自己扎实的专业知识外，对物理有着很深的认识和兴趣。所以，我对成为一名中学的物理教师很有信心，并且我自我总结了一套有效的教学方法。在教学实习当中，反响不错，深受教师的赞许和同学们的好评。另外，本人有着良好的普通话水平，表达流畅、自然，完全能掌握课堂45分钟的节奏。

其次，如果您对我从事理科教学还有所疑虑的话，没关系，作为一名跨世纪的大学生，我有实力接受您的其他安排。在优秀的学习成绩之外，我想告诉您的是我并不是一位只知埋头苦读的学子，我的双眼还关注这个社会、这个世界，时时刻刻注重对自己各方面素质的培养，除参加大大小小的校、系组织的活动外，我最热爱的莫过于运动。一直以来，我都把健康当作人生最宝贵的一笔财富。我是校篮球队、排球队的主力，刚一入校，我便被选进校田径队训练。长期参加体育活动，不但强健了我的身体，还使得我对各项体育项目了如指掌，动作准确，在田赛项目和径赛项目方面均驾轻就熟。怀着对体育运动的热爱，我曾三次代表学校参加省级大学生田径赛及大学生运动会，取得了骄人的成绩，并且是我校100米、200米、110米栏、400米栏纪录保持者。从另一个角度来说，从事我热爱的工作——体育，也将是我极其乐意的，相信我完全合乎一名体育教师的要求。

兴趣和热爱是干好工作的动力，本着对人民教师的热爱、对理科教学的热爱、对体育教学的热爱，我向您推荐我自己，并想通过您的赏识，谋求一份真正是我想毕生热爱及专业投入的工作——教师。随信附个人档案一份。有关细节，在此不再赘述。

渴望你的回音。

此致

敬礼！

××农业技术师范学院　×××
20××年5月18日

4.仔细阅读［例10-1］、［例10-2］、［例10-3］后，请回答：①作为院校学生求职者，他们写求职信应达到哪些共性的要求？②三位同学在校所学专业与他们应聘的职位，有的对口，有的勉强对口，他们应如何紧扣各自的特点，扬长避短，把求职信写得更有吸引力？

5.本例是一封再就业求职信。求职者当前已有工作，他另求新职是为了"找到一个更适合我的工作，更能充分发挥我的专业特长"。纯属"跳槽"。在用人机制市场化的当今，他有着"人往高处走"的自由和机会。读后请说说：这封信有多大的成功率？为什么？他应如何表述才更加策略？这封信让你来写，你将如何写？

[例10-4]

×××经理：

我曾在××公司任经理秘书5年，我在那里已经获得了足够的秘书工作经验，足以胜任贵处在星期三所登广告中提及的工作。

自从××××年以来，我就担任企业秘书工作，包括撰写许多来往文书，处理众多业务信函，在工作中熟悉了各种货物销售情况，而且也熟悉了有关企业管理方面的知识。

我在××公司工作以前，××××年毕业于××中学，接着经过两年秘书专业训练。现年30岁，尚未结婚。

我之所以要离开现职，是因为我觉得，如果我找到一个更适合我的工作，更能充分发挥我的专业特长。现在我的领导也知道我的志愿，并且允许我另求新职。

请允许我到贵处求见、详谈，并让你们更进一步了解我如何胜任所赋予的工作。

×××敬启

20××年××月××日

6.本例是一封再就业求职信。从信的内容看，求职者当前似乎没有工作，处于待业状态。但求职者经历丰富，求职意向也不苛求。读后请说说：他的应聘成功率如何？根据他的特点应如何表述才能被人重视？这封信让你来写，你将怎么写？

[例10-5]

张总：

您的事很多，很希望您能看完。

我是一名经历坎坷、尝过甜酸苦辣的人。

因为敢于冒险，而品味过成功的丰硕果实；因为探索冒险，也体验过触礁的震荡与凄凉。但是，这一切都锤炼了我作为企业人员所必须具备的成熟与胆识。

我的过去，正是为了明日的企业发展而准备、而拼搏、而奉献。

现在正是经企总公司招兵选将待机而发的重要关头。

我不想仅是锦上添花，我不想在凉爽的空调房里坐享其成。

我想雨中送伞，我想雪中送炭。我想亲自去闯、去干。

20××—20××年间，我接受过8年汽车、摩托车的驾驶训练；学过4年法律（××政法学院法律专业毕业）；经历过6年办案（法纪与经济案件）的挑战……

做文秘，我有作品见报；做驾驶，我已有20万行驶里程；做经管，我已摈弃了不切实际的梦想而变得自信和有主见。

兵马未动，先从败着想，瓮中捉鳖，才能稳操胜券。

张总，当初您闯海南，不也是三十六计，计计斟酌，万无一失，每失必补吗？

最坏的打算不就是要变卖公司价值500万元的房子、车子吗？

实践证明，两万元钱闯海南建××大厦体现的不仅是直观的赚钱3000万元，而是智慧、胆识与科学决策融合的立体结晶。

良鸟择木而栖，士为知己者死。

当公司需要宣传、誊写文书时，也许我可以提笔"滥竽充数"；当您为了提高办事效率而自己驾车时，也许我可以换换疲惫的您偕同前往；当公司为法律事务而起纠纷，因为业务增多而难以应付的时候，我可以动腿挥手用所学法律，伶牙俐齿，摇旗呐喊，竭力为公司解一分忧虑，争一分利润，挽一点损失……

我不能再说了，说多了我怕像王婆卖瓜，"实践出真知，斗争长才干"。

我只需要去实践、去闯、去干。

张总，一个合作机会，对我来说是一次良好的开端。

我期待着好消息。

致

敬礼！

自荐人：曹××

20××年××月××日于海口

7. ［例10-4］、［例10-5］属于再就业求职信。仔细阅读后请回答：①再就业求职信和院校学生求职信的写作为什么有区别？主要的区别在哪里？②这两封信在内容表述上各存在什么问题？③这两封信在文章写作（结构、语言、风格）上各存在什么问题？

8. 这是一则报纸招聘广告。用人单位对应聘者除年龄、文化程度有所限制外，没有其他要求。它的专业宽容度很大，不论什么专业背景都可以去应聘。请尽可能了解此类企业和职位的业务特点，结合自己的条件和意愿，写一封应聘求职信。

［例10-6］

中国×××保险公司是全国性的股份制保险公司，2000年被评为世界保险公司第45位，并连续荣获国际质量金奖，现因业务拓展的需要，特向社会：

诚　　聘

1. 主管　5名
2. 专职售后服务　20名
3. 营销人员　30名

要求：应聘者需22~50岁，高中以上学历，户籍不限。以上人员一经录用，将享受公司提供的一切福利待遇，并提供一系列良好培训，月收入均达3 000元。

有意者请将个人简历、学历复印件、身份证复印件，一寸报名照寄至：

××路××号××大厦2楼210室

联系人：××小姐收　邮编：200030

寿险咨询电话：×××××××　×××××××

9. 这是一则报纸招聘广告。用人单位对公司的性质及对不同拟招聘职位的要求，有简要的提示。请仔细揣摩这些提示的含义，结合自己的条件和意愿，写一封应聘求职信。

［例10-7］

上海××房地产投资顾问有限公司

【职位及要求】

业务代表（30名）

户籍不限，有无房地产销售经验皆可，肯吃苦耐劳，能承受高挑战，有卓越的团队精神，敢于向高薪挑战者！免费带薪培训。

签约法务、送件经纪人（各5名）

法律、房地产相关专业，本科学历；有相关工作经验者为佳，持上海经纪人资格证书，可兼职！

秘书（5名）

大专以上学历，电脑操作熟练，文秘、财务、美工、人事相关专业，有经验者优先！

【公司简介】

本公司成立于2002年，系外商独资企业，主要经营市区豪宅买卖。现诚邀各界精英人士共同发展！挑战年薪20万元！

【应聘方法】

工作区域：长宁　静安　普陀　闵行　徐汇　浦东

有意者请将简历（注明联络电话及应聘职务）

1.邮寄至以下地址：长宁区××路××号802室人事部收　邮编：200050

2.公司邮箱：××022022@yahoo.com.cn

3.电话：51083×××　传真：51083×××

4.网址：www.×××chome.com

10.上海世博会事务协调局为集全社会之力办好2010年上海世博会，将会同有关部门建立世博会志愿者队伍。特向社会招募志愿者：

（1）世博会志愿者队伍分为筹办世博会志愿者和举办世博会志愿者。筹办志愿者主要从事在筹办世博会期间的宣传、推介、环保、活动组织策划等方面的工作；举办志愿者将在2010年世博会举办期间提供各类会务、安保、交通向导、咨询等服务。

（2）对世博会志愿者的基本要求：

- 热爱世博事业，愿意为2010年上海世博会贡献自己的聪明才智；
- 有强烈的责任心和荣誉感，对工作认真负责；
- 有较强的学习能力，愿意学习新的知识；
- 愿意接受世博会志愿者管理机构的指导和工作分配；
- 遵守世博会志愿者的有关工作规定。

（3）报名方法：

有意者请填写"世博志愿者登记表"（略），并将个人基本情况通过信函或传真（021-61200627）发送至上海世博会事务协调局人力资源部。

假设你有意成为一名世博志愿者，请写好这封应征信。

11.下面是几则求职者在报纸上刊登的自我推荐材料。由于报纸广告费很贵，所以只能极为简短。假设其中某人被某单位初步相中，要求他（她）提供一份更详细（500字左右）的材料。请代写此求职信。

[例10-8]

会计类

XM10122601

　　女35岁，大专，会计，15年财会经验，熟悉外资及出口退税及全套账务处理，现诚觅中小企业财务。

　　　电：13003184948，18918231630

XM10122602

　　女35岁，沪籍财大毕业，会计师，曾在财务咨询公司、集团公司任财务经理，现专门从事中小企业兼职记账业务、账务处理和涉税事宜。经验丰富，自备财务软件，月薪2 000元起。

　　　王老师电话：13621637317

XM10122603

　　女，大专，35岁，有十余年会计工作经验。熟悉税务全套财务工作处理，善外贸出口退税，合理避税，协调工作能力强。觅兼职会计工作及税务咨询。

　　　电话：13482766910

XM10122604

　　女，从事财务工作十多年，主管会计十年，掌握整套账务操作流程涉税事宜。擅网上申报、网上认证，编制各类财务报表及工商年检，税务年检，诚觅兼职会计，每周工作两天也可以。普陀、闸北、静安、长宁虹口尤佳。

　　　电话：13918853203

XM10122605

　　男，45岁，沪籍本科会计师。精通各类内外资企业全套财务流程处理，现专门从事中小企业记账业务、账务处理和涉税事宜，熟悉财税法规，经验丰富，诚信敬业，自备财务软件。觅兼职财务工作。

　　　电话：13301739366

XM2011010203

　　男，53岁，沪籍，大专，资深会计师，从事财务管理工作30年，其中财务经理20年，精通各行业涉税事宜，熟悉财务政策，经验丰富，善协调沟通，住闸北，觅全职，兼职财务工作。

　　　电话：56417446或13621945328

12.竞聘演说是招聘口/面试的一种方式。假设你的招聘单位也采用了这种形式，请参考下文的思路，联系自己的专业，写一份演说文稿。

[例10-9]

我为什么报考导游
——在招聘业余导游口试场上的即兴演讲

各位主考：

晚上好！

本来我想朗诵一首诗，但在看了前面十几位考生的口试后，我忽然醒悟到：导游工作更多的应该是娓娓而谈，才能更好地完成导游任务。因此，我在这儿想和各位主考说说心里话，题目呢，就叫"我为什么报考导游"。

我报考导游，有两个不利条件：

第一，是我的年龄。你们启事上说是招19~24周岁的，而我已是30岁了。不过，任何事物都不是绝对的。一方面，我可以通过充满青春活力的热情和幽默来弥补；另一方面，年龄大些或许正可以成为成熟、稳重、可以信赖的标志呢！——而这些好像正是导游工作所需要的呢。

我的第二个不利条件是我的性别。毋庸讳言，导游工作，大多数是由温柔美丽的女性来干的。但是，当今世界，旅游已不是男子汉们的专属活动了，在某些情况下，具有阳刚之气的导游或许会备受青睐呢！

因此，我来了。因为我知道，报考导游我还有七个有利条件。

第一，我热爱导游工作。

第二，由于我的职业关系，夏季这个烟台旅游的黄金季节，正是我们中小学放暑假的时候，我有充裕的时间，我可以做到招之即来，来之能战。

第三，由于长期坚持锻炼身体，我有充裕的精力和体力。我可以胜任长途奔波、连续作战的任务。

第四，由于对家乡的热爱，对史地知识的爱好，我相信我可以对在烟台市范围内的导游工作做到有问必答、有疑必解。

第五，由于在大学四年中经常有外地同学来烟台，都由我给他们担任向导，所以我自认已具备了初步的导游工作的实际经验。

第六，经过六年多的教师工作锻炼，我认为自己的普通话和语言表达能力均能胜任导游工作。

第七，我的性格属于多血质型，从心理素质上讲，适应环境的能力和应变能力也较强，而这种心理、气质类型正是被认为做导游工作最适宜、最优秀的一种类型。

所以，我来了，并且相信，如果我被录取，我一定不会辜负你们——各位主考的选择的！

我的话完了，谢谢各位为我提供的这次机会。

（摘自刘中黎，吴波：《应用文写作案例剖析精讲》）

13.网络招聘/应聘是新兴的现代、高效人才供求平台。对求职者来说，通过这个平台你可以获得众多及时的招聘信息。这里仅列举 china91（中国就业网 www.china91.com）网络招聘索引中的几条信息（略）。根据这个线索，你可以上网查到有关招聘单位，进一步了解它们公布的具体招聘要求。请选择你感兴趣的单位和职位，写一封发给它们的求职信。

第十一章 述职报告

一、知识题

1. 述职报告是一种什么性质的文书？
2. 述职报告适用于哪些对象？
3. 述职报告对于组织有什么作用？
4. 述职报告对于述职人个人有什么作用？
5. 述职报告用于考核干部的什么程序中？
6. 述职考核的内容包括哪几个方面？什么是重点？
7. 定期考核的结果分为哪几个等级？
8. 定期考核的结果对干部有什么直接的影响？
9. 述职报告的篇章结构是怎样的？
10. 述职报告的标题为什么不宜用论文式标题？
11. 述职报告的开头有什么特定的作用？
12. 述职报告正文的主体部分可用什么表述模式？
13. 述职报告正文的结尾部分为什么并非上文的归纳小结？
14. 述职报告与一般总结有什么共同点和不同点？
15. 述职报告与公文的报告有什么共同点和不同点？
16. 述职报告与组织（对个人）考察材料有什么共同点和不同点？
17. 述职报告为什么应注意正确处理个人和群众的关系？
18. 述职报告为什么应注意正确处理现职工作和既往工作的关系？
19. 述职报告为什么应注意正确处理工作实绩和德、廉的关系？
20. 述职报告应避免哪些重实绩，轻德、廉的"常见病"？

二、实践题

1. 本例《我的述职报告》是一位校长对三年工作的述职。全文印刷字数（含空格）1 300字左右。读全文后请评析：

（1）这份报告能否满足考评组成员（其中可能包括非直接主管上级人员）对述职人的全面了解？为什么？

（2）这份报告中"我"与"我们""我校""领导班子"都是同一概念，作为一校之长，是不是"学校即我，我即学校"？述职报告讲工作实绩是否应予区分？如何区分？

（3）报告中"坚持正确的办学方向"部分引证了哪些事项？"正确办学方向"的主题是什么？这些事项是否抓住了主题？

（4）这份报告采用横叙模式的结构，第一层次分为三个部分，以下再细分、细述。从内容和结构的关系来看，是否协调？内容的详略是否得当？

［例11-1］

我的述职报告

各位领导、同志们：

自担任××大学校长以来，已三年多了。在这三年多的时间里，我校建立了微生物、电子计算机等六个系，招收学生 7 000 多人，办夜校四批，计 400 多名学生。兴建教学楼四幢，职工宿舍楼两幢。四处求贤，建立了一支可观的教师队伍。三年来取得了可喜成绩。在这里我打算汇报以下几个问题：

一、能认真贯彻党的方针政策，执行党的基本路线，坚持四项基本原则，思想上、行动上与党中央保持一致。

二、认真履行校长职责，搞好学校各项工作。

（一）坚持正确的办学方向。我校是市内较正规的一所大学，是培养德、智、体全面发展人才的阵地。我们坚持正确的办学方向，接受了一批又一批高考合格的高中毕业生进校，又送走了一批又一批德才兼备的大学毕业生出校。我们坚持"走出去，请进来"的办校方针，我们把不同专业的学生分别送到武汉、厦门实习。也请武汉、东北等地的知名教授来我校讲课。在改革形势下，我校坚持多种形式办学。我们办了四期夜大班。为了吸引学生，给学校创收，我亲自三上北京请来出题教师给夜大讲课，以保证考试合格率。为了坚持正确的办学方向，减轻国家及学生家庭的经济压力，提倡学生勤工俭学，谋开源之路。总之，为了使办学坚持正确方向，我做到了呕心沥血。

（二）重视学校机构建设及师资队伍建设。我担任校长以来，把学校科室机构建设列入重要议事日程，按德才兼备原则，坚持任人唯贤的干部路线，配齐了中层领导班子。从知识结构讲，既有大学生，也有中等学历者；从年龄结构讲，既有年近六旬的老科长，也有 20 多岁的科室主任……这些中层干部人际关系好、办事能力强、思维敏捷。与此同时，抓紧了师资队伍建设。我校共有教职员工 248 人，教师仅 82 人，行政人员是教师人员的两倍多，因此，我在任职期间，严格控制教学人员调出、行政人员调入。

（三）抓住教学、科研两个轮子。在大学学府，必须占领教学、科研两个阵地，作为一名校长更应身先士卒。

1.努力完成教学任务。三年来共代课 250 课时，听课 100 课时。

2.积极从事科研活动。三年来共发表论文 8 篇，其中 1 篇获省级奖。与人合编书 1 本，参加过 5 次学术讨论会。

3.支持科室教学工作与科研工作。奖励教学、科研成绩突出者。

4.善待行政后勤人员，使他们为教学服务。

三、克己奉公、遵纪守法。

领导班子成员，能够以身作则，在行动上做到"三不"：

（一）领导成员不住宽敞明亮的楼房。

（二）不请客送礼。

（三）不走后门，不搞不正之风。

2.本例《20××年度述职报告》是某县国税局局长的年度述职报告。全文印刷字数（含空格）3 600字左右。读全文后请评析：

（1）局长应该对全局工作"负全面责任"，是否全局的工作实绩也就是局长的工作实绩？本例在处理个人与单位的关系方面做得怎么样？

（2）报告中"回顾一年来的履职经历""有三点启示"这段内容属于经验体会，也就是取得较好实绩的原因分析，这是事后的反思，是从实践上升为理论的认识升华，这在用于干部考评的材料——述职报告中有无必要？

（3）报告中"也有所失"即"今后进一步努力的方向"一段，是否能如实和具体地交代清述职人这一年"德"与"廉"的状况？

（4）报告正文（除去开头、结尾段）主体部分，可分为几个层次？本例的结构安排有什么优、缺点？

[例11-2]

20××年度述职报告

各位领导、同志们：

20××年是"××"计划的最后一年，也是我受组织的委派，到县国税局担任局长的第一年。按照组织原则，我应对××县国税局工作负全面责任。一年来，我在市局和县委、县政府的正确领导下，和县局"一班人"密切配合，依靠全局干部的大力支持，在税收工作中努力实践共产党员的先进性，夺取了全县国税系统两个文明建设的双丰收。下面，我从五个方面向领导和同志们述职，请予评议。

一、坚定不移推进"三位一体"改革

我上任后的第一件大事，就是全县国税机构改革。推心置腹地讲，面对改革，我个人可以作出多种选择：迟搞、小搞、不伤筋骨地搞，可求得轻松做官；早搞、大搞、积极主动地搞，国税事业就能抢抓机遇，求得新的发展，但这样做，个人的命运则面临较大的风险。经过慎重考虑，我义无反顾地选择了后者。为了从总体上把握改革大方向，我抓了三件事：一是摸清实情。我带领人事股、办公室有关同志，深入调查研究，准确把握了县情、局情、人情。二是制订方案。经过周密筹划，我亲自参与制订了统揽全局改革的10个配套方案，上报市局，得到了认可。这些方案在实践中逐步完善，对全系统的"三位一体"改革起到了指导作用。三是组织实施。在方案实施过程中，我顶住了方方面面的压力，抓住精简分流、竞争上岗等关键环节，坚定不移地抓落实，推进了改革的整体进程。在改革过程中，自己虽然历经安危、荣辱、成败的考验，但抓住了机遇，赢得了主动，为进一步深化国税改革奠定了基础。

二、坚持不懈抓好各级班子建设

从上任的第一天起，我就注重各级班子建设，在县局班子自身建设上，通过落实《党组议事规则》《关于强化县局领导班子成员工作责任的决定》《县局党组关于加强一把手监督管理的意见》等制度，对县局班子的思想、作风、纪律进行全方位约束。同时，在改进领导方法上，引导大家不断加强学习，努力提高领导艺术，进一步增强了县局班子的凝聚力和战斗力。在中层干部和分局班子建设上，以改革为契机，通过竞争上岗，调整干部80余人次，使年龄结构、知识结构、专业结构得到明显优化，大大提高了中层干部的整体素质。在一般干部的调配上，实行双向选择，共调整岗位300余人次，促进了人员合理流动，实现了人力资源的优化配置，特别是县局机关及一些重要岗位人员的整体素质明显改善。通过坚持不懈地加强各级班子建设，为全县国税事业的健康发展提供了强有力的组织保障。

三、精心组织税收业务工作

我努力学习应用马克思主义的系统论和方法论，提出了以打好"四大战役"为主线、精心组织实施税收工作大合唱的构想。一是科技兴税战役。6月初，召开全县税收信息化建设工作会议，对科技兴税战役的目标、任务和步骤作出了系统部署，并把推广应用CTAIS（中国税收征管信息系统）作为突破口，拉开了税收信息化建设的序幕。二是依法治税战役。9月初在所属的东宝分局召开了全县依法治税工作会议，并把该分局作为试点，以实行个体税收分类管理为重点，探索依法治税与税收征管的有机结合，经过一年的试点，总结了一套操作性较强的运作模式，并在全县进行了推广。三是促产增税战役。10月中旬，召开了全县税收工作会议，以此为契机，在全县开展了服务经济的"十个一"工程，以外向型经济为重点推动税收结构不断优化，全县外向型经济实现税收比上年增长38%，成为拉动经济增长的新亮点。四是文明办税战役。以召开全县国税系统精神文明建设交流会为标志，提出以优化服务、文明办税、勤政廉政、提高工作效率为主要内容的工作要求，使全系统干部的精神面貌和工作作风有了明显的改善。"四大战役"的相继实施，构成了税收业务工作的完整体系，同时，使全局工作保持了思路清晰、主次分明、整体联动、协调推进、以一贯之的鲜明特点，体现了中长远目标和阶段目标的有机结合。

四、不断创新各项税务管理

在年初全县机构改革动员大会上，我旗帜鲜明地提出：税收工作要不断创新，这是推动国税事业进步的根本动力。这个观点既是我长期思考和实践的深切体会，也是指导我开展工作的一条重要准则。一年来，重点进行了四项创新。一是按照推进现代化税收管理的进程，依托CTAIS，对税收征管方式进行了改革创新。二是按照简政放权、转变职能的要求，重组岗责体系，规范工作流程，进行了机关工作运行机制的创新。三是按照理顺秩序、规范管理的要求，新建制度75项，修订制度36项，进行了工作制度的创新。四是按照提高工作效率、改善办公环境的要求，对县局机关和城区三个直属分局办公楼按现代化标准进行改建，增添设施、完善功能，进行了机关工作环境的创新。这一系列举措，都体现了求实效、求发展、与时俱进的时代特点，使我县国税工作较好地保持了生机勃勃、蒸蒸日上的发展态势。

五、互融共进，抓好勤政廉政建设

在加强勤政廉政建设工作中，我始终坚持了三个观点：一是坚持党风廉政建设与税收中心工作的高度统一性，从本质上认识党风廉政建设对税收中心工作的促进作用，从而增强党风廉政建设的自觉性；二是坚持党风廉政建设与履行职责的互融共进性，把党风廉政建设作为履行职责的基本保证和重要基础，要求各级领导在履行职责的过程中自觉严于律己，维护党风、行风的纯洁；三是坚持党风廉政建设与工作实绩的关联性，加强党风廉政建设的根本目的是为了规范"两权"运行。基于上述三点认识，在整体部署上，我始终把党风廉政建设当作国税工作的一个环节、一道程序，一同部署，一样督办检查。在具体操作上，我力求做到带头守纪、以身作则，办事公道、不徇私情，作风正派、勤政廉政，较好地发挥了示范作用，促进了全系统党风廉政建设工作的不断加强。年底，县局机关被评为全县党风廉政建设先进单位。

回顾一年来的履职经历，我感到既充实，又欣慰。我和同志们一起并肩战斗，不仅增进了了解，沟通了感情，建立了友谊，也获得了许多有益的启示，工作能力也得到了一定的提高。概括起来，有三点启示：一是靠信念成就事业。我刚到任时，面对陌生的工作环境，确实感到担子重、压力大，但我有一个坚定的信念，就是相信组织上的正确领导，相信班子成员间的团结合作，相信绝大多数干部的正义感和责任感。凭着这种信念，我克服了工作上一个又一个困难，可以说，信念和毅力使我成就了一些事情，而在事业推进的过程中又进一步坚定了信念、磨炼了意志。二是靠工作统一思想。我深切感到，工作是统一思想的助推器，是协调关系的润滑油，是形成合力的凝结剂。回想我局一年来所作出的一系列重大决策，从机构人事改革中有关政策的制定解释，到事务管理上一些正常的工作分歧，每次大的决策前，方方面面总有一些不同的意见，但我们并没有把精力消耗在无谓的争论上，而是在工作实践中逐步加深认识，增进了解，很快就达成了共识，把各方面的积极性、创造性凝聚到了一起。三是靠个性谋求共识。在工作实践中，我努力学习运用马克思主义哲学的基本原理，科学处理共性与个性的关系，在充分尊重个性的基础上，让一些与共性无碍的个性健康发展，同时采取注重正确引导、提倡相互兼容等方式，使个性与共性协调发展，最终将消极因素逐步转化为积极因素，形成推动国税事业健康发展的合力。

回顾一年来的工作，我觉得有所得也有所失，不足之处主要表现在三个方面，这也是本人今后进一步努力的方向。一是要提高认识水平。特别是对工作中可能出现的问题和困难，要注重从总体上把握，增强工作的预见性，同时要注意防止头脑发热，处理事情简单化，时刻保持强烈的忧患意识。二是要防止急于求成。对工作的部署和要求，要充分尊重现实，体现层次性，区别对待，循序渐进，避免"一刀切""一律化"。三是要避免苛求于人。对工作总体上高标准、严要求是无可厚非的，但在一些具体问题上不能事事都要求完美，因人、因事、因时要体现区别，以避免无意中伤害同志们的积极性，要注重把大家的积极性发挥好、保护好，营造出一种生气勃勃的良好局面。

以上报告，请领导和同志们评议，欢迎对我的工作多提宝贵意见，并借此机会，向一贯关心、支持和帮助我的各位领导、同志们表示诚挚的谢意。

×× 县国家税务局局长 ×××

20×× 年 1 月 20 日

3.本例《述职报告》述职人的职务是公司（或店）的部门经理助理，属于非领导成员，又系非党员一般干部。读全文后请评析：

（1）一般干部通常都有具体明确的岗位职责，不至于把整个单位的工作与自己承担的那个局部工作混为一谈。本例做得怎样？

（2）听完这篇报告，到会的考评组成员（一般均为数人）能否对这位干部的德、能、勤、绩、廉给出较为一致的评分？为什么？

（3）报告的第四部分是"工作体会"。"体会"是事后的反思，是事后的认识提升，在述职报告中有无必要？

（4）报告的最后一段写自己对"三个代表"重要思想的领会，其领会是否贴切？有无必要？

[例11-3]

述职报告

在公司实行店司分离后的两年间，我经历了从进口商场部经理助理到业务事业部经理助理的岗位变动，分管业务采购部工作。新的工作机遇也给我带来了新的挑战，20××年对于我个人来讲是忙碌的一年，是不断提高的一年，也是逐渐成熟的一年。现将一年的学习和工作小结如下：

一、配合部门经理完成各项经济、政治工作目标

1.确保每一季商品的供应，合理进货，基本做到商品不积压、不脱销。为各项经济指标的按期完成打好基础。顺利完成各个重要节日的采购工作。

2.提高资金利用率。通过整理分析财务部、储运部提供的库存数据，把握每月的销售变动趋势，及时调整商品结构。通过努力使今年的资金周转率较上年有明显提高。

3.把好商品质量关。通过提高采购员的质量意识，加强商品引进、采购、销售等过程的监管，降低商品质量问题的发生。

4.配合推进博科系统的上马运行。作为部门联络员配合专项小组的工作，确保部门在新老系统交替过程中的正常运作。

5.规范部门运作。通过《商品采购台账规范》《业务事业部商品质量管理制度》《新产品开发程序》等规章制度的制定，规范部门的日常工作。

6.推进全面预算管理。做好每月部门用款计划。

7.配合商店有关部门搞好本部门的安全卫生工作。

二、加强政治学习，提高政治思想素养，逐步加强自身建设

1.在思想上，通过周围党员同志的宣传教育、通过自身的学习，进一步净化了思想，更新了观念，积极向组织靠拢。

2.在理论上，提高自我要求，又一次走进课堂参加了华东师范大学MBA研修班的学习，通过系统学习专业理论知识，开阔了视野，更新了思路，提高了自身素质。

3.在实践上，通过周围同事的帮助和自己的努力，不断学习业务知识、管理知识，熟悉了解每一环节的运作过程，不断提高工作效率，提高自己的管理水平和工作水平。

三、总结一年来的工作，自己在三方面有待努力

1.工作还缺乏统筹安排，有时比较乱、散。

2.工作方式方法不够老练。

3.工作还不够细致。

四、工作体会

1.在企业中要把一件事办好，不能单靠个人力量和单个部门的力量，要靠上上下下齐心协力、共同努力。单个部门的最优并不等于企业的最优化。要加强部门间的协调，站在企业的高度去思考问题。

2.要不断随着外界环境的变化改变自己的管理方法和工作方式。企业在不断进步，新的管理工具、操作系统的出现，提供了更多的管理方法和手段，要充分利用这些资源，提高工作效率。

3.思想工作在经济工作中具有重要的作用，要加强与下属员工的思想交流，加强相互之间的沟通，及时发现工作中存在的问题，提前解决可能发生的问题。

历史赋予了中国新的机遇和挑战，在新的历史时期，我们必须深刻领会"三个代表"重要思想的内涵，以发展科技、发展教育、深入了解广大群众之疾苦，切实帮助人民提高生活水平，来带动整个国民经济的新一轮发展。作为企业年轻的一员，我认为应着眼于自己的本职工作，努力学习专业技能，实事求是地为企业献计献策，拓展经营管理思路，为企业腾飞贡献力量。

业务事业部　阮惠珠
20××年10月23日

4.仔细阅读以上三题所附例文后，请回答：

（1）比较三篇例文，相对而言，你觉得哪篇较好？具体分析其原因。哪篇较差？具体分析其原因。

（2）述职报告要求以工作实绩为重点。作为考核个人表现与水平的述职报告，在讲工作实绩时如何做到与单位既有联系又有区别？这三篇各做得怎样？

（3）三篇例文中两篇都有一个"体会"部分。"体会"是事情做过以后回头来审视，把当时有意无意而做的事，通过实践的结果，总结成败得失的原因，从而自觉地掌握处事的规律，使今后的工作做得更好。这种事后的理论认识，是否可以视为特定考评期的工作实绩？

（4）述职要求全面考核当事人的德、能、勤、绩、廉诸方面，重点是工作实绩。但三篇例文普遍存在畸重畸轻的现象，重工作实绩，轻德廉，应如何正确处理这两者的关系？

（5）述职报告中对德廉的"畸轻"有哪些具体表现？应如何正确表述？

5.《中华人民共和国公务员法》规定"定期考核采取年度考核的方式，先由个人按照职位职责和有关要求进行总结（这个个人总结现称述职报告），主管领导在听取群众意见后，提出考核等次建议，由本机关负责人或者授权的考核委员会确定考核等次"。据此，不管是主管领导听取群众意见，还是考核委员会确定考核等次，都离不开被考核人提交的这份述职报告。读下列案例，请回答：

（1）这份述职报告能否满足上述两个考核程序的需要？

（2）这份述职报告存在什么问题？

（3）他应该如何写才能符合要求？

[例11-4]

财务人员个人述职报告

时光荏苒，回溯过往的一年，感触颇深。又是繁忙而收获的一年，财务部在公司领导的正确指引下，认真贯彻落实了公司的各项政策方针，在各职能部门的大力协助下，牢牢围绕公司整体部署和工作重点，正确处理各种财务核算业务，认真进行财务监督，充分完成了公司领导交办的各项任务。现我将这一年的工作汇报如下：

一、德：具备良好的政治素质和道德品质。作为一名合格的党员，我无论从思想上还是从行动上，都时刻与党保持一致。严以律己，正直真诚，积极乐观，待人热忱，友爱同事，团结集体。

二、能：具备良好的岗位技能和职业素养。财务部的工作如百年树木年轮，一圈环绕一圈，循环并扩大，厚实而累积。一个月工作的结束，意味着下一个月工作的重新开始。我喜欢我的工作，虽然繁杂、琐碎，但是作为企业正常运转的命脉，我深刻明白身为财务部一员——自己岗位的价值。我热爱本职工作，爱岗敬业，廉洁奉公，恪尽职守，办理会计业务时遵循实事求是、客观公正原则；严格执行会计制度和会计法规，积极完成了上级交给的各项财务任务。

三、勤：系统的文化知识和良好的专业能力。加强自身学习，明确岗位职责，不断提高自身综合素质。坚持参加公司组织的学习，积极向同行前辈和同事学习，不断提高自己的业务水平和治理能力，已具备中级会计师和助理会计师职称，现正备考注册税务师。

四、得：

（1）切实加强财务核算。严格执行企业会计制度，遵从公司领导指示规范财务治理、优化财务审核程序、提升财务服务质量，更好地参与企业治理，经过高效的制度组织，分清工作的轻重缓急，妥善处理好各项工作。

（2）我懂得了"取人之长，补己之短"，在处理某些问题时，我开始从多个角度去考虑，学会了换位思考，更多地站在他人的角度去看待自己处理问题的方式方法。

企业的最终目标体现在效益上，我公司作为现代企业，财务中心必然成为企业治理的核心部分，应发挥财务板块的重要作用，为企业领导提供及时的、真实的财务信息，为其良好决策作好保障。新的一年将面临新的机遇和新的挑战，我相信这也将是竞争更加激烈的一年，机遇和挑战将进一步激发我的斗志和工作热情。

今后，我要将工作重点放在服务、规范、创新上，清醒地认识到只有搞好服务才能做好工作，只有坚持规范才能减少风险，只有推进创新才能有所作为；确立以优质服务为先，以制度建设为本的工作理念；立足于做好常规工作，着眼于推进重点工作。

述职人：×××
20××年××月××日

6.下面这篇例文文字较有特色。可惜作为述职报告，它不完全符合要求。原文材料较丰富，读后请按教材述职报告文种的有关要求予以改写，使之更加规范。

[例11-5]

20××年党员述职报告

20××年，对我们国家来说，是不平常的一年，对作为党员的我来说，同样是意义非凡。年初的冰雪灾害、"3·14"暴力事件，让人揪心。尚未缓口气，"5·12"汶川特大地震突如其来。举国上下，团结一心，全力抗震救灾，演绎了一场惊心动魄的大灾之中有大爱的壮丽凯歌。北京奥运的成功举办，神舟七号的圆满成功，点燃了亿万民众的爱国激情。刚刚召开的纪念改革开放30周年大会，总结回顾了30年来的丰硕成果，继往开来，意义深远。

作为20××年入党的新党员，我服从学校安排，积极从事校史的搜集编纂和校刊的参编工作，在自己的岗位上履行党员的职责，务求尽心尽力，努力不负所托。在此，我对一年来的工作情况，从三个方面给大家作汇报。

一、坚定政治立场，加强理论学习，以实际行动践行共产党员的承诺

要想自己的思想不落伍，必须不断学习，在学习中才能提高理论水平和政治修养。党的十七届三中全会对农村改革发展的决策、胡锦涛总书记在纪念改革开放30周年大会上的讲话，以及平日党报党刊及主流媒体有关党的政策方针的论述，我一一细读，深刻领会，并坚持写出了自己的心得感受。新闻联播的收看、党报党刊的阅读，以及对新华网、人民网、光明网的浏览，几乎成为我每日的必需。在学习中，我及时了解了党中央的声音，领会了各级政府的重大决策，牢固树立起科学发展观思想。这些理论支撑，很好地指导了我的工作和学习。

我负责中学优良传统丛书材料的搜集和文字整理，为了圆满地完成这一任务，我潜心伏案，全神贯注。老校友×××、×××夫妇，是学校历史的见证人，通过座谈交流，我采集到了大量第一手的资料。为了写好县图书馆老馆长×××的个人事迹，我从县文化局、宣传部等处多方了解，完成了长篇纪实文章《一个图书馆长的诗意人生》，该文还被县工会主编的全国劳模丛书备用。×××、×××、×××等已故校友文字的整理搜集，为丛书编纂提供了珍贵的资料。

汶川震灾发生后，我和家人慷慨解囊，并通过电话向四川有关方面表达了领养孤儿的意愿。奥运会期间，虽然不能亲临现场，但我倾情为健儿加油，表达自己的爱国情怀。这些所作所为，都是我践行年初党员承诺的具体行动，言行一致，身体力行，正是一个共产党员先进性的要求。

校领导和老党员经常在思想工作以及生活上对我进行帮助。×××校长谆谆告诫我：做事先做人，要保持高度的政治敏锐度，提高政治觉悟。有老党员的关心帮助，有校领导的悉心指导，让我少走了不少弯路，政治上逐步走向成熟。

二、做好本职工作，提高业务素质，用过硬的基本功履行职责、教书育人

作为一名语文教师，我热爱语文教学，喜欢和文字为伴。从教之余，信笔涂鸦，以写作为乐。在学校办公室专事文字工作期间，我进一步加强高中语文教学的钻研，对多年来的教学经历进行梳理，尽量提炼出有价值的经验来。由于自己的教学心得经常在《语文报》主办的中华语文网上发表，今年4月，《语文报》邀请我主持中华语文网高中语文论坛。这虽然是业余兼职，完全义务的，但通过这一平台，可以和全国优秀的语文界同仁交流，无疑会提升我的水平，同时也宣传了我们的学校。

《高考作文应试速成系列讲座》《"神七问天"里的语文》《推介一首诗》《试论祁人诗歌〈祖国〉及其修改》《散文、小女子以及小女子散文》等数十篇教研论文在中华语文网登载后，受到广泛好评。个人的荣誉是微不足道的，为集体争光才是最大的光荣。我报道学校的稿件在《普文化研究》发表，回忆学校老教师×××老师教诲的散文《秋日怀师意阑

珊》，在教师节作为头条被刊登在《临汾日报》副刊……这些点滴所得，都让我无比欣慰。

要完成好学校交给的任务，必须具备良好的文字表达能力。我虽然一向爱好写作，但由于平日教学工作繁重，没有时间和精力过多投入，写作水平一直徘徊不前。学校的安排和领导的信任，有利于发挥我的特长，于是，如何提高自己写作能力就迫在眉睫。为了不负领导重托，为了向学校优良传统丛书编纂提供有价值的文字，我苦心学习，勤于练笔。

今后，我要躬身自省，对自己的言行不断校正。对批评和建议，要虚心接受。一定本着"有则改之，无则加勉"的态度，这样才有利于自己的进步。工作中的问题和情况要积极向领导汇报，这样才能得到及时的指导和帮助。同时，我要更加密切联系群众，团结同志，和党中央及上级领导保持一致，在思想上真正入党，在工作中起到党员应有的模范带头作用。

以上汇报，定有疏漏和不到位的地方，恳请领导和同志们批评指正。

关注时事，学习政治，是对一个党员起码的要求。把关注和学习转化为行动，才是真正的目的。抗震救灾期间，除了捐款献上爱心，我的诗歌《孩子，我要怎样才能保护你》先后入选中国诗歌学会主编的诗集《感天动地的心灵交响》和《中国诗歌》杂志，诗歌《感受5·12》在临汾日报发表后又被北京朗诵艺术家制成MTV短片，在网上广为传播。奥运举办、神七发射、纪念改革开放……我有数百篇文章在新华社主办的新华网、《现代快报》以及《光明日报》《山西日报》《临汾日报》《宁波晚报》《盐城晚报》等国家级和省内外媒体发表，《沃地寒士望京华——我的奥运日记》被中华语文网首页专栏推出。

各大门户网站大量转发我的文章，固然能让更大范围的读者受益。但作为××中学的一名党员、语文教师，努力使自己的教研和写作成果服务于教学，才是我的本职。高考前夕，我与年轻同事交流备考体会，并把自己的写作心得和下水作文印发给高三的同学们。原高三年级的××、×××、××等同学，与我交流高考作文的应试时，我结合自己的写作，有针对性地予以辅导，同学们均有收获。其中，××同学的作文分数达到了平时的最高水平，并以585分考取了北京化工大学。

由于自己注重学习，勤于练笔，新华网页头条推出的网友深情回眸改革开放专题里，收录了我回忆改革开放的文字。日前，新华社把我列为2008年度新华十大新秀博客候选人，我很欣慰，这也是学校领导关怀培育以及同志们支持帮助的结果。

三、不断自省，加强自律，完善自我的道路还很漫长

回顾昨天，是为了更好地把握今天、展望明天。作为教师，我懂得"吾生也有涯而知无涯"的道理；作为党员，批评和自我批评是我们党的优良传统。古人尚能做到"日叁省乎己"，我虽是一个新党员，却是一个有着近20年教龄的中年教师，所以更应该从严要求自己。

7.下面一篇文章原是某校学生会体育部的工作总结。读后请以此为基础，再采访学校有关体育工作主管人员，结合自己学校体育工作的情况，写一篇校学生会体育部长或校团委文体部长的述职报告。

[例11-6]

学生会体育部
20××—20××学年第二学期工作总结

20××—20××学年第二学期，学生会体育部为了活跃校园文体气氛，丰富同学的课余生活，在开展学校群众性体育活动方面作了很大努力，并取得了一定的成绩，使以前有些单调沉闷的课余生活变得丰富多彩。

概括起来，本学期体育部主要作了以下四项工作：

一、严格早操考勤

由于部分同学在出操问题上存在惰性心理，早操出勤率低的问题成了体育部乃至学校近年来很难解决的老大难问题之一。为此，在学校领导和学生科老师的指导下，体育部加强了对早操出勤的检查工作，对过去的考勤方法作了一些改动。从本学期开始，把原来由各班体育委员各自检查本班出操人数变为由学生会成员对各班交叉检查，并把各班每天出操人数上报体育部，体育部汇总后报学生科公布于众。采用交叉检查的办法有利于各班互相监督，避免了各班自查时"讲情面"、出勤率"掺水分"的现象，及时公布当天各班出操情况，表扬出勤率高的班级，激发了同学们的集体荣誉感。对各班个别经常缺操的同学，体育部列出名单，建议学校给予一定的处理。这个建议被教务长采纳。采取这些措施后，早操出勤率有较高提高。

二、因地制宜，开展多种体育竞赛

我们学校有600多名学生，但场地很有限，没有正式的跑道、田径场、足球场，要组织体育竞赛困难很多。本学期体育部从实际出发，因地制宜，利用有限的场地，成功地举办了各种班际体育比赛，其中举行的大型全校性体育比赛有：篮球联赛、女子乒乓球擂台赛、篮球对抗赛等。通过组织这些体育比赛，活跃了学校课余生活，并吸引了大部分同学参加。大多数同学对此反映很好，对体育部组织的活动给予了充分的肯定。

三、与外校保持联系，互相交流经验

体育部除了在校内举办一系列比赛外，还与附近的省供销学校共同组织体育竞赛活动。本学期与该校联系组织了第一届两校篮球流动杯赛、乒乓球对抗赛以及象棋对抗赛。比赛采取互访的形式，轮流到对方校内举行赛事。通过组织比赛，不仅共同切磋球艺棋艺，而且互相交流工作经验，大大促进了两校的联系，活跃了两校的文体气氛，博得两校师生的好评。体育部计划今后除了与供销学校继续保持联系外，也与附近的第一商业学校取得联系，以便开展校际体育活动及交流经验。

四、配合学校作好有关工作

体育部能主动向学校有关部门征求开展体育工作的意见，努力完成学校交给的各项任务。如及时召开各班体育委员及副班长会议，传达学校有关指示，通报各班体育锻炼情况；做好健身房管理工作；组织同学定期清扫乒乓球室、羽毛球室等。

本学期，体育部主要做了以上四大方面的工作，成绩是主要的，但也存在一些薄弱环节，不少工作还有待于进一步开展。工作的不足主要表现在：

1.计划中的一些项目未能很好地完成。

2.工作主动性仍不够，一些具体的工作还要在学校的催促下才做。

3.经验不足，在开展工作中也发生了一些不愉快的事情。如××级篮球联赛期间，体育部未报经学校批准，就对××班篮球队骂裁判一事作出轻率处理。

以上几点在今后工作中应注意改进。

8.单位各级领导成员，按各自的现职和分工，写一份年度述职报告。

9.单位的非领导成员，按自己的职务和岗位职责，写一份年度述职报告。

10.单位的试用职员，按自己担任的实际工作，写一份试用期述职报告。

11.单位即将调动工作的人员，按自己的现任职务，写一份任职期述职报告。

12.在校学生参加社会机关挂职锻炼的，写一份自己在该单位担任职务的述职报告。

13.在校学生担任过校内社会工作职务或参加过志愿者活动的，写一份此项工作的述职报告。

第十二章　人事鉴定性文书

一、知识题

1.什么是人事鉴定性文书？

2.自我鉴定具有什么性质、作用？

3.自我鉴定怎么写才全面、深刻、有分寸、有个性，并且简短？

4.组织鉴定有什么特点和重要性？

5.组织鉴定怎么写才符合当事人的实际，使其欣然接受？

6.什么是昭示性（公开披露）材料？

7.候选先进人物简介与获奖先进人物点评有什么区别？

8.事迹报道与人物故事、报告文学、通讯有什么区别？

9.事迹报道与单位内部评选先进的申报材料有什么区别？

10.事迹报道如何写才合情合理，令人信服？

11.以人为主的事迹报道如何把人写"活"？写得"有血有肉"？

二、实践题

1.下面三则材料都是当事人自己写的自我介绍性质的文书，读后请完成：

（1）说说它们在功能上有什么不同？写法应有什么区别？

（2）其中一则自我鉴定你认为写得是否能符合人事部门的要求？

（3）为自己写一则年度考评或用于求职履历表上的自我鉴定（有的履历表写作"自我推荐信"）。

[例 12-1]

老舍自传

老舍，原名舒庆春，字舍予，现年40岁，面黄无须。生于北平。2岁失怙，可谓无父；志学之年，帝王不存，可谓无君。无父无君，特别孝爱老母，布尔乔尼之仁未能一扫空也。幼读300篇，不求甚解。继学师范，遂奠教书匠之基，及壮，糊口四方，教书为业，甚难发财，每购奖券，以得末彩为荣，示甘于寒贱也。27岁发奋著书，科学哲学无所懂，故写小说，博大家一笑没什么了不得。34岁结婚，今已有一男一女，均狡猾可喜。闲时喜养花，不得其法，每每有叶无花，亦不忍弃。书无所不读，全无所获，并不着急。教书做事均甚认真，往往吃亏，亦不后悔。如此而已，再活40年，也许能有点出息。

[例 12-2]

自我鉴定

本人在校四年间，系统学习了中文系的几十门课程，学习刻苦，成绩优良，外语成绩突出。思想上进步，行动上自觉。以党员标准要求自己，为人正直，乐于助人。积极组织参加学院与社会之活动。参与意识强，组织能力强。在任学生会学习部长期间，较好地完成了院领导交给自己的工作任务。重视社会实践，曾在国家机关、事业单位、三资企业实习、工作。具备从事新闻、秘书、翻译、公关、宣传、销售等工作经验与技能。

本人签名：×××

20××年××月××日

[例 12-3]

三年来的大学学习生活小结

时间过得飞快，转眼间从入学到现在，我已度过了三个年头的大学生生活。在此期间，我有过初来乍到人生地不熟的苦闷，有过水土不服和对新的生活环境和生活方式的不适应，而现在又有着一种身为高年级老大姐的优越感和自豪感。在从不适应到适应、从陌生到熟悉、从自卑到自豪的过程中，我在生活、学习、精神思想方面学到了许多的东西，也渐渐认识到了自己的不足。

三年来，我在学习上充实了自己，在精神上丰富了自己，在生活上也锻炼了自己。

一、学习上的收获不小。在适应了大学里的一套独特的不同于中学里的教学方式之后，我一直能较好地掌握基础的和专业的必修课程。除此之外，还能根据自己的爱好丰富自己的知识面，通过一些社会实践活动，学到了书本上无法学到的实践知识。

二、生活上自理能力和自立能力大大增强了。这不但表现为第一次远离家门的孤独、失落感和想家的念头已消失得无影无踪了，而且逐渐形成了一套自己独立生活的方式和习惯，自己的东西收拾得井井有条，在金钱使用上也能够合理计划安排。

三、社会交往能力比以前强多了。进大学后，由于社会接触面比以前大多了，也就不得不迫使自己去适应它，参与其中。因此，经过学习锻炼，我从同学那里、从师长那里、从实践中获得了不少的社交技巧和处世能力。

四、社会责任感也增强了许多。以前在中学里只知道在父母、老师的强迫下为了学习而学习，而现在则大不一样，明确了新的学习目的和方向，知道为什么而学，应学些什么以及为以后的工作着想。

另外，经过回顾和反思，我也意识到了自己过去的不足和今后该去做的事情。

一、过去的三年中，由于自我克制能力太差，自我约束不够，导致浪费了许多学习的时间和好机会，学习的主动性不强。

二、由于性格上的弱点，使个人受环境影响太大，做事主见不足，意志不够坚定。

三、好静和喜欢独处的习惯使得自己对集体活动不太热情和不够关心，参与较少。因此今后在此方面和社交能力方面有待进一步加强。

剩下的一年是大学生活的最后时刻，我要好好珍惜，克服缺点，争取学到尽可能多的东西，为以后走上工作岗位作好准备。

王玉英

2.读下面两则材料并完成：

（1）说说组织鉴定与自我鉴定有哪些区别。

（2）这两则公开发表的材料与人事档案中组织鉴定材料在写法上有无区别？这两则材料写法有无区别？

（3）以组织的名义，为同学（或同事）写一份单项评优活动或优秀职工（或学生）评选的组织意见材料。

[例12-4]

马海燕　29岁　大专　中共党员　上海东方商厦有限公司黄金珠宝部高级营业员

她苦心钻研珠宝销售业务，在钻石珠宝的鉴定、识别上练就了一手绝活。她以优异的成绩获得了中国珠宝、玉石质量检测师证书和国际公认的HRD钻石分级鉴定师证书。她创立的"永恒的价值找永远的朋友"，成为上海市十大服务品牌之一；曾获全国"劳模"称号。

（上海市妇联新世纪"三八"红旗手组织推荐候选人）

[例12-5]

闻一多（1899—1946），中国诗人、学者。本名家骅，湖北浠水人。曾留学美国，学美术、文学。早年参加新月社，先后在青岛大学、清华大学等校任教。著有诗集《红烛》《死水》，表现了对祖国深厚的感情及对黑暗现实的憎恶和抗议。在形式上主张格律化，讲求"节的匀称、句的均齐"，追求"音乐美、绘画美、建筑美"，诗风绮丽深沉，结构整饬谨严。后来主要从事学术研究，在《周易》《诗经》《庄子》《楚辞》的研究中取得相当的成就。抗日战争期间，任昆明西南联合大学教授。1943年后，积极参加反对独裁、争取民主的斗争。抗日战争结束后，反对国民党反动派反人民的内战。1946年7月15日在昆明被国民党特务暗杀。全部著作由朱自清等编成《闻一多全集》八卷，四册。（摘自《辞海》）

3.读下面两则个人先进事迹材料，请回答：

（1）事迹介绍与鉴定材料在功能、写法上有什么区别？

（2）宣传先进事迹用应用文事迹介绍与用消息、通讯、报告文学有什么区别？

[例12-6]

永远绽放在三江源的雪莲花——介绍优秀志愿者熊宁

西安，文成公主的故乡，出生在这里的熊宁天赋美貌，气质脱俗，高挑的身材，光彩照人，尤其她那天真烂漫的笑容，更令人难忘。

专注公益

大学毕业后，熊宁对公益事业产生了浓厚兴趣，并发展成为理想。"她希望自己能办一家穷人的银行，为穷人提供小额贷款，帮他们改变人生。"她2007年还专门跑到北京，请教经济学家。

熊宁本来有机会在广州做一名月薪万元的白领，但她认为那不是自己向往的人生，这想法得到了丈夫黄晨的支持。黄晨和朋友合伙，开了家室内装饰公司。虽然收入不是很多，但除了吃和穿，还略有盈余。这样，熊宁就专注于她的公益活动。

心怀大爱

熊宁经常到西安市儿童福利院做义工。西安市儿童福利院办公室主任熊晴说，最初熊宁只是来看望孩子，从20××年年初开始，坚持来这里做义工，平均每周来一天。在熊宁的努力下，先后有5名孤儿被外国人收养。当年"六一"儿童节，她被福利院授予"爱心义工"称号。

熊宁以她独特的号召力，带动了身边许多朋友参加公益行动。她的好友、西北大学教师高红说，熊宁曾先后4次前往青海玉树一所孤儿学校支教，还捐了1万元。"去年夏天她从玉树回来后伤心地告诉我，那里教育不太发达，孩子们很可怜。明年夏天，咱们一起去那里支教吧。"高红答应了熊宁的提议，做好了一起去支教的准备。

熊宁到底帮助过多少人，没人计算得出。一位姓周的单身母亲说，20××年，她认识了熊宁。那时，周女士生活比较困难，独自一人带孩子很辛苦。熊宁常常买衣服和书给周女士的儿子。

救灾遇难

20××8年年初，青海省玉树遭遇了大面积雪灾。大年初六，熊宁得知玉树受灾的消息，立即展开募捐行动。为了募集到物资，她动员了许多朋友，跑了许多家企业。经过约半个月的努力，熊宁募集到了一批救灾物资。3月1日，她和丈夫，还有另外两位志愿者，开上借来的车，带着部分物品，从西安出发。

不顾高海拔和大雪，一行四人颠簸两天后，到了玉树州玉树县隆宝镇，将衣服、冻疮药等一些急需物品发放到灾区群众手中。之后，他们去了离玉树州80多千米的村庄，将物资送给灾民。那里海拔平均4 000米以上，气温零下十几摄氏度，一路上还能看见冻死的牲畜。

由于西安还有一部分物资，四人经过商量，决定由黄晨和一位志愿者返回西安运物资。熊宁和志愿者刘璞留下，继续了解情况，以便安排下一步募捐活动。3月10日，熊宁和刘璞从玉树搭乘一辆开往西宁的便车，行至玛多县境内时发生车祸。熊宁失去了年轻的生命，年仅29岁。

爱心永驻

熊宁的故事，像风一样吹进了玛多群众的耳朵，他们的眼睛湿润了。远在几百千米外的玉树州玉树县群众也得到了熊宁遇难的消息。很多受过熊宁帮助的人号啕大哭。3月12日下午，海拔4 200多米的玛多县城，看不到半点春天的痕迹，人们裹着厚厚的皮袄，聚集在县医院门口，为熊宁送行。善良的人们把一条条洁白的哈达放到熊宁的遗体上，祝愿熊宁"回家"的路一帆风顺！

在熊宁的遗物中，有玉树州曲麻莱县帮手孤儿院学校几百名学生的基本情况。也许，熊宁心中下一次要帮助的对象就是他们，可她走了，永远地走了，她把爱永远留在了三江源！

（摘自http://baike.baiu.com/view/1471970.htm，有改动）

[例12-7]

父亲的情怀——控江中学顾乃慰

顾乃慰是专职青保老师，但全校1 800多名学生都把他当成自己的班主任。每年开学前夕，他都主动去新生家访问，了解各类学生的情况，尤其对孤儿、知青子女、残疾人子女、缺损型家庭子女等特别关注，为他们送去慈父般的亲情。在他的关心教育下，爱惹是生非的后进生转变为一名共青团员；天不怕地不怕的"女豪杰"懂得了该如何做人的道理，成为华东政法学院法律系学生。学生在校得了急病或发生意外，瘦弱的顾老师背起体重超过他许多的学生直奔医院。学生上学途中遭遇骚扰，他经常护送，并协助巡警清除了祸害。他自己掏钱买零件、材料，利用业余时间为全校师生修理自行车三千多辆次。为让学生度好暑假，他积极参加街道各项暑期教育活动，却从不收取一分钱劳务费。

（上海市第二届"金爱心教师"一等奖报载事迹之一）

4.下面这篇文章是已获奖先进人物的事迹报道（摘自《组织人事报》）。读后请改写成其单位申报时用的事迹简介。字数300字以内，原文700字左右。

[例12-8]

在看不见的世界里书写明亮人生

他双目失明15年，却通过口述的方式撰写了400多万字的各类文稿；他将一批又一批年轻同志送上领导岗位，自己仍在研究室平凡的岗位上默默奉献。

25年前的一个深夜，在加完班回家的路上，李超球边走边思考一个调研课题，不小心一头撞在电线杆上，粉碎的镜片扎进眼角。此后，他的视力逐渐下降，加上长期用眼过度，到1995年双目彻底失明。

失明一度使他痛不欲生。但他没有向命运低头，很快振作起来，重返工作岗位。失去光明的他，各种困难和痛苦接踵而至：下乡途中，他掉进过水沟；上班路上，他撞倒过行人；办公室里，经常被碰得鼻青脸肿。但他从没叫过苦，也没说过难。为了思想上不落伍，能力上不掉队，他坚持听电视、听收音机，白天请同事收集报刊、网络上的资料，晚上让妻子念给他听，重要的资料请人录好音，回家躺在床上反复听，先后用坏了36台收录机。通过日夜苦练，他不仅成了同事们眼中的知识库，还训练出过耳难忘的本领。10多年来，他撰写的材料获得市级以上奖励30多次。

对双目失明的他来说，白天和晚上一样漆黑，但在他的心中，却时常迸发出思想的火花。一次，他听一些改制企业的党员在议论："这下工龄买断了，以后组织生活到哪里过呀？"从中他敏锐地意识到：企业改制了，下岗的党员也要有个新"家"。于是，他一次又一次走进企业和社区，探寻党建工作的新路子，形成了近万字的报告报市委。市委高度重视，实施改制破产企业党员社区"安家工程"，为1万多名改制破产企业党员在社区安好了"家"。失明15年来，他克服困难，坚持每年用1/4以上的时间下基层调研，成为市里闻名的"基层通"。他参与调研的60多个课题，很多成果进入了领导决策。

对年轻人来说，他不仅是写材料的老师，也是激励他们昂扬向上的"人生导师"。他满腔热情做好传帮带，在年轻人松懈时给予鼓励，迷茫时给予指点，竭尽所能帮助他们提高写作水平。他先后指导了30多名年轻干部，其中3人走上了厅级领导岗位，10多人成长为处、科级领导干部。

在组织部工作25年，他没有利用自己的关系为亲友谋半点方便。外甥下岗想找个单位，他没有出面；大学毕业的侄儿找工作，他没有帮忙。就连组织考虑到他的特殊情况，将他妻子从一个效益较差的事业单位调到行政单位，他硬是说服领导，做通妻子工作，让妻子回到原单位上班。

他先后荣获"湘乡市首届道德模范""湘潭市模范党员""全省优秀组织工作者"等荣誉称号。他感言："面对荣誉，我感恩组织。对我而言，名利已不再重要，重要的是我在组织的关心和同事的帮助下实现了自己的价值。我将一如既往紧握手中的笔，书写好自己明亮的人生。"

5.下面一篇文章是我们生活中随时都在萌生的感人故事（摘自《东方早报》）。从文章看他既不是共产党员，也没有什么先进头衔。假设他工作的单位某保安公司拟追认他为中共党员，这需要有一份申报材料——事迹简介，请代写此材料，限300字左右。

[例12-9]

"上海最好的保安"走了

他是一位平凡的小区保安，在普通的岗位上没有什么壮举，可是8年来的踏实工作，留在了每一个居民心里。

他是一位普通的小区保安，他的病逝却牵动了小区上下几百户居民的心，居民陆女士说，一想起这个保安的音容笑貌就忍不住流泪。

他叫邵承南，现年62岁，大伙都亲切地称呼他为"老邵""邵师傅"，这位居民交口称赞的保安于12月26日上午11时55分因发烧引起的器官衰竭突然过世，所在的西藏南路900弄开元坊小区居民听闻后，自发募集了2万多元。"他是上海最好的保安"，居民们都这么说。

临终前惦记着上夜班

"人人爱的保安、热情工作的邵师傅""沉痛哀悼邵承南师傅"……这两天，西藏南路开元坊小区气氛凝重而沉痛，因为保安邵师傅离开了大家。

开元坊小区有两栋楼，共两百多户居民，居住的大多为退休教师，小区建立至今已有8年。也就是在8年前，邵师傅从港务局退休后，主动要求再继续工作，于是来到了开元坊物业做保安。邵师傅的儿子说，如果是7点的早班，爸爸凌晨3点就要起床，给家人做好早饭再出门，从十几千米外的康桥坐公车去开元坊小区。

这样的日子八年如一日。

在居民张先生的印象里，邵师傅总是徘徊在小区门口的停车道上，在大林路到大吉路之间指挥出入车辆停放，"虽然按规定，保安是可以在岗亭里休息的，但是老邵不管刮风下雨都坚持在马路上，说这样才能看得清楚"。

12月21日一早，正在发着高烧的邵师傅照常在这熟悉的马路上值班，不久感觉身体不适，蹲坐在了马路边，物业周经理见状，便跟老邵说要他去看病，不要上班了。"他说没关系，自己身体好得很，好不容易才把他劝了回去。工作，真是他唯一的爱好。"

在家休息的邵师傅天天念着要来上班，"硬挺"了几天也没去看病。26日上午，在爱人和儿媳妇陪伴去医院的途中，突然休克。在医院被抢救过来后，一共说了三句话，"你不要着急""我已经好多了""我晚上还要上夜班"，之后又昏迷过去，最后因发烧引起的多器官衰竭去世。

八年如一日贴心为民

昨天下午，开元坊小区，公告栏内的一张保安师傅照片被从橱窗中取出，照片的下方赫然贴着"邵承南"三个字。

周围聚集着三三两两的小区居民，面色凝重，不住摇头称可惜。

刚从邵师傅大殓上回来的物业周经理沉重地说，"没有什么特殊的词可以形容了，他就是个好人，走得太突然了"。周经理边说边将从公告栏里取出的邵师傅照片插进了自己办公桌面的玻璃板下。

周经理称，邵师傅做保安需要倒班，一工作就是12个小时，但从来都是精神饱满，负责尽职。

几乎和邵师傅同时开始工作的小区维修工汤师傅称，邵师傅喜欢助人为乐，"停车管理自不用说了，谁家只要有什么忙，他马上就答应下来，如果帮不上忙，他肯定会找到我，让我赶紧上门。"被邵师傅感染，凡是有维修的活，汤师傅也总是第一时间上门。

对每个人都真诚相待

在为小区服务的8年里，邵师傅和这里的居民建立了十分深厚的感情。在记者停留小区采访期间，总有许多居民主动上前，说上几句关于邵师傅的点点滴滴。

"他是迎接我们入住的人呢。"袁先生说，邵师傅是小区"活字典"，对每家每户的情况都很熟悉，不但名字对得上号，连每家电线怎么走都了如指掌。

刚从邵师傅大殓上返回的居民马先生眼角仍然湿润着："我今天走到门口，感觉他还在，想像往常一样，跟他再打个招呼。"马先生说，邵师傅只要当班，见谁都笑呵呵的，又打招呼，又是上前接过业主的重物，一直提到电梯口。"是不是他该做的，他都会主动做。"已退休的薛老师在小区里住了8年了，对邵师傅的好念念不忘，"他对谁都一视同仁，对每一个人都很真诚"。

在得悉邵师傅的灵耗后，小区居民自发的募捐就没有停止过，到昨晚，已经有140户居民参与了捐款，包括物业员工在内，共募得2万多元款项。

昨天下午记者正在看捐款明细时，又有一位居民走进物业办公室将101元交给了周经理，未留下只言片语，就转身离去。

6.下面这篇文章是一位轮椅上的作家史铁生逝世后，报纸刊登的生平简介（摘自《新民晚报》）。假设他获选为年度"感动中国"人物，请据此文提供的材料，为电视颁奖会写一则人物事迹点评语和一则颁奖词。

[例12-10]

著名作家史铁生因突发脑溢血抢救无效，于2010年12月31日在北京病逝。

中国作家网随后发布了北京作协的讣告。讣告中称："多年来他与疾病顽强抗争，在病榻上创作出了大量优秀的、广为人知的文学作品。他的作品多次获得国内外重要文学奖项，多部作品被译为日、英、法、德等文字在海外出版。他为人低调，严于律己，品德高尚，是作家中的楷模。他的去世，是我们的重大损失。我们将在充分尊重家属意愿的基础上进行后面的安排和纪念活动。"

史铁生原籍河北涿县，1951年出生于北京，1967年毕业于清华大学附属中学，1969年去延安一带插队。1972年一场大病导致史铁生的双腿瘫痪。史铁生在轮椅上生活了30多年，1979年发表了第一篇小说《法学教授及其夫人》，1983年发表了回忆知青生活的小说《我的遥远的清平湾》，获得当年的全国优秀短篇小说奖。从这篇小说开始，史铁生成为中国当代文坛上一位重要的作家。1991年1月号《上海文学》发表了史铁生的《我与地坛》，它的部分章节入选高中语文课本。史铁生的243篇写于重病中的人生笔记由陕西师范大学出版社结集为《病隙碎笔》出版发行。2002年，《病隙碎笔》（之六）获首届"老舍散文奖"一等奖。

2008年出版的《务虚笔记》是史铁生的首部长篇小说，由22个段落合成。作者通过动物的繁殖、植物的生死，通过童年经验、革命和叛变、爱情等来思考虚无。他在回答读者时曾说，人们可以把《务虚笔记》看成自传体小说，只不过，其所传者大多不是在空间中发生过的，而是在心魂中发生着的事件。故此长篇亦可名曰"心魂自传"。

（孙佳音）

7.郭明义是当今活着的雷锋式先进人物。媒体报道很多。现选两篇，读后请综合为一篇全面反映他的先进行为和先进思想的事迹报道。标题自拟，1 500字以内。

[例12-11]

道德的力量　人性的光辉
——郭明义言论集萃

编者按： 鞍钢矿业公司齐大山铁矿公路管理员郭明义的事迹感人至深，他的精神世界同样丰富多彩。为此，我们撷取了他接受采访时的一些话语、会议发言，以及他的一些散文等作品中的精彩段落，以飨读者。

人人都管事，世上无难事

也许，以我个人的力量，难以从根本上改变那些贫困家庭的生活，但至少可以让他们感觉到有人在惦记着他们、感受到社会大家庭的温暖。

——摘自郭明义会议发言

能够以己之力帮助别人分担忧愁、减轻痛苦，能够使更多的病人及时输入救命的鲜血，能够使更多的贫困儿童露出幸福的微笑。这，就是我最大的快乐！

——摘自郭明义会议发言

当一心一意干工作、诚心诚意做好事，却不被人所理解，甚至受到讥讽、嘲笑时，我也会生气、难过，甚至有过动摇。但转念一想，当年雷锋做好事，也有人说他是傻子，但雷锋甘愿做革命的"傻子"。实际上，只要你做的事对大家、对企业、对社会有益，最终一定会赢得理解、赢得支持！

——摘自郭明义会议发言

人人都管事，世上无难事。

——郭明义接受本报记者采访时说

我就是普普通通的人，看到有人挨冻，上不起学，急需要血液，心里就不好受，吃不好，睡不好，一天到晚总想这个事。把事做了，心里石头就落地了，心里会很高兴。

——郭明义接受本报记者采访时说

我资助别人，不求任何回报。我不希望他感恩我，但希望他感恩社会。如果没有感恩之心，我心里也不好受。真碰到这种不懂感恩的人，也许就中断资助了。

——郭明义接受本报记者采访时说

坐在车里，看到在弥漫着爱的气息的车厢里，年轻人给抱着孩子的妇女、给颤颤巍巍拄着拐杖的老年人让座的时候，我常常被感动。

——摘自散文《常被感动》

对工作、对社会有怎样的态度，就会有怎样的行动和付出

对工作、对社会有怎样的态度，就会有怎样的行动和付出。我始终觉得自己能回报的还是太少，必须尽心尽力、不留遗憾。

——摘自郭明义会议发言

其实，无论是每天提前两小时到岗，还是拿出300元钱资助一名特困儿童，还是一次献出400毫升的血，都不是什么难事，任何人只要努力就能做到。如果说难，就是难在不断地坚持，难在一辈子都这样做。

——摘自郭明义会议发言

我选择为社会、为企业、为他人多做一些力所能及的事，从而使自己被党组织所信任、被群众所信赖、被社会所需要，每天生活在有理想、有信念、有追求，讲诚信、讲奉献、讲团队的氛围中，大家一起去做一些高尚的事，我感到很充实、很快乐、很幸福。

——摘自郭明义会议发言

人只要有了积极正确的态度，有了高尚的精神追求，就一定迸发出无穷力量，执着地朝着远大的目标走下去。

——摘自郭明义会议发言

同志，我亲爱的朋友！请伸出你的双手，抓住时光吧！用你智慧的双眼，捕捉美好的瞬间，用你知识的大脑，填补时空隧道的空白；用你百倍、千倍、万倍的努力和付出，饱蘸生命的汗水，谱写出一曲曲壮丽的人生颂歌。

——摘自散文《珍惜时光》

官不在大小，而在是否真能做点事。不做事，再大的官也没用。

——郭明义接受本报记者采访时说

爱，是不会被忘记的

父爱如春，父亲的身影、父亲的教诲，似春风抚爱我一生，今生今世永难忘怀！

——摘自散文《父爱如春》

"爱，是不会被忘记的！"是啊！我又何尝不被自己身边默默无闻的，随着时光、岁月

的流逝，而在自己脸上留下了皱纹的妻子感动呢！特别是在我工作中出现差错，心情忧虑苦闷，对此懊恼不已时，妻子不顾自己工作上的劳累，生活上的艰辛奔波，把自己的爱和微笑带给了我和女儿。这又怎能不令我彻底地、毫无保留地感动呢？而这种感动激励着我，影响着我，去追求、去拼搏、去奋斗！

——摘自散文《常被感动》

一次，我了解到一个贫困家庭的孩子，他的最大愿望就是能看上电视。我在妻子和女儿不知情的情况下，把家里的电视机送给了这个家庭。女儿回家后，看到电视机没有了，伤心地哭了，两天没和我说话。是妻子帮我做通了女儿的工作。她告诉女儿，你快要高考了，不看电视可以更加专心地学习。如今，女儿已经读大四了。每当女儿提起这件事，我还自我解嘲说，当初要不是老爸把电视拿走，你能考上这么好的大学吗？

——摘自郭明义会议发言

有怎样的人生追求，就会选择怎样的人生道路

1981 年 6 月 20 日，自己梦寐以求的愿望实现了，被光荣批准为中国共产党正式党员。喜悦的泪水溢满眼眶，心情久久不能平静，终生为党的事业奋斗，深深地扎入了自己的心里。

——摘自郭明义《自传》

有怎样的人生追求，就会选择怎样的人生道路。成为一名党员是我毕生的光荣，我会一辈子按照党指引的道路走下去。

——摘自郭明义会议发言

在日常的工作、生活和社会活动中，经常会有同志问我：老郭，你这么做到底图什么？我真的什么都不图，我认为这是我应该做的事，或者说我所做的一切，都是一名党员最基本的责任和义务。

——摘自郭明义会议发言

我选择了跟党走的人生道路，就应该按照党的要求去实践对党的誓言。因此，我这样去做事，就像父母抚养子女、儿女孝敬老人一样，没有那么多复杂的动机和缘由，就是天经地义的事。

——摘自郭明义会议发言

也有许多同志问我，你没有看到党内有那么多消极腐败现象吗？我说，我看到了，也听到了，但那只是少数、个别的现象，不能因此就动摇了对党的信念。我们如果只看到消极的一面，就会使自己信仰空虚、意志薄弱，而在社会上，在我们的身边，有那么多优秀的党员干部、优秀的党员，他们的事迹和精神在时刻感染着我，激励着我，使我不敢有丝毫的放松、丝毫的懈怠。

——摘自郭明义会议发言

对社会这个大家庭来说，只有每个人都怀着友爱之心、伸出帮助之手，才能和谐。

——摘自郭明义会议发言

（摘自《人民日报》）

郭明义：新时代的雷锋

郭明义，1958年12月生，辽宁省鞍山人，1977年参军，1980年入党，1982年复员到齐大山铁矿工作。

自1990年开始，郭明义年年坚持无偿献血，有时一年两次，几十年了，从未间断。20年献血6万多毫升，是他身体血液的10倍多。

1994年，郭明义月收入不足600元，上有年迈的父母，下有正在上学的女儿，一家三口，挤在市郊20世纪80年代中期所建的不足40平方米的单室里。但是看到失学儿童的电视报道后，十几天内，他捐献给一名孩子400元。此后，年年帮助贫困儿童，15年来，已累计捐款7万多元，帮助了100多名贫困儿童。

为了挤出钱资助贫困儿童，在很长一段时间，郭明义不吃午饭；献血给了点营养补助，这个钱他也捐了；组织上给的各种奖励钱，他也捐了。

"做一件好事不难，难的是一辈子做好事。"几十年来，郭明义"做好事"的脚步从来没有停止过。

（摘自《组织人事报》）

第十三章　合　同

一、知识题

1.什么是合同？"主体"是什么意思？"自然人""法人""其他组织"有什么区别？

2.《中华人民共和国合同法》（1999年3月15日通过，1999年10月1日起施行，以下简称《合同法》）列明的都是经济合同，具体有哪几种？

3.哪些合同不适用《合同法》，适用其他法律的规定？

4.订立合同应当遵循哪些原则？"平等""公平"两项原则有什么区别？

5.订立合同为什么及如何采取"要约""承诺"程序？

6.订立合同有哪些形式？书面合同指的是什么？

7.什么是"示范文本"和"格式条款"？应如何运用？

8.合同怎样生效？

9.合同的内容（当事人的约定）一般包括哪些内容？应如何表述，防止争议？

10.合同书的规范结构应由哪些具体部分组成？如何排列？

二、实践题

1.下面是两例在现行《中华人民共和国合同法》（以下简称《合同法》）颁布前订的购销合同，已不符合现行规定（下同）。读后请参考《合同法》第九章买卖合同和示范文本的有关要求，提出修改意见或予以重写，使之规范。

［例13-1］

订货合同

20××年12月25日

立订货合同××省××县××供销社××省××县日杂公司以下简称甲乙方兹因甲方向乙方购下列货物，经双方协商立本合同如下：

品　名	规　格	数　量	单　位	单　价	金　额
菟丝子	身干无霉变	30	吨	1 840.00	55 200.00
货款计人民币（大写）伍万伍仟贰佰元整。					

交货地点：××县日杂公司仓库。

交货办法：乙方仓库当面验收过秤交货。

交货期限：12月30日前交货。

付款办法：12月20日先付乙方货款伍仟元，余款起运托收。如有拒付，按总金额罚款10%。

附注：

一、本合同一式两份，双方各执一份，存查。

二、本合约自签订日起至银货两讫失效。

三、乙方为甲方交货30~50吨，数量可以增减，最少不得少于25吨。

四、任何一方违约者，付尚执行部分总产值1%违约金。

五、乙方协助办理水运手续，其运杂费由甲方负责。

[例13-2]

经济合同

（1）××市百货公司家电部向青岛海尔集团订购1 000台冰箱，每台单价3 000元。

（2）交货地点为供方仓库。

（3）定于12月30日交货。

（4）货款通过银行转账支票一次结清。

（5）供方负责办理轮船托运，运费由供方负担。

青岛海尔集团销售部

××市百货公司家电部

20××年10月16日

2.下面两例合同不符合现行的规定，读后请参考《合同法》第十六章建设工程合同和示范文本的有关要求，指出其问题，提出修改意见。

[例13-3]

建筑合同

××机械厂（甲方）与××建筑工程公司第一工程队（乙方）经双方协商签订如下条款：

1.工程内容：甲方原有宿舍（均系平房）800平方米，现扩建2 000平方米，其中拆除旧房400平方米。新宿舍要求四层钢筋混凝土梁砖墙结构（详见图纸，略）。

2.建筑费用：全部建筑工程费用200万元（详见清单，略），所有的建筑材料均由乙方负责采办。订立合同后甲方先付给乙方工程费用100万元。余款在宿舍建成验收后全部付清。

3.建筑工期：200×年3月1日开工，当年8月15日竣工。

4.经济责任：厂方如不能按期付款，每超过一天应赔偿对方按工程费1‰计的赔偿金，工程队如不能按期完成施工任务，每拖延一天，厂方可在工程费中扣除1‰作为赔偿。

5.施工期间人身安全由乙方负责。

6.本合同一式四份，双方各执一份，鉴证机关一份，建设银行一份。

××机械厂（公章）代表人（签章）　××建筑公司第一工程队（公章）代表人（签章）

[例13-4]

经济合同

20××年第1号

××市商业技工学校（甲方）与本市第一建筑工程公司（乙方）

为了培养技术人才，早日实现四个现代化，市商业技校特请市一建公司建造教学楼一座。为了明确双方的责任，搞好协作，促使施工顺利进行，经协商，订立以下协议，以共同遵守：

1.甲方委托乙方建一座四层教学楼，由乙方全面负责（包括设计大楼模型与施工）。

2.新教学楼一、二、三层为教室和办公室，四层为试验室和图书阅览室。

3.全部建造费用为830万元，乙方需按节省原则包干使用，如有超支亏损，概由乙方自行负责。

4.新教学楼应力争在今年下半年内完工，以免影响明春开学使用。

5.一建公司必须注意施工安全，商业技校负责管理学生不得随意进入工地，否则出了事故一律自负责任。

6.本合同共两份，一家一份以备检查。

立合同者：××市商业技工学校
××市第一建筑工程公司
20××年4月8日签订

3.下面一例为加工承揽合同，读后请参考《合同法》第十五章承揽合同和示范文本的有关要求，指出其问题并提出修改意见。

[例13-5]

经济合同

甲方：××市畜产进出口公司

乙方：××新艺制革厂

甲方将提供山羊板皮一批，委托乙方加工，经双方协商订立本合同条款如下：

（一）品名与数量：生山羊板皮×××张。

（二）质量标准：以×市皮革工业公司所制定的山羊鞋面革标准为准，并以此为双方今后验收的依据。由乙方加工不慎而造成质量事故，其损失概由乙方负责赔偿。

（三）工缴费：每平方市尺人民币××元，深色浅色一律等价，涂色夹里革每平方米人民币××元。由乙方开具一式五联的"加工商品进仓单"，并附有关单据，将货连同这些单据送达甲方规定的仓库，经验收后甲方支付工缴费。

（四）交货方式：

1.乙方凭甲方开具的一式五联的"加工发料通知单"自行提货。

2.鞋面革由乙方编制详细码单（张数、尺码、品质等级）一式三份随同"加工商品进仓单"，送甲方×皮张厂熟革仓库。

（五）熟革交货期：自本协议签订之日起50天内分期分批交清。

本合同正本2份，副本6份，双方各半分执，各自分送有关部门备案。

甲方（印章）　　　　　　　　　　　　乙方（印章）

20××年5月2日

4.下面是一例房屋租赁合同，读后请参考《合同法》第十三章租赁合同和示范文本有关规定，指出其问题并予改写。

[例13-6]

房屋租赁合同

立合同单位一〇三中学（甲方）兴泰食品厂（乙方）

根据有关规定，经双方协商，为明确各自责任，特签订本合同，共同遵守。

第一条　乙方向甲方租用教室一间，存放食品。

第二条　租期两年，年租金7 200元。

第三条　租金先付一半，其余到期付清。

第四条　假期结束前三天必须将教室完好交还甲方。

第五条　甲方如无故终止租房，必须赔偿乙方由此造成的损失。

一〇三中学负责人×××　　　兴泰食品厂负责人×××

20××年2月14日

5.下面一例为行李保管协议，读后请根据《合同法》第十九章保管合同和示范文本的有关规定，指出其问题并提出修改意见。

[例13-7]

行李保管协议

存货方（甲方）：××中学

保管方（乙方）：××车站寄存站

甲乙双方经自愿协商，现就行李保管事宜达成本协议，供双方遵照执行。

一、被保管物名称：行李。

二、数量：200件。

三、保管方法：一般保管。

四、验收项目和方法：逐件检查是否有易燃、易爆、有毒等危险品和腐蚀品。

五、入库出库手续：当面逐件验收。有异议当场提出。

六、损耗标准及处理：如有整件短少，每件赔偿费最高不超过×××元。

七、费用承担及结算：保管费每天××元。

八、包装：提包必须上锁，被子必须用绳捆成"#"字形。

九、违约责任：任何一方违约，应按每日保管费的10%罚款，有损失另赔。

甲方：××中学负责人×××　　乙方：××车站寄存站负责人×××

20××年7月20日

6.下例是一份经营承包合同，读后请评析是否合法、可行。如需修改可参考国家工商行政管理局经济合同司编《中国经济合同统一文本格式》中附录的参考合同文本格式之"上交利润定额包干合同"有关精神。此类合同应包括承包形式、承包期限、上交利润定额、承包前债权债务的处理办法、承包期间双方的权利和义务、违约责任、对经营者的奖惩、争议的解决方式等内容。

[例13-8]

立合同人××市××乡共青农场（甲方）××市××乡盐东村委会（乙方）

甲方向乙方承包土地一块，培植银杏等林木苗圃，特立本合同。

第一条　甲方承包经营乙方10亩荒滩地。

第二条　承包20年，每年缴承包费××××元。

第三条　乙方在合同期，提供甲方引水灌溉渠道。

第四条　乙方的村民不得进入放牧。

第五条　如遇特大旱涝灾年，承包费减半。

第六条　本合同一式三份，呈送本市公证处备查。

立合同人：××市××乡共青农场（公章）

代表人：×××（私章）

7.下面是一例联营合同，读后请评析是否合法、可行。如需修改，可参考国家工商行政管理总局经济合同司编《中国经济合同统一文本格式》中附录的参考合同文本格式中的"联营合同"。此类合同应包括各方当事人、联营组织有关情况、投资额、出资方式、出资期限、组织机构、联营期限、盈利和亏损的分配、联营期满财产处理、违约责任、争议的解决方式等内容。

[例13-9]

合同书

一、东方艺术时装设计公司、××展览装修公司、××歌剧团联合经营时装。流动资金为人民币10万元，由××展览装修公司投资。××歌剧团负责技术力量。

二、东方艺术时装公司由×××任经理。

三、办公地点设两处：

1.××广告装潢部（代办财会）；

2.××歌剧团。

四、利润分配原则：

1.10%为设计费；

2.30%为东方艺术时装设计公司所得，独立支配，用于奖金、活动经费开销等；

3.42%为××展览装修公司所得；

4.18%为××歌剧团所得。

五、亏损由东方艺术时装公司承担（10万元）。

六、合同期为一年，自20××年3月7日至20××年3月7日止，期满合同不再生效。

东方艺术时装公司代表（签字）

××展览装修公司主管部门（章）

××歌剧团主管部门（章）

20××年3月6日

8.将下面两则材料整理成两份符合《合同法》和示范文本要求的规范合同。

[例13-10]

[材料1]

白云织染厂服装分厂为津江市第二中学制作420套中学生校服。校服为套装，男生：白衬衣（长袖），蓝长裤；女生：白短袖衬衣，蓝裙。按男女各分为四种规格。其规格数量分别为小号：男式38套，女式47套；中号：男式159套，女式112套；大号：男式31套，女式16套；特大号：男式13套，女式4套。每套价格平均为23.50元。厂方须在签约后20天内设计出男女式中学生服装各3种以上的样式供校方挑选，服装布料由厂方提供，经校方认可后定用。全部服装应在5月30日交付学校，学校在选定布料和式样后的3天内，先付全部费用的1/4给厂方，收到全部服装后的10天内付清余款，如有质量问题应在5天内提出，由厂家返工或另做。倘若延期交货，每迟一天，由厂方按迟交服装总价的1%计算支付违约金给校方；学校选定面料和式样后，不得改变，否则赔偿厂方全部实际损失，另外以预支的1/4的预定金作为违约金偿付厂方。

[材料2]

西丰果品商店采购员赵××，于20××年元月7日与梁坪园艺场的代表孙××签订一份合同。双方在协商中提到：西丰果品商店今年购买梁坪园艺场青蕉苹果3万千克、小蜜桃1万千克。西丰果品商店要求梁坪园艺场在每种水果八成熟时采摘，一星期内分3批交货。包装纸箱由梁坪园艺场负责，包装箱费用和运费均由西丰果品商店负担。交货地点在西丰果品商店。各种水果的价格，视质量好坏，按国家规定当地收购牌价折算。货款在每批水果交货当日通过银行托付。如果因突然的自然灾害不能如数交货，梁坪园艺场要事先通知西丰果品商店，并相互协商修订合同。在正常情况下，如果西丰果品商店拒绝收购，应处以拒收部分价款的20%的罚金；梁坪园艺场交货不足，应处以不足部分价款20%的罚金。

合同一式四份，双方各执一份，双方主管部门存查各一份。合同经双方和鉴证单位签字盖章后生效，执行完毕作废。

9.下面一些材料都是自然人之间发生的经济关系，他们都要求立个字据。读后请根据《合同法》和示范文本的要求，结合案例的实际情况，以维护双方权益、避免争议为原则，分别写成合同书。

[例13-11]

[材料1]

沈老太有一间私有住房，底层，老伴去世后，她住到嫁在外地的女儿家去了，将自己的房子出租给一户外地来本市经商的吴某，约定每月房租×××元，每个季度一次寄到她现住处。

[材料2]

辛老师买了一套两室一厅的多层建筑四楼的新房，拟请黄老板替他装修，约定包工不包料，工价总数××××元，3个月完工交付。要求保证质量，不浪费材料。

[材料3]

山东来沪经商的蔡某，一时资金短缺，向在沪同乡王某借款10万元，借期1年，到期一次归还，按当时银行同期利息1倍计息。

[材料4]

陈经理于国庆假期租了一辆桑塔纳轿车去黄山旅游，到达黄山后，他将汽车交山下农户史×代为保管3天，取车时一次付给×××元酬金。

[材料5]

春节前某超市采购员林××被派往南方采购，在浙江购到12吨冬笋后，他还要前往江西、福建。他把这12吨冬笋托当地运输社代为运送到沪。

10.复印一份经济合同，并按《合同法》和示范文本的规定，评析其写作是否规范。

第十四章　经济纠纷诉讼文书

一、知识题

1.解决经济纠纷可以通过哪些途径？它们之间有什么区别？

2.诉讼程序中所使用的文书有哪些种类？

3.起诉状用于什么诉讼程序？起诉有什么条件、手续和时限？

4.上诉状用于什么诉讼程序？上诉有什么条件、时限和作用？

5.答辩状用于什么诉讼程序？一审程序上的答辩和二审程序上的答辩有何区别？提交答辩状有什么时限、意义？

6.什么是申诉状？申诉状与上诉状有什么区别？

7.诉讼文书的基本结构模式是怎样的？

8.诉状的首部（当事人基本情况）包括哪些内容？单位和个人有何区别？

9.诉状的主部包括哪三个方面的内容？其中案由一项在起诉状中为什么也可省略？

10.诉状的尾部包括哪些内容？其中附件常用哪些材料？

11.在诉讼活动中为什么必须"以事实为依据，以法律为准绳"？

二、实践题

1.读下列起诉状并回答：

（1）该诉状格式是否规范？

（2）该诉状主部的内容是否完整？

（3）该诉状是否符合"以事实为依据，以法律为准绳"的诉讼原则？

（4）如有不妥处，请提出修改意见。

［例14-1］

民事纠纷起诉状

原告：××新村××小区183户居民

代表人：朱××

被告：××歌舞厅

地址：××路××号（小区附近）

法定代表人：吴××（经理）

请求事项：

1.要求被告改造好KTV包房的隔音设备（特别是朝东的一面）。

2.要求被告在凌晨0：00后不要营业。

3.本案诉讼费由被告承担。

事实和理由：

被告于一年前开业。开业以来，经常营业到凌晨2点，而且隔音设备不好，其KTV

包房及舞厅的音响设备所发出的噪音过大，严重影响了周围居民的正常休息和日常生活。

本着友好谅解的精神，原告多次找被告进行协商，但被告不予理睬，协商失败。

原告认为，被告行为严重影响周围居民的正常休息和生活，并造成严重的环境污染，特向法院提起诉讼，请求依法裁决，以维护原告的合法权益。

此致
上海市××区人民法院

起诉人：××新村××小区 183 户居民

20××年 12 月 22 日

附：1.183 户居民签名（略）。

2.××新村××小区居委会出具的有关证明材料（略）。

2.下面是一则已结案的合同纠纷案例报道。读后请代汽车运输公司作为原告写一份起诉状。注意：报道中的"案由"反映的是案件过程，不等于诉状中的案由。报道的判决结果是为了方便理解而提供的参考，不能写入起诉状（下同）。

[例 14-2]

[案由] 20××年 5 月份，某粮贸公司到东北某县收购了 20 万千克黄豆。收好后于 6 月 1 日委托该县交通汽车运输公司承运。该公司分期运送，于 6 月 27 日将 20 万千克黄豆全部运达。粮贸公司在收货时，仅对前两车 4 万千克进行了抽样验收。后 8 车均未验收，便批发给了几个个体大户。

6 月 30 日，个体户秦某来粮贸公司反映，他批去的 3 万千克黄豆，有 1 万千克发霉，要求退货。同日，另两位个体户也反映黄豆发霉。经查验，共有 5 万千克霉豆。粮贸公司即找来采购人员询问。采购人员说收购时是好黄豆，交给汽车运输公司托运时均已检查，并出具运输公司检验单。显然，这批豆子是在运输期间遭雨淋或放在潮湿地方变的质。粮贸公司向运输公司索赔，对方答复曰："粮贸公司现场已收货，现在的霉豆不属于运输责任。"不愿赔偿。粮贸公司于是扣下了 5 万元运费。

运输公司几次登门索要运费未果，即向法院起诉。

[参考] 法院经审理认为，粮贸公司当场不验收即收下承运货物，即表明货物没有问题。因此，不能确定黄豆变质是运输途中所致，其责任不应由运输公司承担，粮贸公司扣运输公司运费没有依据，判令其偿还运费。

3.下面是一份经济合同执行过程中由于"变更"而引起的诉讼案例。请代商场（需方）写起诉状。引用法律依据可参考《合同法》第五章合同的变更与转让之有关规定。

[例 14-3]

[案由] 某商场（需方）与某服装厂（供方）签订了一份 800 套时装的购销合同，货款达 50 000 元。合同中规定了服装厂交货的时间，商场验收时装后的付款时间。后来，由于市场疲软，服装滞销，商场为了避免积压，即以电传方式通知服装厂要求变更合同内容，将原 800 套时装改为 200 套。服装厂收到电传后，不同意商场变更合同的请求，也没有给商场作出任何答复，仍按原合同生产后将 800 套时装送至商场。商场即以"合同已变更"为由，只同意收 200 套，并出示了要求变更合同的电传底稿。双方争执不下，服装厂

便以商场违约为由起诉到法院，要求商场赔偿经济损失。

　　［参考］结果法院查明情况后，判定合同变更有效，商场不应承担违约责任。

　　法院为什么会认定合同已变更，商场不承担责任呢？

　　原来，我国《工矿产品购销合同条例》第一条第二款规定：要求变更（或解除）合同的一方应及时通知对方，对方应在接到通知后15天内予以答复，逾期不答复的，视为默认。同时还规定变更或解除合同协议，应当采用书面形式，包括文书、电报（编者注：以上条文在《农副产品购销合同条例》《纺织品、针织品、服装购销合同暂行办法》中也有类似规定）。

　　4.下面是一个消费者为了维护自己的权益而状告商家的案例，请代吴某写此案的起诉状。

［例14-4］

　　［案由］吴某买了一台彩色电视机，使用不到3个月就出现了故障，经两次修理后仍不能正常使用。上个月商店虽然给换了一台新的彩电，可是新换的彩电使用半个月后高频头又坏了。再去找商店交涉时，商店负责人说："已给你换了新的彩电，怎么还来呢？"不同意再换，称："我们无能为力了，你去找厂家吧。"吴某于是把商店告到法院。

　　［参考］《中华人民共和国消费者权益保护法》第四十五条规定："对国家规定或者经营者与消费者约定包修、包换、包退的商品，经营者应当负责修理、更换或退货。在保修期内两次修理仍不能正常使用的，经营者应当负责更换或退货。"1995年8月25日国家经委等四部局联合发布并实施的《部分商品修理更换退货责任规定》明确指出：彩色电视机的三包有效期，整机为一年，主要部件显像管、行输出变压器、高频头、集成电路等的三包有效期为3年。换货后的三包有效期自换货之日起重新计算。

　　5.下面是一个由于商标纠纷引起的案例，请代原告果品公司写此案起诉状。说明：此案存在着事理与法理的矛盾，在法制社会，是与非是以法律为准绳的，企业在竞争中一定要懂"法"和善于用"法"。

［例14-5］

　　［案由］某地盛产苹果和疏梨，为了走深加工之路，食品厂和果品公司均上了苹果和疏梨罐头生产项目。食品厂生产的"山峰"牌罐头，销路较好。而果品公司生产的"高峰"牌罐头行情却不怎样。但是，"山峰"牌商标一直没有注册登记，而果品公司却早已将其"高峰"牌商标向国家商标局登记注册。果品公司在同食品厂竞争的过程中，突然想到食品厂使用的商标未经注册，但和本公司注册商标相近似。他们就向法院起诉，要求食品厂停止使用"山峰"牌商标，"山峰"商标由果品公司使用。

　　［参考］3个月后，法院判令食品厂停止使用"山峰"牌商标，并赔偿果品公司2万元经济损失。法院经审理认为，"山峰"商标与"高峰"商标为近似商标。而"高峰"商标为注册商标，"山峰"商标未注册，根据法律，法院依法保护注册商标使用，判令食品厂停止使用"山峰"商标，由果品公司统一使用。食品厂精心创下的牌子就这样被别人依法占有了。

　　6.下面是一个广告语权属纠纷案例。请代俞华写起诉状。说明：过去重奖征集广告语、高薪招聘等活动中，应征者提交了创意材料，常落得个白送智力的结果，盖因不懂法而受骗上当。

[例14-6]

[案由] 今年10月10日，北京市海淀区人民法院对一起著作权纠纷案做出了判决：被告北京古桥电器公司向原告俞华赔偿经济损失16 275元。案件的起因是4年前的一天，俞华在一个偶然的机会为被告公司的产品古桥空调想出了一句绝妙广告语："横跨冬夏，直抵春秋——古桥空调。"随后她主动致信被告，自荐这句广告语，被告并未当即采用。今年4月，俞华却发现在北京电视台播出了这样一条广告："横跨冬夏，直抵春秋——古桥空调"，于是找到被告要求权利。在双方意见未能一致的情况下，起诉到了法院。

[参考] 虽然在《著作权法》中并没有把广告明确列为"本法所称的作品"，但是可以比照文字作品、美术、摄影作品、电视、录像作品等加以规范和约束。侵犯广告著作权的行为，应该依照《著作权法》第四十六条的规定："……根据情况，承担停止侵害、消除影响、公开赔礼道歉、赔偿损失等民事责任，并可以由著作权行政管理部门给予没收非法所得、罚款等行政处罚。"

7.下面是一个索赔纠纷案例。同学可分为三组，一组同学请代李某写起诉状；二组同学代某摄影公司写答辩状。再假设一审法院认为缺乏法律依据，驳回原告诉讼请求，请第三组同学代原告写上诉状。

[例14-7]

[案由] 原告李某将一卷拍有其女儿周岁庆祝纪念照的柯达胶卷交给被告某摄影公司冲印，并预交了冲印费18元。第二天，李某去该公司取片时，该公司工作人员告之其胶卷已丢失，并愿退赔李某柯达胶卷一盒及预收的冲印费。但李某认为被告不但给其造成了经济损失，而且还造成了一定的精神损害，要求被告给予合理赔偿。但被告称按其摄影行业规定只能如此处理。多次交涉无效后原告起诉至法院，要求被告赔礼道歉并赔偿经济损失400元和精神损失3 000元。

在摄影行业普遍实行着这样一条行业规定：在承接冲洗加印胶片时，遗失胶片的，按照同牌号胶卷赔偿或折抵价款，并退还预收冲印费。庭审中，被告同意赔礼道歉、退赔胶卷价款及冲印费，但以法律无明文规定赔偿标准为由不予赔偿经济损失，并且认为不存在精神损失。

被告以游泳池"丢失衣物，概不负责"的规定，还有某些超市"偷一罚十"的规定等为论据，证明这些行业规定在社会上是存在的，因而是合法的。

[参考] 从法律上看，该案是基于加工承揽这一法律关系而产生的，被告不慎将胶卷遗失，根据《经济合同法》规定，承揽方"由于保管不善，致使定作方提供的材料和物品损坏、灭失的，负责赔偿"。《中华人民共和国消费者权益保护法》第二十四条规定："经营者不得以格式合同、通知、声明、店堂告示等方式做出对消费者不公平的、不合理的规定，或者减轻、免除其损害消费者权益应当承担的民事责任。格式、通知、声明、店堂告示等含有前款所列内容的，其内容无效。"载有肖像内容的胶卷已不同于一般的空白胶卷。

8.下面材料是一起企鹅服装店与霞飞服装厂购销合同纠纷的案情。读后请代卖方霞飞服装厂写一份起诉状，代买方（被告）企鹅服装店写一份答辩状，假设一审企鹅服装店败诉而不服判决，请代其写一份上诉状。允许虚拟充实，但需合法、合理。

[例14-8]

20××年12月底，企鹅服装店因霞飞服装厂生产的"新潮"牌羽绒滑雪衫畅销，即派人前来霞飞服装厂，要求向霞飞服装厂订做该种滑雪衫。因企鹅服装店是老关系户，霞飞服装厂在生产任务已经饱和、增产有实际困难的情况下，还是与企鹅服装店签了供货合同。合同中说明霞飞服装厂在次年1月底供应企鹅服装店上述滑雪衫4 000件（每件50元），货款总值20万元，双方约定货到付款。次年1月26日企鹅服装店收到全部货物。但企鹅服装店以加工质量不好为由提出退货，并拒绝向霞飞服装厂付款。

霞飞服装厂认为，本厂近年来连续被评为省、市质量信得过单位，"新潮"牌羽绒滑雪衫曾获1990年轻工部银质奖。霞飞服装厂发往企鹅服装店的4 000件滑雪衫是完全按质量标准制作，并经严格检验合格后才出厂的。企鹅服装店所称显然不合事实，实际情况是到按约交货时羽绒滑雪衫在企鹅服装店当地市场已经供大于求。由于企鹅服装店违约退货，拒绝付款，借故不履行合同，使霞飞服装厂蒙受了不应有的经济损失，严重违反了我国《经济合同法》的有关规定，侵犯了霞飞服装厂的合法权益。

9.读下面材料的案情后，代当事人何金生写一份状告事件有关单位（上海宝山巴士有限公司）的起诉状。

[例14-9]

去年11月12日上午，快递员何金生在水产路搭乘淞安线公交车。中途，一个戴眼镜的年轻乘客突然大叫："我的钱包不见了！"何金生见旁边一小青年正往屁股底下塞钞票，当即予以指认。果然，失主从小青年的座位下找到了空钱包，并在何金生的帮助下，迫使小青年把钱交了出来。失主下车后，那名小青年站起来盯住何金生。而何金生也不甘示弱，与他对视一番后说道："你应该被抓去坐牢！"司乘人员随即摆手示意何金生就此打住。不料，旁边有一人突然出手，一拳打在何金生眼睛上，同时围上来三人对何金生一顿拳打脚踢。此时，车上所有人包括司乘人员在内都默不作声，也无人报警。

事后，在找宝山巴士有限公司协商未果后，何金生认为公交公司不作为，负有民事责任。于是他告上法庭，要求公交公司赔偿其医药费、误工费和精神损失费等共计2万余元。

10.下面是上海××旅游纪念品公司与江苏南通××服装厂在一起承揽合同执行过程中发生的纠纷案的案情。读后请代承揽人南通××服装厂写一份状告被告违约的起诉状。

[例14-10]

上海××旅游纪念品公司20××年3月10日与江苏南通××服装厂签订了一笔价值××万元的加工订货合同。旅游纪念品公司承诺在合同签订后1个月内向对方提供发展基金21万元，由对方在20××年年底前交货过程中逐步偿还。合同经签订生效后，旅游纪念品公司汇付了21万元发展基金给对方。但不久，又想到应再"慎重、稳当"些，于是花了费用委托中国工商银行上海经济信息咨询公司某分公司到对方处做"生产能力及资金情况"的摸底。20××年11月、20××年7月先后两份调查报告呈现在旅游纪念品公司面前：江苏一方原先是个资不抵债的亏损单位，××万元的合同实难履行。

旅游纪念品公司不禁大吃一惊，深悔当初合同订得太草率。于是抽回21万元发展基金；终止合同的念头也油然而生。20××年9月，江苏一方按合同将第一批493件羽绒服运到上海。旅游纪念品公司借口质量不好拒付22 500元货款（包括运费），并要求对方停止生产。对方不明旅游纪念品公司真实意图，一面就产品质量进行交涉，一面继续按合同进行生产，大批加工好的羽绒服、狗皮大衣等，待运上海。这样，一场合同官司在所难免了。

11.下面这份起诉状存在一些问题，读后请找出问题并说明理由。

[例14-11]

起 诉 状

被告人：马小三（私营企业×商场负责人）

原告人：××旅游购物城总务处

法定代表人：孟小二（处长）

事实：原告于20××年4月8日与乐大为签订房屋租赁合同，将旅游购物城一栋两层营业大厅（建筑面积为1 588.43平方米）租给乐大为经营，约定租期为6年，年租金18万元，自20××年4月9日至20××年4月8日止，租金总额为108万元，于每年4月8日以前交清下一年度租金。

被告马小三于同年×月×日从乐大为手中转包了该营业大厅。被告接手承租后，不能按时履行合同义务，经多次催收，继续拖欠租金不交，至今仍拖欠原告租金40万元，电、水费16 374.4元。原告与被告多次协商均无结果，现诉至人民法院，望法院依法保护原告的合法权益。

诉讼请求：

1.判令被告支付拖欠的租金共计44万元，欠交租金银行同期贷款利息25 670.5元，欠交电、水费16 274.4元，以上三项共计481 944.9元。

2.判令解除合同。

3.判令本案诉讼费由被告承担。

此致××人民法院

具状人：××旅游购物城

20××年×月×日

12.下面这份起诉状存在一些问题，仔细读后请指出问题并评析。

[例14-12]

起 诉 状

原告：上海天龙国际广告有限公司

被告：中国国际期货经纪有限公司上海分公司

诉讼请求：

一、要求返还非法外汇期货交易损失 156 520.01 美元。

二、本案诉讼费用由被告承担。

事实和理由：

被告在国务院办公厅 69 号文件转发了国务院证券委员会《关于坚决制止期货市场盲目发展若干意见的请示》，各大报纸相继报道后，通过其经纪人谎称他们公司能继续做国际期货及接收新客户下新订单，致使原告信以为真受蒙蔽下了订单，造成亏损 156 520.01 美元，后得知国务院 69 号文中明确规定"各期货经纪公司均不得从事境外期货业务，已从事此项业务的不得接收新客户和新订单，已持仓者要在交割日前平仓或在交割日进行实物交割，平仓后即把汇出境外的保证金抽回"，同时上海市计委主管期货部门也明确指示：期货公司如继续做外盘（境外期货）要严肃查处，目的是防止外汇继续流失。为此原告认为被告不遵守国务院 69 号文件及上海市计委的规定，欺骗原告他们能继续做外盘，可以下新单，并对原告进行盲目引导下了新单，因此造成原告损失的过错责任在于被告，理应由被告全额赔偿。原被告曾数度协商都未有结果，故诉请法院公正裁决。

具状人：上海天龙国际广告有限公司

13.复印一份起诉状或答辩状、上诉状、申诉状，并从内容和形式两方面作评析。

第十五章　经济活动分析

一、知识题

1.什么是经济活动分析？它有什么作用？

2.经济活动分析与总结有哪些共同点和不同点？

3.经济活动分析以什么为主要分析对象？

4.分析报告有哪些种类？

5.经济活动分析根据需要常用哪些技术方法？

6.对比分析法为什么在经济活动分析中是最基本的方法？应如何使用？

7.因素分析法为什么被较多使用？试举例说明。

8.经济活动分析正文的结构不外概述、分析、意见三大部分，它们分别承担什么职能？三者是什么关系？

9.经济活动分析有哪两种主要格式？它们各有什么所长和所宜？

10.经济活动分析报告的写作为什么不能像总结那样重在肯定成绩，而应注重发现问题并分析原因？

二、实践题

1.下面一例经济活动分析的表达形式不符合应用文的要求，读后请按该文种规范的形式，将它分为几个部分并加小标题，每个部分之内有的内容还宜分段。

[例15-1]

××商场4月份财务分析

本月市场平稳，夏季商品已开始动销，但未全面进入旺销。本月经营特点为销售下降，利润略增，毛利率上升，费用增加。商品含税销售1 790.4万元。同比减少369.4万元，下降25.50%。商品销售毛利率15.02%，同比增加1.50%。经营费用、管理费用及财务费用合计106.6万元，同比增加12.6万元，上升13.40%。本月销项税157万元，进项税1 632万元，商品销售税金及附加实现2.2万元。利润实现62.3万元，同比增加0.4万元，同比基本持平。本月份，我商场皮鞋部抓住皮鞋换季的时机，组织了大量应季畅销皮鞋近千个品种，举办了首届皮鞋展销节，刺激本月销售完成41.1万元，同比上升33.88%。因受税改的影响，联营柜台销售改为租赁形式，除鞋帽、皮鞋两个部之外，各商品部销售额都有不同程度的下降。销售额同比减少的是服装、五金交电、电子、中心，分别同比减少46万元、68.2万元、67万元和37万元。总之，今年商场受去年底销售的冲击，多数商品尤其是家电等耐用品销售平淡。据统计，本月彩电只销售了299台，同比减少992台。本月份费用增加的项目是：（1）运输费，同比多支7.7万元。这是由运费、油价上涨加之公路运输量增加所致。（2）利息，同比多支19.1万元，主要是由贷款利率上调，多支利息5万元，其余为贷款增加所致。本月末流动资产总额7 133万元，同比增加4 237万元。其中应收账款 469 万元，较同期增加 352.4 万元，其中主要是批发销售欠款。其他应收款 1 307.6 万元，较同期增加 532.4 万元，主要是××市场×××饭庄的流动资金贷款 374 万元，再就是有部分正式进货票据未到，自制凭证入账，将这部分进货的进项税列入其他应收款，据统计约有 100 万元。所以，各商品部应将加速资金周转、盘活资金作为一项重要工作来抓：(1) 商品销售是保证完成各项经济指标的基础，今年受客观因素的影响，完成各项经济指标的难度将不断加大。因此，各部门要千方百计开展扩销、促销活动。从提高商品质量和服务质量及调整价格方面占领市场，扩大销售。(2) 为加速资金周转，各部门经理、业务人员、会计及有关人员对批发销售欠款及进货货款的结算手续要加紧办理。

20××年 5 月

2.下面一例经济活动分析的结构被打乱了，读后请按该文种规范格式加以调整，恢复其正确的结构顺序。

[例 15-2]

××省税务局 20××年 1 月税收执行情况分析

从我省税务系统元月份的收入情况看，还有些问题值得我们注意，主要反映在所得税汇算清缴工作进度很不平衡，一部分税务干部片面认为税收政策大检查刚刚结束，所得税汇缴"油水"不大，思想上有厌烦情绪；有的认为新干部多，熟悉业务的少，汇缴工作难以开展，思想上有畏难情绪。由于这些问题的存在，加上去年对集体企业放宽政策等因素，本月所得税比上年同月下降了××%，减收××万元。这些问题，望各地引起高度重视。省局要求各地迅速采取措施，在提高干部思想认识、端正业务指导思想的基础上合理组织力量，妥善安排时间，在抓好经常性收入的同时，认真抓好新开征税种的征收和所得税的汇缴工作。

15 个地市、州中，有××市和××地区比上年同月减少，主要原因是，××市本月征收××××厂的××万元税款因银行未及时上解入库，影响全市比上年同月下降××%，减少××万元，××地区则由于上年度卷烟的结转税款减少××万元，其他税收虽有增加，但仍影响全地区比上年同月下降了××%，减收××万元。其余 13 个地市普遍增收，增长幅度均在××%以上。分税种来看，本月的产品税、增值税、建筑税均比上年同月有较大幅度增长，其幅度分别为××%、××%和××%。

以上几组数据说明，元月份我省税收收入形势好，比往年起步快，主要取决于生产的增长。据了解，本月全省工业总产值完成××亿元，比上年同月增长××%。全省征自工业方面的税收（产品税、增值税、盐税）为××万元。比上年同月增长××%。如剔除××市××万元税款应在元月份入库而未按时交库的因素后，本月征自工业方面的税收则比上年同月增长××%，与生产基本上是相适应的。在生产发展的基础上，市场繁荣，购销两旺。本月全省征自商业和交通服务业的增值税比上年同月增收××万元，增长××%。此外，各地还抓紧了农产品税收的清理结算工作，征自茶叶、烟叶、原木的产品税比上年同月增收××万元，增长××%。

元月，全省工商税收共入库××万元，为一季度计划的××%，完成年度计划××%，比上年同月增收××万元，增长××%。

3.下列财务情况分析不完全符合该文种写作要求，读后请指出其缺点并提出修改意见。

[例 15-3]

××纸厂20××年11月份财务情况分析

一、利润

（一）基本情况

11月份实现利润66 876.89元，累计实现利润435 205.73元，上年同期累计实现利润890 251.24元，比上年同期减少了455 045.51元，降低了51.5%。

（二）实现利润增减因素

1.利润增加因素

（1）产品销售价格提高（扣除烟包纸降价因素）使利润增加37.8万元（烟包纸降价减少利润10.5万元）。

（2）税金变化，免税因素使利润增加22.4万元。

（3）烟纸销售数量增加使利润增加8.2万元。

（4）其他因素使利润增加1.8万元。

合计增加利润70.2万元。

2.利润减少因素

（1）产品成本提高使利润减少90.9万元。

（2）打孔纸销量下降使利润减少15.7万元。

（3）营业外支出增加（退休统筹基金）使利润减少9.1万元。

合计减少利润115.7万元。

增减利润相抵使利润比去年同期降低45.5万元。

二、成本

产品单位成本	本期	累计
打孔纸	5 622.72万元	5 826.68万元
激光纸	7 169.57万元	6 807.73万元

三、资金情况

	本期	累计
（1）定额流动资金周转天数	201天	195天
（2）定额流动资金平均余额	342万元	296万元
（3）定额流动资金期末余额	353万元	
（4）期末储备资金余额	56万元	
（5）期末成品资金余额	132万元	

四、存在的问题及分析

（1）利润比上年同期减少的主要因素是产品生产成本的提高，主要是因为原材料价格上涨。

（2）打孔纸销售数量低于去年同期160吨，使利润减少15.7万元。

（3）成品资金占用高达132万元，使定额流动资金占用额增加、周转天数延长。

××纸厂财务科

20××年12月5日

4.读下面例文并回答问题：

（1）经济活动分析用于什么目的？它与总结有何异同？本文是否体现了写作旨意？

（2）经济活动分析报告有不同的种类，本文属于哪一类？

（3）经济活动分析内容不外"三要素"，但写作体例不一定是"三大块"。本文的内容和形式是否与写作旨意相适应？

（4）经济活动分析常用哪些技术方法？本文用了什么方法？是否能满足内容表达的需要？

[例15-4]

20××年2月份主要经济指标完成情况分析

2月份我局广大船岸职工克服气象条件差、春节滞后影响等不利因素，抓安全、保春运、创效益，较好地完成了月度生产任务。

一、客、货运输完成情况

1.旅客运输量完成情况

2月份运送旅客29.2万人次，比去年同期下降0.3%，客运周转量完成0.92亿人海里，比去年同期上升9.5%。客运量下降、周转量上升的主要原因是里程较短、客流量大的申—甬线客运量比去年周期减少2.56万人，除申—穗线外，其他运距较长的航线的客运量比去年同期均有不同程度上升，其中申—连线多运0.30万人次，申—青线多运0.39万人次，申—温线多运0.70万人次，申—榕线多运0.55万人次，申—厦线多运0.14万人次。

至2月累计完成客运量57.8万人次，客运周转量1.74亿人海里，分别比去年同期上升3.8%和4.8%。

2.货物运输量完成情况

（写作体例与上节一样，略。下同）

3.重点物资运输完成情况

（略）

二、舶效率（略）

三、财务情况（略）

四、安全生产（略）

五、燃料消耗（略）

5.下面这例经济活动分析报告内容全面、结构完整、详略适当。仔细读后，请在合适的地方插入几个小标题，使之更加层次清晰地体现经济活动分析"怎么样—为什么这样—应该怎么办"的基本模式。

[例 15-5]

××卷烟厂 20××年上半年经济效益分析报告

我厂是近年来新建的地方国有卷烟厂，现有职工 600 人，建厂几年来，生产逐年上升，但利润增长较慢，远低于生产的增长。

我厂本年上半年利润额略有下降，有关资料如下（见表 15-1）：

表 15-1　　　　　　　　　　**产量、销售、利润等指标对比表**

指标\项目	上年上半年实际	本年上半年计划	本年上半年实际	本年与上年对比		本年与计划对比	
				差异	%	差异	%
产量（万箱）	3.8	4.2	4.2	+0.4	+10.5	0	0
销售量（万箱）	3.8	4.2	4.0	+0.2	+5.3	-0.2	-4.8
销售收入（万元）	2 000	2 200	2 060	+60	+3	-140	-6.4
销售利润（万元）	90	100	86	-4	-4.4	-14	-14
单箱利润（元）	23.68	23.92	21.5	-2.18	-9.2	-2.42	-10.1

从表 15-1 可以看出，本年上半年实际与上年同期对比，产量继续上升，增长 10.5%，销售量增长 5.3%，销售收入增加 3%，但销售利润下降 4.4%，单箱利润下降 9.2%。如与计划对比，除产量计划完成外，其他指标都未完成，特别是销售利润指标比计划下降 14%，单箱利润下降 10.1%。

经济效益差，这是我厂需要重点分析研究的重大课题。为了分析这一问题，现收集有关经济效益的数据资料和情况，以及国内同行业的有关资料如下（见表 15-2）：

表 15-2　　　　**上年度本厂与同行业先进水平、全国平均水平的有关指标对比表**

指标\项目	同行业先进水平	全国平均水平	本厂	与先进水平对比		与全国平均水平对比	
				差异	%	差异	%
劳动生产率（箱/人）	400	240	221	-179	-44.8	-19	-7.9
产品合格率（%）	99.9	99.5	98.1	-1.8	-1.8	-1.4	-1.4
单箱消耗烟叶（hy）	51	56	58	+7	+13.7	+2	+3.6
煤（hy）	18.9	19.2	21.1	+2.2	+11.6	+1.9	+9.9
电（度）	0.3	8.9	10.9	+4.6	+73	+2	+22.5
百元产值占用流动资金（元）	2.7	9.8	10.4	+7.7	+285.2	+0.6	+6.1
单箱利润（元）	52.2	25.1	23.2	-29	-55.6	-1.9	-7.6

从表 15-2 可以看到，与同行业先进水平比，本厂各项指标都相差很远。与全国平均水平比，本厂各项指标都有不小差距。足以说明本厂的人力、物力、财力利用效果欠佳，

生产耗费过多，利润减少，经济效益差。

经过调查研究，产生上述差距的原因如下：

1.职工队伍素质较差，技术力量薄弱，劳动纪律松弛。我厂是新建厂，除少数老工人、骨干是兄弟厂支援来的外，大部分是近年进厂的新工人。目前全厂工人技术等级水平为1.9级，有的车间平均只有1.05级。职工队伍文化技术素质较低，又没有进行严格培训，劳动纪律松弛，不按规程操作。相当一部分人顶不了岗，定员超编，劳力浪费。这使得劳动生产率不高，不仅与国内先进水平相差甚多，且比全国平均水平还低7.9%；产品质量欠佳，合格率比全国平均还低1.4%。

2.采购无计划，验收不合格。烟叶是卷烟工业的主要原料，约占卷烟成本的80%以上。为保证生产，一般要求甲级烟叶储备1年生产用量，其他等级烟叶储备半年用量即可满足要求。但本厂采购无计划，盲目购进大量烟叶，积压严重。仅甲级烟叶库存量，按目前生产用量计算，即可用4年多。超额储存从而大量占用储备资金，使资金周转减慢（周转一次的时间由上年的40天减慢为本年上半年的56天）。百元产值占用流动资金指标也上升较多。另外，烟叶收购入库无严格的验收手续，缺斤短两，混级变质，时有发生，既增加了烟叶的采购成本，又影响烟卷质量。

3.消耗无定额，成本上升。由于各项规章制度不健全，生产用料无严格定额和核算，材料和能源的消耗偏高。

从表15-2可看出，上年度每箱卷烟消耗烟叶58千克，超过全国平均水平3.6%，消耗煤和电也分别超过9.9%和22.5%，本年上半年生产成本仍无下降趋势，使成本降低计划难以完成，从而利润计划也没完成。

4.追求产量，忽视质量。因片面追求产量，忽视了质量。加之新工人增加，技术力量薄弱，卷烟质量逐步下降。上年度产品合格率为98.1%，比全国平均水平低1.4%；本年上半年与去年同期对比，一级品率下降，次品烟和废品烟比重上升，以致平均单价略有降低，使销售收入受到影响。

此外，烟叶提价、水费提高和银行利息升高等客观因素，也给经济效益的提高带来了不利影响。

根据上述分析过程和结果，我厂今后应在如何提高经济效益方面多做些努力，具体来说，应从以下几个方面进行改进：

1.积极抓好职工队伍的培训工作，提高他们的文化技术素质。同时大力整顿劳动纪律，制定各项岗位责任制。

2.加强计划管理工作，健全各项规章制度，使采购有计划，消耗有定额，费用开支有预算，材料和成品进出库有严格的验收手续。

3.努力提高产品质量，搞好市场调查，以销定产。

4.搞好经济核算，加强经济活动分析工作，及时总结经验教训，发扬成绩，改进措施和工作。

20××年×月×日

（摘自刘春丹，李书生：《财经应用文写作》）

6.下例新闻报道的内容是大量经济情况的数据。认真读后，请以此为基础，改写成一篇反映浙江省纺织品出口情况的经济活动分析报告。可根据经济活动分析报告文体特点的需要，补充必要的、合理虚拟的材料。

[例15-6]

一季度浙江纺织品出口占全国四分之一

[新华网杭州5月11日电（童本俊、何玲玲）] 据杭州海关提供的信息，今年第一季度，浙江纺织品出口克服诸多不利因素影响，继续保持稳步增长势头，共出口17亿美元，因此增长45.8%，占同期全国同类产品出口值的25.2%。其中3月份出口7.1亿美元，同比增长68.4%，单月出口创历史新高。

纺织纱线、织物及制品等纺织品一直是浙江省出口的传统大宗商品。今年第一季度，浙江省纺织品出口呈现如下特点：

（1）一般贸易仍是出口的主要方式，但加工贸易增速首次超过一般贸易。1—3月，浙江省以一般贸易方式出口纺织品分别为5.4亿美元、3.3亿美元和6.3亿美元，同此分别增长29.9%、32.1%和67.8%；以加工贸易方式出口分别为0.6亿美元、0.58亿美元和0.81亿美元，同比分别增长40.6%、67.2%和73.2%，单月增幅均高于一般贸易。

（2）私营企业成为出口的排头兵，国有企业出口呈下降趋势。第一季度，私营企业出口纺织品5.1亿美元，同比增长1.2倍；外商投资企业出口5亿美元，增长44.8%；集体企业出口3.9亿美元，增长37%；国有企业出口3亿美元，同比略有下降。

（3）对传统市场出口稳步增长。第一季度，浙江向欧盟、美国、东盟和中国香港分别出口纺织品2.7亿美元、1.8亿美元、1.4亿美元和1.3亿美元，同比分别增长30.6%、63.7%、60%和27.9%。

（摘自苏欣：《商务应用文实训》）

7. 下面仅是某银行二季度储蓄存款情况统计表和某些相关情况（见表15-3），请充实必要的材料，写成一份结构完整、规范的《××银行20××年二季度储蓄存款情况分析》。

表15-3　　　　　　　　　　　　某银行二季度储蓄存款情况　　　　　　　　单位：户/元

月　　份	4		5		6		合　　计	
项　　目	户数	余额	户数	余额	户数	余额	户数	余额
定期储蓄	+3 343	+153	+2 824	+102	+3 654	+98	+9 821	+353
零存整取	-1 431	+8	-983	+33	-515	+42	-2 929	+83
零整集体储蓄	+132	+203	+33	+199	-1	+202	+164	+604
活期储蓄	-735	-53	-135	—	+113	+44	-757	-9
集体储蓄	-10	-2	-6	+3	+1	+7	-15	+8
合　　计	+1 299	+309	+1 733	+337	+3 252	+393	+6 284	+1 039

参考情况：

（1）市场商品纷纷降价。

（2）利率调整（活期不调）。

（3）教师拿到了补发工资。

（4）国家发行了国库券。

8.下面仅是某服装厂20××年上半年经济活动分析的主要经济指标及完成情况（统计表，且不完善，请予补充）和相关情况（见表15-4），请充实必要的材料，加工成一篇完整、规范的分析报告。

表 15-4　　**某服装厂20××年上半年经济活动分析的主要经济指标及完成情况**　　单位：万元

项　　目	计划数	完成数	上年同期完成数	与上年同期比		与计划比	
				增减数	+-%	增减数	+-%
销售总额	560	573.6	481.7				
利　息	14	15.8	11.7				
税　金	24.7	25.3	19.8				
利　润	90.5	88.3	75.6				
资金周转（天）	70	74	67				

其他情况：

（1）进销毛利为12.5元/百元，去年同期为12.6元/百元。

（2）因式样、颜色、规格等不适销商品21.8万元，七五折削价处理掉18.4万元，其余仍留库。

（3）污损商品5.6万元，对折处理掉4.1万元，其余仍留库。

（4）上半年1、2、3月未完成销售指标，4月份组织到适销对路商品，至5、6月销量大增。

9.下面是×市×年一季度经济形势分析的纲目（内容略去）。全文如同经济活动分析报告的逻辑结构，分三大部分，每个部分下列若干条，现将第一层次的标题列出，其下的第二层次的序次打乱了，请仔细分析后，将其纳入其应属的部分，只写序号即可。

一、经济增长的主要特点——概况

（　　）（　　）（　　）（　　）（　　）（　　）

二、经济运行中的新动向和新问题——分析

（　　）（　　）（　　）（　　）（　　）（　　）

三、经济调控的政策取向——建议

（　　）（　　）（　　）（　　）（　　）

（1）农业结构调整取得新进展，第三产业发展步伐加快。

（2）工业增长速度下滑。

（3）加大技术改造投入，增强制造业对经济增长的支撑力度。

（4）固定资产投资增势强劲，城市建设快步推进。

（5）消费品市场偏冷。

（6）积极调整消费政策，采取多种措施扩大消费。

（7）对外经贸平稳发展，涉外旅游明显好转。

（8）价格指数继续走低。

（9）营造良好的投资环境，保持投资对经济增长的强力拉动。

（10）财政收入大幅增长，金融运行态势良好。

（11）失业人员有所增加。

（12）优化贸易环境，努力扩大出口。

（13）城乡居民收入增加较快，再就业工作力度加大。

（14）加强价格调控，努力促进价格总水平的适度回升。

（15）做好就业和社会保障工作，确保社会稳定。

10.下面这篇经济活动分析报告尚欠规范，如结构不完整等，请予以改正。

[例15-7]

××超级市场20××年第三季度主要经济指标完成情况见表15-5。

表15-5　　　　　　**××超级市场20××年第三季度主要经济指标完成情况**　　　　单位：万元

项目	计划数	完成数	上季度完成数	增减数	增减百分比
销售总额	205	214	199	+15	+7.5%
税金	61.5	68.48	55.72		
成本	120.4	120	122.00	−2	−1.63%
利润	23.1	25.5	22.28	+3.24	+14.50%
银行存款		204.1	189.4	+14.7	+7.7%

第三季度经济活动情况分析：

1.销售状况分析

在上季度超额完成销售计划的基础上，本季度制定了205万元的销售总额。由于本季度正值盛夏季节，一些夏令用品特别畅销，因此销售额直线上升，共完成214万元的销售总额，比上季度增加15万元，增长率达到7.5%。另外在本季度中我店进行了广泛的市场调查，摸准销售行情，并开展有奖销售及各种促销活动，所以使销售额直线上升。

2.成本分析

本季度由于我店采购人员的多方努力，争取各种货源，并从原产地进货，所以适当降低了销售成本。并且本季度，我们开展"节约为商店"的活动，减少商品的损坏，节约水煤等，所以本季度成本比计划数降低0.4万元，比上季度降低2万元。

3.利润分析

由于本季度提高了销售额，降低了销售成本，因此利润大大提高，本季度共实现利润25.25万元，比计划提高2.42万元，比上季度提高3.24万元，增长14.50%。

4.银行存款

由于利润增加，银行存款也相应增加，到本季度末，共有银行存款204.1万元，比上季度又增加了14.7万元。

总的来说本季度的经济形势是好的，有利于今后更好地开展销售活动。

11.下面这篇经济活动分析全文如下，但第一层次的小标题被拿掉了，内容的次序也被打乱了。请按此文种的正常逻辑关系，将其理顺，并补出略去的小标题。

[例 15-8]

××路菜场上半年财务分析报告

为进一步搞好经营管理，要完善各种必要的规章制度。当务之急是要尽快制定好商品采购工作责任制，把好进货关。商品资金占用不合理、商品损耗率增高及费用开支有浪费等问题，目前虽与班组定期评比奖励挂钩，已经引起各班组的注意，但为了保证此类问题不再发生，还有必要进一步采取具体措施，加强管理，严格岗位责任制度，做到人人有专责，事事有人管，将管理工作落实到每个人身上，落实到每项工作中。例如，食品组应当把售货场与仓库的商品严格划分清楚，凡进货验收，销售上货，储存检查，都要有专人按规定手续负责办理，彻底解决商品管理上不够认真的问题。

（　　）广开进货销货门路。除在市内努力寻找货源、购进紧缺商品外，还向市外积极组织进货。并根据货源情况以及季节变化，积极开展销货业务。对货源充裕的商品，通过增设售货摊棚、延长营业时间、开早晚市以及打破班组商品经营范围等办法大力进行推销，从而增加了商品的销量，扩大了销售额。如牛肉销量上升了 22%，羊肉上升了 20%，鸡肉上升了 23%，糖果上升了 42%，糕点上升了 32%，水果上升了 91%。

（　　）把财务指标与班组评比奖励挂钩。在"百分赛"的评比办法中，把商品销售额、销售利润、费用率、商品资金周转率、商品损耗率等财务指标的实际完成情况，作为班组每月评比奖励的主要依据。这样按劳付奖，多劳多得，调动了职工的积极性。

（　　）商品销售额增加。本期商品销售额为 385 万元，比计划额增长 14.34%，比上年同期增长 26.2%。

（　　）费用水平下降。本期费用水平为 4.01%，比上年同期下降幅度为 10.09%，相对节约费用额为 1.73 万元。

（　　）全部流动资金周转加快。本期全部流动资金周转天数为 10.4 天，比上年同期加快 0.7 天，相对节约流动资金占用额 1.12 万元；其中商品资金周转天数为 7.2 天，比上年同期慢 0.2 天，相对平均多占用商品资金 3 200 元。

（　　）利润额增多。本期纯利润额为 16.42 万元，比上年同期增长 47.61%；每百元销售额平均利润 4.27 元，比上年同期上升 16.99%。

（　　）有的班组商品资金占用不合理，以致全场商品资金周转减慢。出现这种情况，是由于部分副食商品价格调高，直接影响了商品资金占用加大。当然，这里有客观因素，不可避免。但有的班组商品资金占用的增长大于销售额的上升幅度，则说明商品资金占用不够合理。如早晚服务部销售额只增长 15.79%，而商品资金占用额竟增长了 26.98%。

（　　）商品损耗率普遍增高。本期计耗的七个班组综合损耗率为 0.06%，比上年同期的 0.05% 上升 20%。究其原因，多属在进货验收、挑选整理、搬运摆放以及保管等环节中不按规定的操作规程办事造成的。

（　　）费用开支有浪费。本期修理费开支比上年同期增加 44.32%，其原因主要是：①不善于使用与保养机器设备而造成的故障多，修理随之增多；②修建工程设计不周密，盖了又拆，增加了拆改费用。

（　　）财产损失加大。本期财产损失比上年同期增加3倍多，其中大部分是由当事人失职而造成的。如放入冷库的25千克对虾，由于保管人员粗心大意，忘记出售，由于时间长了，质量降低，结果削价处理，损失严重。由此说明，我场有的员工对待工作存在责任心不强的问题。

12.根据下列资料，拟写一份财务分析报告（允许在合情、合理的条件下，补充虚拟的内容）。

（1）单位：××电脑公司，时间：200×年第二季度。

（2）应收账款4.2万元，应付账款5.8万元，销售收入为30万元，较计划多完成127%，计划利润20万元，完成96%。

（3）产品成本4 320元/台，与计划相比，提高了78元/台，同行业可比产品成本为4 506元/台。

13.复印一份教材例文外的经济活动分析材料，根据该文种性质、功能和写作规范联系该例，写一段书评式评析，不少于300字。

第十六章　审计报告

一、知识题

1.审计报告是什么性质的文书？

2.审计报告在经济生活中有什么作用？

3.审计报告有哪些种类？

4.审计报告的写作要经过哪些步骤？

5.审计报告的结构是怎样的？导言部分应写哪些内容？正文部分一般写哪些内容？

6.写好审计报告有哪些技巧？

7.写审计报告为什么和怎样"以事实为依据，以法律、制度为准绳"？

二、实践题

1.下面是一例国家审计（审计机关所进行的审计）报告。根据《审计署关于在全国实行统一审计文书格式的通知》规定："审计报告主要包括下列内容：（一）审计的内容、范围和时间；（二）被审计单位的有关情况；（三）与审计事项有关的事实；（四）对审计事项的评价；（五）引证有关的法律、法规、规章和具有普遍约束力的决定、命令的条款以及据此做出的处理、处罚意见。"读例文后请根据其内容在括号内填入被删去的小标题，使之层次清楚。

[例16-1]

关于××市钢管厂20××年度
财务收支的审计报告

××市审计局：

根据省审计局《关于对大中型企业实行经常性审计的通知》精神和我局今年的审计工作计划，我们从20××年1月10日至25日对××市钢管厂上年度财务收支的真实性、合规性、合法性，并结合该年度承包经营合同规定的几项主要经济指标的完成情况，进行了就地审计。现将审计情况报告如下：

一、（　　　　　　）

该厂隶属于市机械工业局，是以生产各种规格的焊管和镀锌管为主的中型企业，现有职工1 283人。该厂下设4个车间和1个经济独立核算的综合厂……

二、（　　　　　　）

（一）20××年10月，企业将流动资金贷款逾期罚息15万元，随同正常贷款利息一起计入企业管理费，违反了相关条例"与本企业生产经营活动无关的其他费用""不得列入生产、销售成本"的规定精神，确属挤占成本。根据相关规定，应处以违纪额15万元20%的罚款，罚款金额为3万元，需如期上缴地方财政。

（二）略。

（三）略。

三、（　　　　）

通过对该厂20××年度财务收支的审计，总的认为该厂的改革在深入，形势比较好。20××年该厂实行了全员风险抵押基金制度，使企业兴衰与职工利益紧密联系在一起，并推行了全员承包经营责任制，调动了全厂干部和职工的积极性，克服了市场疲软、原材料涨价的种种困难，超额完成了20××年度承包经营合同规定的各项经济指标。反映了该厂领导、职工改革意识强，经营管理基础较好。但企业经营思想还不够端正，存在"留后手"思想，对有的财政法规执行得还不够认真，存在乱挤成本的问题，导致企业当年利润不够真实。

（　　　　）

1.企业领导应进一步端正经营思想，克服"短期行为"，正确处理好国家、企业和职工个人三者利益之间的关系。

2.该厂财会人员业务素质较高，5名财会人员都具有大专以上学历，其中高级会计师1名、会计师2名。但是，从该厂查出的违纪问题看，不是因为财会人员业务素质差或由于政策、法规不清所造成的，而是财会人员的明知故犯。因此，建议厂领导要加强对财会人员的教育和管理，提高认真执行财政法规的自觉性，如今后再发生类似的违纪问题，将严肃处理。

附录：证明材料（略）

审计组组长：×××（签字）

审计组员：×××　×××（签字）

20××年1月30日

2.下面是一例审计调查报告。这种审计调查报告有的是国家审计机关写的，有的是企业内部审计部门写的。读例文后请回答：

（1）审计调查报告与查证性的审计报告在性质、功能、写法上有何异同？

（2）审计调查报告与普通调查报告中的情况调查、问题调查相比，在取材、写法上有何异同？

[例16-2]

选烧厂经济效益审计调查报告

公司审计室于20××年5月11日至27日对选烧厂进行了经济效益审计调查。目的是促进该厂进一步加强企业管理，降低烧结矿成本，为提高公司总体经济效益多做贡献。

一、基本情况

选烧厂主要生产烧结矿为高炉炼铁提供原料

二、主要技术经济指标

与国内重点企业比有差距，有潜力

1.烧结矿粉率高

（略）

2.烧结机利用系数低、漏风率高、产量低

（略）

3.烧结矿燃料潜力

（略）

三、审计意见

1.建议选矿厂烧结机利用系数改变后进地位，实现增产增效

2.建议选烧厂进一步加强管理

3.（略）

4.（略）

5.（略）

宣化钢铁公司审计室

3.下面是一例企业负责人离任审计报告。读例文后请回答：

（1）离任经济责任审计有什么作用？

（2）这种审计材料在审计文书分类中属哪类？

（3）这种审计材料与审计机关写的审计报告及审计调查报告的区别在哪里？

[例16-3]

四泰新技术开发公司经理离任审计报告

钢铁研究总院决定×××同志不再兼任四泰新技术开发公司（以下简称四泰公司）总经理。按院领导指示对×××任总经理期间的经济责任进行了离任审计。审计中听取了他的述职报告，向副总经理、计划财务部、技术开发部等主要成员调查了解，核实有关事实。审查了财务账簿、报表及凭证等有关资料及文件等，现将审计结果报告如下：

一、基本情况

为推动科技体制深化改革……

二、责任目标、条件及完成情况

（一）责任目标及条件

（略）

（二）责任目标完成情况

（略）

（三）牙银合金粉生产、销售及几个经济指标

（略）

（四）牙银合金粉生产线科研、开发情况

（略）

三、对生产成本、资产等的审核情况

（一）公司的生产成本及盈亏审核情况

（略）

（二）资产审核情况

（略）

四、审计评价

（略）

五、处理意见及建议

1、2、3、4、5、6（略）

钢铁研究总院审计室

4.下面是一例独立审计（又称社会审计、民间审计）报告。这是一种提供证明、鉴证、公证性质文书的审计报告。根据中国注册会计师协会制定的《独立审计准则》《独立审计具体准则第7号——审计报告》的规定，该审计报告由标题、收件人、范围段、意见段、签章和会计师事务所地址、报告日期等项构成。"范围段"应说明以下内容：第一，已审计会计报表的名称、反映的日期或期间；第二，会计责任与审计责任；第三，审计依据，即《中国注册会计师独立审计准则》；第四，已实施的主要审计程序。"意见段"应说明以下内容：第一，会计报表的编制是否符合《企业会计准则》及国家其他有关财务会计法规的规定；第二，会计报表在所有重大方面是否公允地反映了被审计单位资产负债表的财务状况和所审计期间的经营成果、资金变动情况；第三，会计处理方法的选用是否符合一贯性原则。读例文后请回答：

（1）这种审计报告适用哪些事项？

（2）这种审计报告与国家审计（审计机关进行）、内部审计（企事业单位内的审计部门进行）在功能、写法上有什么区别？

（3）这种审计报告有哪些种类？

[例16-4]

审计报告

乾聚审字〔20××〕7号

莱芜钢铁股份有限公司全体股东：

我们接受委托，审计了贵公司20××年12月31日的资产负债表与合并资产负债表、20××年度利润表与合并利润表、20××年度利润分配表与合并利润分配表、20××年度现金流量表与合并现金流量表。这些会计报表由贵公司负责，我们的责任是对这些会计报表发表审计意见。我们的审计是依据《中国注册会计师独立审计准则》进行的。在审计过程中，我们结合贵公司的实际情况，实施了包括抽查会计记录等我们认为必要的审计程序。

我们认为，上述会计报表符合《企业会计准则》和《股份有限公司会计制度》的有关规定，在所有重大方面公允地反映了贵公司20××年12月31日的财务状况及20××年度的经营成果和20××年度的现金流量情况，会计处理方法的选用遵循了一贯性原则。

山东乾聚有限责任会计师事务所中国注册会计师 刘学伟
中国注册会计师 刘光玺
中国·烟台　20××年1月16日

会计报表见附表（略）

5.读下列例文后请回答：

（1）审计报告和许多应用文一样，由于分类标准不同，可以划分为不同的类型。审计报告有几种分类？本例属于何类之何种？

（2）审计报告文章结构的基本模式是怎样的？将本例正文部分的层次加以划分。

（3）本例的内容属于财经法纪审计。此项审计的职能是什么？应包括哪些必要的内容？

[例16-5]

××省审计厅关于××厂违反财经法律情况的审计报告

工审字〔20××〕××号

××市人民政府：

我厅根据审计署今年审计工作会议关于强化审计、促进改革开放、维护经济秩序、继续进行财经法纪审计的精神，对国有大型企业××厂20××年度账目，于20××年×月×日至×月×日对该厂进行财经法纪审计，发现以下问题：

一、故意把部分产品销售收入500 000元推迟到下年，致使该年利润少计100 000元。

审计中发现该年12月28日出库单1050号甲产品100件，但未查见同日的销售发票存根，却查见了同日编制的预收销售账款500 000元的银行收款记账凭证。经向填发销售发票人员×××和编制银行收款记账凭证会计员×××查询，称是在厂长×××授意、财务科长×××的迎合下，由供销科长×××指使，将这项产品销售收入推迟到下年1月5日开出销售发票，并于同日转入产品销售收入的。经审查属实，并查明这项产品销售利润为100 000元。

二、故意提高产品成本，致使该年利润少计200 000元。

审查该厂产品明细账时，发现乙产品明细账户该年12月份未按规定的加权平均法计算出产品成本，而是在厂长×××授意、财务科长×××的指使下，由会计员×××以高于本月份的上月份产品单位成本计价，以致抬高了产品销售成本200 000元。

三、故意将应从递延资产中待摊大修理费计入管理费用，致使该年利润少计250 000元。

审查管理费用明细账"其他"账户时，发现该年12月20日支付修理费用250 000元。经查询系在厂长×××授意、财务科长×××指使下，由会计员×××将应从递延资产中冲销的大修费用计入，从而多计了管理费用250 000元，少计了该年利润250 000元。

四、故意在其他应付款中隐匿联营企业子工厂交来利润1 450 000元。

审查其他应付款明细账，发现××工厂账户有贷方余额1450 000元。经向编制过该账户记账凭证的会计员×××查询，答称这是厂长×××授意、财务科长×××指使这样编制的。又称××工厂是该厂投资的联营工厂，这项业务实际是收到联营工厂交来的该年利润。但审查工厂长期投资明细账，并未查见该联营工厂账户，而在其他应收款明细账中，却有这个明细账户，借方余额计10 000 000元，长期未动。经过通函询证，从这个工厂复函中，证实确属联营投资，并查见联营合同。这是故意将联营投资隐匿在其他应收款中，从而又在其他应付款明细账中虚设账户隐匿投资收益 1 450 000 元，并使该年利润少计 1 450 000 元。

以上四项弄虚作假账目，均经有关人员确认。由此而故意少计该年利润 2 000 000 元，应补交所得税 1 100 000 元，罚款 240 000 元，提取盈余公积 160 000 元，应付股息 300 000 元，应交上缴利润 200 000 元。对于由此而引起该年和次年账目上不实之处，应即加以更正。

该厂厂长×××授意弄虚作假，已经违反了《中华人民共和国会计法》《企业财务通则》《工业企业会计制度》有关规定。财务科长×××迎合厂长意图，出谋划策，在账上弄虚作假。供销科长×××，业务人员×××，会计人员×××、×××、×××，对于厂长和财务科长的授意和指使，既不进行抵制，又不向上反映，均违反了《中华人民共和国会计法》的有关规定。以上人员在审计过程中，尚能配合审计工作，如实交代，承认错误，写出检查，请求处分，并保证立即改正，绝不再犯。

附件：审计结构和决定通知、审计公函一份（按：附件略）

×× 省审计厅（公章）20×× 年 × 月 × 日

抄送：×× 省人民政府办公厅、×× 省监察厅、×× 省财政厅、×× 省工业厅。

（摘自俞纪东：《经济写作》）

6.根据以下审计工作底稿提供的基本素材，按照审计报告写作规范的要求，补充必要的、合理虚拟的材料，写成一份结构完整、能满足实际需要的审计报告。

[例 16-6]

××市审计局工业审计科第二审计小结工作底稿

据群众来信检举揭发，于 20×× 年 2 月 15 日至 2 月 25 日，对 ×× 服装厂 20×× 年度的财经法纪遵守情况进行审查。该厂概况（略）。

（1）2 月 15 日：发现产品销售收入不及时入账，少计应交税金 48 160 元。

（2）2 月 18 日：该厂领导认为企业效益好了，应让职工得到更多的实惠，故将甲产品 1 200 套，以产品质量有问题为名，削价 60% 售给职工，计减少销售收入 240 000 元，税金 79 200 元，利润 72 000 元。

（3）2 月 20 日：发现该厂私设"小金库"作不当开支。20×× 年共出售下脚废料、旧包装物等收入 63 680 元，均未入账，而由财务部门单独保管，用于不正当开支。经查证，20×× 年从"小金库"中支付礼金 23 000 元，尚余 40 680 元。

（4）2 月 23 日：副厂长张×等人借出公差游山玩水。他们借去广州联系业务之机，先后在上海、杭州、苏州、南京、九江、武汉等地逗留共 25 天，报销差旅费 32 100 元。经查证，正常出差旅费为 14 000 元，其余 18 100 元为绕道游山玩水所用。

附：违反财经法纪证明材料 4 份。

7.下面这篇审计报告虽然有内容，但内容不完备，表述形式不规范，读后请先指出存在哪些问题，然后予以改写。

[例 16-7]

今年三季度，我们对×××化学品厂上半年的财务状况进行了检查。通过查账，初步发现少结算利润 856 735.40 元，应补交所得税 471 204.47 元，调节税 257 002.62 元；在财务管理方面也存在不少问题，归纳起来有以下三个主要方面：

第一，_____。在化妆品生产中，包装材料所占比重很大，但该厂对包装材料没有严格的进厂验收和保管制度，生产耗用倒轧计算，忽高忽低，心中无数。如今年 2 月份生产的一批高档银耳珍珠蜜，实际完成产量 9 900 多瓶，但耗用瓶子竟达 20 000 多只，耗用瓶盖亦达 14 000 多只。在材料明细账上，经常出现红字。如一批包装"大众护肤霜"的盒子，生产实际耗用是 13 450 只，由于在材料支出账上多写了一个"0"，不仅账面出现了红字，而且虚增生产成本 23 116.04 元。据今年 1—6 月统计，该厂包装材料原因不明的盘亏和报废，未经领导批准就自行转账列入成本的金额共有 32 万元之多。

第二，_____。该厂目前外加工协作单位有 80 多个，委外加工材料有的比较贵重，如把珍珠加工成珍珠粉，人参加工成人参露等。据计算，一年委外加工的材料价值和费用合计约 1 000 万元。对这样大金额的进出，却没有一套严格的管理制度。不少加工业务中存在着无加工合同、无消耗定额、无质量标准、无工缴审核和无对账制度的"五无"情况。不少加工单位任意浪费加工材料不承担经济责任，如委托外地某制盒厂加工高级化妆品礼盒，发出丝缎 1 562.5 米，回厂产品实际上用料不到 500 米，损耗率高达 68%。但由于没有相应制度而无法追究，还有一些单位把多余的加工材料出售作为自己的收入。我们检查了一家工厂，发现×××化学品厂委托他们加工洗发精塑料瓶的下脚就有这种情况，后经我们提出，追回 1 万余元。

第三，_____。该厂的账册设置没有正式总账，采取以表代账；核算成本的表格和转账凭证填写草率马虎，难于审核检查；材料核算尤为混乱，收料单上的数量金额可以随便涂改。另外，该厂又不按照国家会计制度的核算规定计算材料成本差异，仅此一项，我们检查就发现少算利润 605 300.22 元。同时，该厂的销售成本计算也存在问题，如质量不好的产品退货，用红字发票冲减了销售收入，却不同时冲减销售成本，造成一些退货变成了账外物资，这次检查中就有 58 300.10 元。

以上检查中发现的问题，我们已向企业领导汇报，并与有关科室交换意见，提出加强财务管理的建议，企业领导比较重视，表示要把我们的建议列入企业整顿的内容。希你公司督促该厂及时纠正结算错误，落实改进措施。

8.某化肥厂将被并入化工集团公司，需要对其资产进行评估。下面是该厂提供的全年财务情况材料，请仅就这个部分，代审计机构为其出具一份审计报告。

[例 16-8]

在市委、市政府和上级主管部门的正确领导以及财政、税务、银行等部门的支持下，我厂认真贯彻执行深化企业改革的方针、政策，狠抓企业管理，促进了经济效益的大幅度提高。合成氨计划产量 11 000 吨，实际产量 13 827 吨，超产 2 827 吨，比去年 12 741 吨增长 8.5%；产值计划 890 万元，实际完成 890.2 万元，比去年 848.9 万元增加 4.9%。利润、流动资金、专项基金等主要经济指标创历史最好水平，较好地完成了今年的财务计划。现将执行情况分析如下：

一、实现利润分析

利润计划总额 194 万元，实现利润 194.6 万元，比去年增加 4.6 万元。利润增加的主要原因：一是销售数量增大，使利润增加 7.5 万元；二是化肥价格调整，增加利润 36.4 万元。也有一些客观原因使利润减少：一是销售成本增加，减少利润 25.92 万元；二是提取技术开发费，减少利润 14.5 万元；三是营业外支出增加，减少利润 3 万元；四是营业外收入减少，减少利润 0.2 万元。

二、产品成本分析

可比产品总成本比去年上升 259.2 万元，上升 23%。主要原因：一是原料、燃料、动力价格调高，增加成本 232.6 万元；二是费用增加，增加成本 104.3 万元。也有一些项目的可比产品成本降低，如煤、焦、电消耗减少，使成本下降 55.4 万元。

三、流动资金分析

1.流动资金下降。在生产能力提高，原、辅材料价格上涨的情况下，狠抓了流动资金管理，调整了各部门流动资金使用指标，促进了流动资金管理水平的提高。今年定额流动资金平均余额 97.3 万元，比去年下降 0.7 万元。

2.流动资金平均余额 189 万元，百元销售收入占用流动资金 11.82 元，比计划的 12.98 元下降 1.16 元，节约资金 18 万元，达到全国同行业先进水平。

3.百元产值占用定额流动资金 10.91 元，比去年的 11.52 元下降 0.61 元。定额流动资金周转天数 22 天，比去年 31 天加快 9 天，节约定额资金 40 万元，全年未向银行贷款。

四、专用基金分析

今年提取大修理基金 43.6 万元，职工福利基金 4.1 万元，企业留利 106.5 万元，按 6∶2∶2 的比例分成，其中生产发展基金 63.9 万元，职工奖励基金 21.3 万元，职工福利基金 21.3 万元。年末各项基金总额计 183.3 万元，为企业扩大再生产打下良好的基础。

9.因全市商业布局调整，××路菜场由 A 区商业局划入 B 区商业局。为了真实、准确地反映该菜场经营状况，特请社会审计机构对其财务状况进行了审计。下面是财务状况的主要数据，请据此出具审计报告。

[例 16-9]

（一）商品销售额增加。本期商品销售额为 385 万元，比计划额增长 14.34%，比上年同期增长 26.2%。

（二）费用水平下降。本期费用水平为 4.01%，与上年同期相比，下降幅度为 10.09%，相对节约费用额为 1.73 万元。

（三）全部流动资金周转加快。本期全部流动资金周转天数为 10.4 天，比上年同期加快 0.7 天，相对节约流动资金占用额 1.12 万元；其中商品资金周转天数为 7.2 天，比上年同期慢 0.2 天，相对平均多占用商品资金 3 200 元。

（四）利润额增多。本期纯利润额为 16.42 万元，比上年同期增长 47.61%；每百元销售额平均利润 4.27 元，比上年同期上升 16.99%。

10.根据以下材料，自拟一份审计报告（所缺内容自补）。

[例16-10]

审计人员在对某股份有限公司的20××年资产负债表审计时发现，该公司在本年内将房屋建筑物的折旧年限由20年改为40年，将机器设备的折旧年限由10年改为20年，将运输工具的折旧年限由5年改为10年。由于资料有限，审计人员无法断定上述折旧年限的变更是否合理。根据会计估计，折旧年限的变更对当期利润的影响为1 078万元，而该公司当期利润总额为10 568万元。公司20××年度净资产收益率10.70%，若剔除会计估计变更而增加的利润，公司当期的净资产收益率将下降至10%以下。其他方面情况正常。

11. 复印一份审计报告，根据《审计署关于在全国实行统一审计文书格式的通知》（详见第1题）或《独立审计具体准则第7号——审计报告》（详见第4题）有关规定，从内容到格式对该文做评析，指出属什么类，是否符合该类的有关写作规定。不少于300字。

第十七章　市场调查与预测

一、知识题

1.什么是市场调查与预测？两者是什么关系？

2.预测学是怎样产生和发展的？在市场经济中它有什么重要作用？

3.市场预测有哪些种类？明确预测的种类有什么意义？

4.市场预测应搜集哪些资料？可通过哪些途径去搜集？

5.预测的技术方法有哪些种类？

6.常用的经验判断类方法有哪些？特尔菲法怎么操作？

7.常用的统计分析类的方法有哪些？平均数法有什么利和弊？

8.预测报告的结构不外乎概述、预测、建议三部分，其中概述部分应写什么内容、预测部分应怎样写才合乎逻辑、推导合理？建议部分应能发挥什么作用？

9.撰写预测报告为什么要注意及时、准确和经常？

二、实践题

1.下例《我国彩电城乡需求量的预测分析》的预测期已过，但它作为运用定量预测方法的一种模式，仍然是学习写作的范例。读后请回答：

（1）预测报告与调查报告有何异同？

（2）本例写作旨意是什么？适用于什么对象？

（3）预测报告的内容一般有三个部分，本例哪些材料属概况，哪些材料属分析预测，哪些材料属建议？它们之间是什么关系？

[例17-1]

我国彩电城乡需求量的预测分析

娄静　陈德棉　黄渝祥　俞秀宝

（同济大学　经济与管理学院　上海200092）

摘要：本文从城乡百户居民彩电拥有量出发，经过回归分析，预测出2000—2003年的城乡百户居民拥有量。同时对城乡人口数量也进行回归分析，预测出未来几年的城乡人口变化趋势，并在考虑家庭规模变化的基础上，调整到户数。然后据此计算出每年城乡彩电的新增需求和更新需求，从而得出国内彩电总需求量，并在此基础上结合实地调查结果，得出各规格彩电的需求量。

关键词：价格战、百户居民拥有量、回归分析、新增需求、更新需求。

1.背景和意义

1998年以来，中国的彩电工业发生了一系列重大的事件。这些事件就连西方市场经济发展历史过程中都未曾出现过，其剧烈程度和影响力，超过了被经济学家所称的"过度竞争"，是一种"超过度竞争"。这种竞争主要体现为以争夺市场份额为核心的价格战愈演愈烈，许多彩电企业甚至不惜血本，以低于成本价销售彩电，企业效益急剧滑坡。也有的企业销售低价贴牌机，走私国外元器件，损害了国家利益，也威胁到整个彩电行业的生存与发展。

价格战的频频爆发，主要是因为有限的市场容量和不断扩大的产量之间的矛盾。由于彩电一条装配线的进口价格只在150万到700万美元之间，而且技术也只是电子元器件的组装和外围技术，相对简单，因此彩电行业的进入屏障低，加上彩电导入期时国内巨大的市场规模，自然造成了大量企业涌入。这样生产能力越来越高，产量也逐年上升，但由于市场容量有限，因此生产能力利用率比较低，见表17-1。

表 17-1　　　　　　　　　　1995—1998 年彩电生产能力利用率　　　　　　单位：万台

年份	1995	1996	1997	1998
产量	1 912	2 095	2 496	3 200
生产能力	4 079	4 479	4 622	4 830
生产能力利用率（%）	0.47	0.47	0.54	0.66

（摘自《中国电子工业年鉴》）

到1999年我国彩电的生产能力已经达到5 000万台以上，远远大于国内市场容量。因此彩电的降价行为，都是市场竞争"逼"出来的。面对有限的客源和自身无限的发展欲望，商家往往会以低于市场上其他厂家同类产品的价格主动或被动地参与市场角逐，与其竞争对手争夺市场，争夺"商机"，从而企求摆脱危机，不断提高品牌市场占有率和拥有更大的市场份额。

那么国内彩电市场还有没有潜力可挖？还有多少潜力可挖？这是众多彩电厂家关心的问题。众所周知，我国城镇1998年彩电拥有率已经达到105.43%，基本已经饱和，但有很多彩电产品已经进入了更新换代期，并且随着经济的发展，城镇里一户多机的现象也会越来越多，拥有率达到200%也是有可能的。农村彩电拥有率只有32.59%，从这方面来看，农村市场目前潜力还是很大的，尤其是随着去年开始的全国大范围的农用电网改造和农村电价综合整治，农村地区的市场环境大为改善，正处于消费成长期的中国广大农村地区肯定会在数年之内迅速形成消费高潮。因此有很多专家学者对彩电未来几年的需求前景看好。来自国家经委的有关专家称到21世纪初，我国将迎来第三个家电销售高峰，但是对城乡未来几年彩电的需求量没有一个定量的数据，本文将在这方面做出预测，为彩电厂家的生产决策提供参考。

2.预测步骤

2.1　2000—2003年彩电需求问题预测

2.1.1　2000—2003年彩电百户拥有量预测

根据1985—1998年城乡百户彩电拥有量的数据（《中国统计年鉴》，1999）可以得到城镇百户居民和农村百户居民彩电拥有量的回归方程（其中y表示百户拥有量，x表示年份）：

城镇：$y=0.0037x^3-0.3071x^2+10.561x+6.6972$

$R^2=0.998$

农村：$y=-0.0011x^4+0.0462x^3-0.3768x^2+1.7415x-0.6913$

$R^2=0.9989$

根据回归方程，预测结果见表17-2。

表 17-2 2000—2003 年中国彩电百户拥有量 单位：台

年份	2000	2001	2002	2003
城镇	112.2	115.7	118.9	121.9
农村	45.3	51.9	58.5	64.7

2.1.2 预测 2000—2003 年的城乡人口数量和户数

根据 1985—1998 年城乡人口数据（《中国统计年鉴》，1999）可以得出总人口和城镇人口的回归方程如下（其中 y 表示人口，x 表示年份）：

总人口：$y=1\,454.7x+105\,092$　　$R^2=0.9951$

城镇人口：$y=964.98x+24\,488$　　$R^2=0.9954$

同时根据家庭规模（《中国统计年鉴》，1999），按照城乡和年份差别调整后可得出 2000—2003 年户数变化，见表 17-3。

表 17-3 2000—2003 年城乡户数变化 单位：万户

年份	总户数	农村户数	城镇户数
2000	35 416.94	22 098.82	13 318.12
2001	35 887.96	22 243.43	13 664.53
2002	36 359.50	22 388.32	13 971.18
2003	36 831.54	22 533.50	14 298.04

2.1.3 城乡彩电新增需求预测

根据上述数据，我们可以计算：

$$\begin{array}{c}\text{第N年农村}\\ \text{新增需求}\end{array}=\begin{array}{c}\text{第N年}\\ \text{农村户数}\end{array}\times\begin{array}{c}\text{第N年农村}\\ \text{百户彩电拥有量}\end{array}-\begin{array}{c}\text{第（N-1）年}\\ \text{农村户数}\end{array}\times\begin{array}{c}\text{第（N-1）年农村}\\ \text{百户彩电拥有量}\end{array}$$

$$\begin{array}{c}\text{第N年城镇}\\ \text{新增需求}\end{array}=\begin{array}{c}\text{第N年}\\ \text{城镇户数}\end{array}\times\begin{array}{c}\text{第N年城镇彩电}\\ \text{百户年拥有量}\end{array}-\begin{array}{c}\text{第（N-1）年}\\ \text{城镇户数}\end{array}\times\begin{array}{c}\text{第（N-1）年城镇}\\ \text{百户彩电拥有量}\end{array}$$

2.1.4 城乡彩电更新需求预测

根据彩电行业的专家和用户的判断，彩电的生命周期为 12~15 年（见《中国家电产业研究》分报告一）。我们假定农村彩电平均生命周期为 14 年，城镇彩电平均生命周期为 13 年。按照这些数据我们可以计算：

$$\begin{array}{c}\text{第N年农村彩电的}\\ \text{更新需求}\end{array}=\begin{array}{c}\text{第（N-14）年的}\\ \text{农村户数}\end{array}\times\begin{array}{c}\text{第（N-14）年的}\\ \text{农村彩电百户拥有量}\end{array}-\begin{array}{c}\text{第（N-15）年的}\\ \text{农村户数}\end{array}\times\begin{array}{c}\text{第（N-15）年农村}\\ \text{彩电百户拥有量}\end{array}$$

$$\begin{array}{c}\text{第N年城镇彩电的}\\ \text{更新需求}\end{array}=\begin{array}{c}\text{第（N-13）年的}\\ \text{城镇户数}\end{array}\times\begin{array}{c}\text{第（N-13）年的城镇}\\ \text{彩电百户年拥有量}\end{array}-\begin{array}{c}\text{第（N-14）年的}\\ \text{城镇户数}\end{array}\times\begin{array}{c}\text{第（N-14）年的城镇}\\ \text{彩电百户拥有量}\end{array}$$

2000—2003 年中国彩电的新增需求见表 17-4。

表 17-4 2000—2003 年中国彩电的新增需求 单位：万台

年份	2000	2001	2002	2003
农村	1 492.42	1 533.57	1 552.83	1 482.01
城镇	847.86	836.97	826.66	817.23
合计	2 340.28	2 370.54	2 379.49	2 299.24

2000—2003年中国彩电更新需求见表17-5。

表 17-5 **2000—2003 年中国彩电更新需求** 单位：万台

年份	2000	2001	2002	2003
农村	143.72	166.09	97.90	175.94
城镇	779.34	995.63	867.50	871.56
合计	923.06	1 161.72	965.40	1 047.50

2.1.5 2000—2003年彩电总需求预测

有了彩电的新增总需求和更新总需求，就可以很容易得出彩电总的国内需求，见表17-6。

表 17-6 **2000—2003 年彩电的国内总需求** 单位：万台

年份	新增需求	更新需求	国内总需求
2000	2 340.28	923.06	3 263.34
2001	2 370.54	1 161.72	3 532.26
2002	2 379.49	965.40	3 344.89
2003	2 299.24	1 047.50	3 346.74

2.2 2000—2003年各规格彩电需求量细分

从彩电的需求规模来看，信息产业部彩电司公布的数据为29英寸彩电1999年1—11月国内市场销售比率已达47.3%，成为主流，21英寸占24%，25英寸占21.2%，34英寸占2.8%。其中农村和城市差别较大，农村彩电的家庭普及需求已经成为最主要需求，产品要求技术含量不一定很高，但价格要低，需求相对集中。城市的彩电需求呈现更多的个性化和高档化，特别强调了新技术的含量，大屏幕、纯平、倍频、环保和数字化高清晰度彩电的快速增长。为了进一步弄清人们对各种规格彩电的购买偏好，我们立足于同济大学对全国各地的大学生做了一次调查，主要涉及目前他们家庭彩电的拥有情况和5年内家庭购买彩电的意向。共发放问卷300份，面向城市的200份，面向农村的100份，其中有效问卷分别为194份、96份。统计结果见表17-7。

表 17-7 **农村和城市 5 年内购买意向比率（%）**

彩电尺寸	农村	城市
<21	5	1
21	30	16
25	40	22
29	23	51
34	2	8
42	—	2

虽然1997—1999年农村彩电普及主要集中在21英寸规格，但从表17-7分析来看，农

村25英寸需求量将在未来5年内上升，这个趋势与国务院、信息产业部、国家信息中心、国家家电协会、北京中企市场研究中心联合发布的《1999—2005年中国农村家电市场调查研究咨询报告》较为吻合，这份权威的最新调查统计表明，农民预期普及的最大主流产品将为25英寸，这一主流趋势将会持续2~3年，29英寸又将成为最大的普及类规格，这一规格持续到农村家庭基本普及完毕。此外，该报告统计了未来5年内农村彩电的分布是21英寸占31%，25英寸占44%，29英寸占25%，也和本次调查较为一致。综合以上因素并结合1998年彩电的实际产量，我们得到表17-8的结果。

表 17-8　　　　　2000—2003 年彩电的平均需求量与 1998 年彩电产量对比　　　　单位：万台

规格（英寸）	<21	21	25	29	34	>34	合计
农村	83.06	498.34	664.45	382.06	33.22	0.00	1 661.12
城市	17.11	273.71	342.14	872.45	171.07	34.21	1 710.69
合计	100.17	772.05	1 006.59	1 254.51	204.29	34.21	3 371.81
1998 年产量	309.36	1 514.98	785.16	—	1 000.09	—	3 619.59

注：1998年彩电产量来源于《中国电子工业年鉴》，1999。

3.结论与讨论

由以上分析可知，尽管农村市场还有很大的需求潜力，但是，根据目前的趋势，彩电生产厂家总的生产能力还远远大于需求。另外，根据目前我们对城乡居民今后购买彩电尺寸偏好情况的调查表明，不同尺寸的市场需求情况不同。小尺寸（≤21英寸）彩电供远大于求，而大尺寸（>25英寸）彩电供小于求。现在这一趋势已经十分明显，大屏幕彩电进口增加，而小屏幕彩电出现滞销。现在各大彩电厂商已经意识到这个问题，着手进行结构的调整，同时也带动了上游彩管产业的结构调整。由于29英寸彩电的热销，八大彩管厂已经有5家准备在2000年增加29英寸彩管生产线，但市场容量有限，我们认为彩电厂家今后需要冷静地思考，并根据市场的导向和竞争对手的情况调整发展战略。

（摘自《预测》）

2.以下案例《2004年上半年杭州大米市场价格分析及预测》已经过时，但作为运用定性预测方法的一种模式，仍然是学习写作的范例。读后请回答：

（1）本例写作旨意是什么？适用于什么对象？

（2）定性预测法的基本手段是什么？

（3）定性预测有什么利和弊？为什么定性、定量法应结合运用？

[例 17-2]

2004年上半年杭州大米市场价格分析及预测

上半年，杭州市粮油批发交易市场大米价格最主要的特点：

一是大米价格冲破历史最高纪录。杭州市粮油批发交易市场自1992年5月成立以来，江苏晚粳米的最高价格纪录发生在1995年10月27日，批发价格为3 160元/吨；安徽晚粳米的最高价格纪录发生在1995年8月22日，批发价为2900元/吨；晚籼米的最高价格纪录发生在1995年6月10日，价格为2520元/吨。而今年的3月2日，杭州市粮油批发交易市场江苏晚粳米的批发价格为3200元/吨，安徽晚粳米的批发价格3020元/吨，晚籼米的批发价格为2600元/吨。这三个主流品种的大米价格均超过历史最高纪录。

二是大米价格冲高回落，但批发价格仍比年初有较大幅度的上涨。自3月2日大米价格达到历史最高纪录之后，大米价格开始缓慢下跌。但大米的批发价格仍比年初有较大幅度的上涨。6月30日与年初相比，其中，东北晚粳米上涨了540元/吨，涨幅为23.5%，现价（6月30日的批发价格下同）2840元/吨；江苏产的晚粳米上涨了560元/吨，涨幅为23.3%，现价2960元/吨；安徽产的晚粳米上涨了470元/吨，涨幅为20.5%，现价2760元/吨；安徽产的晚籼米上涨了500元/吨，涨幅为24.3%，现价2560元/吨。假如与去年6月30日同期相比，则涨幅更大。其中东北晚粳米上涨了740元/吨，涨幅为35.2%；江苏产的晚粳米上涨了1300元/吨，涨幅为78.3%；安徽产的晚粳米上涨了1200元/吨，涨幅为76.9%；安徽产的晚籼米上涨了1080元/吨，涨幅为73.0%。

三是东北大米到货量明显增多，抑制了大米价格的进一步上扬。由于去年安徽、江苏农民种粮的积极性不高，加上受洪水灾害的影响，导致粮食减产，安徽、江苏等大米到杭州市场的成交量比往年大幅减少，而东北大米大量调入杭州市，平抑了大米市场的价格。以往江苏大米价格低于东北大米，而今年上半年出现了东北大米价格低于江苏晚粳米的少有现象。

下半年大米市场的价格趋势，主要还是看供求关系的影响，有利于大米价格上涨的因素是：

一、在新粮上市前的7月至10月间，大米供应将进入青黄不接的时期，无论是江苏晚粳米还是安徽晚粳米，货源将大大减少，有利于大米价格的上涨。

二、在经过了4月份的雨季，又经过了6、7月梅雨季节，进入盛夏的高温，剩下的大米品质一般都是好的，有利于大米价格的上扬。

三、农民种粮成本高，一些化肥农资涨价，有利于大米价格的上涨。

四、治理公路超载，运输成本提高，有利于大米价格的上涨。

五、从政策面来看，国家为了提高农民的收入，提高了粮食收购的保护价，有利于大米价格的上扬。

抑制大米价格上涨的因素是：

一、进入盛夏之后，人们对大米的需求减少，销售进入淡季，不利于大米价格的上涨。

二、国家采取有力措施，保护农民的种粮积极性，如对种粮农民每亩10元的补贴，出台了粮食最低保护价，减免农业税等，鼓励农民种粮，但粮食多了，价格上涨就比较困难。

综合来看，杭州市7、8、9三个月大米价格可能小幅上涨，10、11、12月三个月可能小幅下跌。

（摘自"阿里巴巴"网站）

3.下面是一篇关于网络游戏前景的报道性文章。请参考它提供的资料，再自己搜集些近期网络发展情况的资料，确定一个你比较有兴趣的主题，如网络文化、网络游戏产品等，写一篇应用文体的市场预测报告。

[例17-3]

网络游戏"钱"景看涨

10月23日至26日，首届中国国际网络文化博览会将在北京举行，这场博览会将围绕网络游戏、网络音乐、网络动漫、网络视频、网络知识产权保护和内容管理五大领域展开。据了解，政府举行这场博览会的目的是为我国尚不成熟的网络文化产业搭建一个展示平台，以将分散的网络文化产业凝聚起来。

"今后几年必定是网络内容为王的天下，以网络游戏、网络动漫、网络视频、网络音乐等为主导的网上文化娱乐内容必将得到爆破式发展。"展望网络文化产业的未来，主管这一领域的文化部网络文化处处长柳士发日前非常肯定地向记者表示。

柳士发的信心来自于市场。近两年来，由于宽带网在我国快速普及，适于宽带网用户享用的电影、电视剧、动画片、音乐会实况转播等音像内容在网上急剧增加，网络演员、网络主持人等传统媒体所有的形式今后也将成为网络内容的新"亮点"。

但这些还不是最令市场兴奋的。在我国目前的网络文化产业中，网络游戏和短信才是名副其实的"龙头老大"。在传统的依靠广告收入盈利的模式受挫后，许多电信网络服务商正是抓住了这两棵"救命草"才得以存活下来。据统计，中国移动仅去年的短信就达到800亿条，联通也超过了100亿条。在今年7月的一份官方调查报告中，网易的短信业务每月达到2 000万元，搜狐和新浪也在1 000万元以上。

比较而言，网络游戏的市场前景更被看好。根据CCID的一份统计数据，去年我国网络游戏市场规模已超过电影，达10.2亿元人民币，而同期电影的票房总收入不到9亿元，预计今年我国网络游戏市场将保持增长，并超过音像市场，规模可能超过20亿元，而后者的规模是18亿元。明年中国的网络游戏市场规模将达到80亿元。

"政府今后的发展重点也将是网络游戏，"柳士发说，"因为经济和文化的发展都应该坚持需求导向，宽带产业的未来在于内容产业，而网络游戏的市场需求很大，此外，短信市场的发展已经比较成熟，上升的速度和潜力已不会比网络游戏大。"

事实上，政府已经做出了动作。今年9月，网络游戏技术研发被纳入了国家863计划，网络游戏的合理性首次得到官方的肯定；紧接着，文化部又向国内12家网络游戏业的实力厂商首批颁发了"网络文化经营许可证"。"这只是一个表明政府态度和政策的信号。"柳士发说。

这个信号表明政府将加大对本土网络游戏的扶持力度。目前，由于技术滞后，国内网络游戏市场基本上以代理国外游戏为主，核心技术的80%被外商掌控，目前韩国游戏占据了国内游戏市场的半壁江山，有统计显示，韩国游戏在中国每年的收入至少有3亿元。政府希望通过863计划的支持，为国内游戏厂商搭建一个核心技术平台，保护中国游戏软件的自主知识产权。

另一个值得注意的官方动作是，今年年内文化部将加大对网络游戏的监管力度，其中很重要的一个举措就是实行进口游戏审查制，对内地公司代理外国网络游戏发行采取一定的限制措施。柳士发透露，科技部也在制定相关的科技发展规划，准备把网络游戏列入现代服务业，加以扶持和发展。不过，柳士发同时也表现了忧虑，作为高科技与文化相结合的产物，网络文化产业尤其是网络游戏，政府的管理肯定会存在一定的难度。如何划分管理权限和范围，以及如何加强对内容的监管，都不是容易的事情。

对于本土游戏的发展方向，柳士发表示，开发商理应充分利用中国的古代文化资源，实际上韩国打入中国的一些网络游戏也是中国题材内容的，像《三国志》《西游记》等优秀作品将成为开发首选。

不过，政府也不会忽略网络文化中其他产业的发展。柳士发表示，网络游戏受到关注较大，只是因为它是这个行业中发展比较成功的一个模式，而政府对整个网络文化产业的依法管理和规划才刚刚开始。政府将以此为依托加快整个产业的发展。

（摘自中国商业网）

4.某卷烟厂是个近年新建的厂，经济效益一直波动较大，面临关停并转或继续发展的两种选择。主管部门拟对其前景进行分析预测。请根据下列调查组提供的经济效益分析报告（仅节录其概况部分的两张统计表），写一份关于××卷烟厂发展预测报告。

[例17-4]

某厂某年度上半年有关指标对比情况见表17-9。

表17-9　　　　　　　　某厂某年度上半年有关指标对比表

指标	上年上半年	本年上半年计划	本年上半年实际	本年与上年对比		本年与计划对比	
				差异	%	差异	%
产量（万箱）	3.8	4.2	4.2	+0.4	+10.5	0	0
销售量（万箱）	3.8	4.2	4.0	+0.2	+5.3	-0.2	-4.8
销售收入（万元）	2 000	2 200	2 060	+60	+3.3	-140	-6.4
销售利润（万元）	90	100	86	-4	-4.4	-14	-14
单箱利润（元）	23.68	23.92	21.5	-2.18	-9.2	-2.42	-10.1

从表17-9可以看出，本年上半年实际与上年同期相比，产量继续上升，增长10.5%，销售量增长5.3%，销售收入增长3.3%，但销售利润却下降4.4%，单箱利润下降9.2%。如与计划对比，除产量计划完成外，其他指标都未完成，特别是销售利润指标比计划下降14%，单箱利润下降10.1%。

经济效益差，这是该厂需要重点分析研究的重大课题。为了分析这一问题，现收集有关经济效益的数据资料和情况以及国内同行业的有关资料如下（见表17-10）：

从表17-10可以看到，与同行业先进水平相比，该厂各项指标都相差很远。与全国平均水平相比，该厂各项指标都有不小差距。足以说明该厂的人力、物力、财力利用效果欠佳，生产耗费过多，利润减少，经济效益差。

表 17-10　　　　　　　　　　　某厂上年度有关指标对比表

指标	同行业先进水平	全国平均水平	本厂	与先进水平对比		与全国平均水平对比	
				差异	%	差异	%
劳动生产率（箱/人）	400	240	221	-179	-44.8	-19	-7.9
产品合格率（%）	99.9	99.5	98.1	-1.8	-1.8	-1.4	-1.4
单箱消耗烟叶（kg）	51	56	58	+7	+13.7	+2	+3.6
煤（kg）	18.9	19.2	21.1	+2.2	+11.6	+1.9	+9.9
电（度）	6.3	8.9	10.9	+4.6	+73	+2	+22.5
百元产值占用流动资金（元）	2.7	9.8	10.4	+7.7	+285.2	+0.6	+6.1
单箱利润（元）	52.20	25.10	23.20	-29	-55.6	-1.9	-7.6

5.下面是某饮料公司发布的一个关于果汁及果汁饮料市场需求的调查材料。调查是预测的前提，预测是调查的延伸。有了基础就可以在上面造房子。请读此材料后将此课题深入下去，写成一篇果汁及果汁饮料市场需求预测报告。

[例 17-5]

　　中国饮料工业协会统计报告显示，国内果汁及果汁饮料实际产量超过百万吨，同比增长 33.1%，市场渗透率达 36.5%，居饮料行业第四位，但国内果汁人均年消费量仅为 1 千克，为世界果汁平均消费水平的 1/7，西欧国家平均消费量的 1/4，市场需求潜力巨大。

　　我国水果资源丰富，其中，苹果产量是世界第一，柑橘产量世界第三，梨、桃等产量居世界前列。据权威机构统计预测，到 2005 年，我国果汁产量已达 150 万~160 万吨，人均果汁年消费量达 1.2 千克左右。2017 年，预计果汁产量达 195 万~240 万吨，人均年消费量达 1.5 千克。

　　近日，我公司对××市果汁饮料市场进行了一次市场调查，根据统计数据，我们对调查结果进行了简要的分析。

　　追求绿色、天然、营养成为消费者和果汁饮料的主要目的。品种多、口味多是果汁饮料行业的显著特点，据××市场调查显示，每家大型超市内，果汁饮料的品种都在 120 种左右，厂家达十几家，竞争十分激烈，果汁的品质及创新成为果汁企业获利的关键因素，品牌果汁饮料的淡旺季销量无明显区分。

　　目标消费群——调查显示，在选择果汁饮料的消费群中，15~24 岁年龄段的占了 34.3%，25~34 岁年龄段的占了 28.4%，其中，又以女性消费者居多。

　　影响购买因素——口味：酸甜的味道销得最好，低糖营养性果汁饮品是市场需求的主流。包装：家庭消费首选 750ml 和 1L 装的塑料瓶大包装；260ml 的小瓶装和利乐包为即买即饮或旅游时的首选；礼品装是家庭送礼时的选择；新颖别致的杯型因喝完饮料后瓶子可当茶杯用，所以也影响了部分消费者的购买决定。

　　饮料种类选择习惯——71.2% 的消费者表示不会仅限于一种，会喝多种饮料；有什么喝什么的占了 20.5%；表示就喝一种的有 8.3%。

品牌选择习惯——调查显示，习惯于多品牌选择的消费者有54.6%；习惯性单品牌选择的有13.1%；因品牌忠诚性做出单品牌选择的有14.2%；价格导向占据了2.5%；追求方便的比例为15.5%。

饮料品牌认知渠道——广告：75.4%；自己喝过才知道：58.4%；卖饮料的地方：24.5%；亲友介绍：11.1%。

购买渠道选择——超市购买：61.3%；随时购买：2.5%；个体商店购买：28.4%；批发市场购买：2.5%；大中型商场购买：5.4%；酒店、快餐厅等餐饮场所也具有较大的购买潜力。

一次购买量——选择喝多少就买多少的有62.4%；选择一次性批发很多的有7.6%；会多买一点存着的有29.9%。

6.下面是《2000—2010年化学建材需求预测》（节录其中部分产品）。这份预测仅仅表述了结论。需要了解此类产品发展趋势的人，读后还是莫名其妙，无所适从。请按预测报告的写作规范，予以充实改写。允许必要的合情合理的虚拟。

[例17-6]

1.塑料异型材和门窗

预计到2000年，全国塑料异型材需求量为20万吨，可组成1 000万平方米塑料门窗。

预计到2010年，全国塑料异型材需求量为50万~60万吨，可组成塑料门窗2 500万~3 000万平方米。

2.塑料管道

预计到2000年，全国塑料管道需求量为40万吨（其中33万吨排水管、7万吨给水管），塑料管道与管件不配套问题基本可解决。预计到2010年，全国塑料管道需求量将达到100万吨，品种包括塑料给水管、电线导管、冷热水管和燃气管等。

3.塑料地板

预计到2000年，全国塑料地板需求量为800万平方米。预计到2010年，全国塑料地板需求量将达到1.5亿~2亿平方米。届时，各种塑料地板（包括弹性卷材地板、半硬质塑料地板和柔性卷材地板）和各种功能地板（抗静电、防腐蚀、防火和保健）的品种、档次将有明显的提高，产品质量可基本满足不同层次的需求。

4.化纤地毯

预计到2000年，全国化纤地毯需求量为1 200万平方米。预计到2010年，全国化纤地毯需求量将达到5 000万~8 000万平方米，品种基本可配套，可满足不同建筑物对抗静电、引燃、防毒、防玷污和耐磨等不同功能的需求。

5.建筑涂料

预计到2000年，全国建筑涂料市场需求量为100万吨，中、高档涂料将占较大比例。预计到2010年全国建筑涂料需求量将达到160万吨。

6.壁纸、墙布

预计到2000年，全国壁纸、墙布的市场需求量为2.5亿~3亿平方米。胶印壁纸、纯天然壁纸、水墨印刷及其他功能的壁纸将得到进一步发展，可基本上满足国内高级宾馆、饭店的需要。预计到2010年，全国壁纸、墙布的市场需求量将达到4亿平方米以上，并有部分产品可供出口。

7.根据下列情况，写一份小城自行车需求预测。

［例17-7］

××市是个人口约60万的新建县级市，街道宽阔平坦，环境规划较好，目前只有两路公交车。由于本市有5个新建万人大厂，人口成分中青年占60%以上，女性占55%以上。自行车需求的潜力很大。2005年销售自行车6万辆。2006年销售7万辆，其中男车3.3万辆，女车3.7万辆。男车中飞鸽、永久牌和山地变速车销售较好，女车中五羊、三枪、斯布瑞克、安琪尔等新牌彩车销售较好。2007年自行车销售面临的形势是：（1）销售价格上扬；（2）出租汽车增多，且价格下降；（3）环保部门和政府严格控制轻骑、摩托车的出售和使用；（4）工人工资增加。

8.下面是某电脑公司销售新上市的SUM牌纯平17英寸显示器报表和对部分顾客调查询问的材料，请根据这些材料写一份短期市场预测报告。

［例17-8］

（1）顾客调查询问材料

从20××年1—3月这3个月中，新上市的SUM牌纯平17英寸显示器销售情况良好，根据各销售点直接询问，汇总情况如下：

①30%的顾客认为纯平显示器效果好，适合显示游戏画面或看VCD，但价格还是贵，如果便宜20%，就可购买。

②30%的顾客认为SUM牌纯平17英寸显示器的价格与同类产品相比，质量好且价格便宜8%，相对于平均价格为4 000元的纯平17英寸显示器来说，其便宜了320元，所以愿意购买。

③30%的顾客认为SUM牌纯平17英寸显示器，在价格相对便宜的情况下，其功能在刷新频率范围上比其他品牌宽，所以愿意购买。

④10%的顾客认为SUM牌纯平17英寸显示器虽然不错，但与其同品牌的SUM牌超平17英寸显示器相比，价格高出了20%，还是贵了些，限于条件，所以购买超平显示器。

（2）有关销售情况统计表（见表17-11）

表17-11　　　　　　　　　　**有关销售情况统计表**

时间	SUM牌纯平17英寸		SUM牌超平17英寸		APP牌超平17英寸		APP牌纯平17英寸	
	单价（元）	销售（台）	单价（元）	销售（台）	单价（元）	销售（台）	单价（元）	销售（台）
1月	3 680	120	2 944	200	3 100	149	4 000	80
2月	3 680	140	2 944	180	3 100	130	4 000	75
3月	3 680	146	2 944	160	3 100	116	4 000	61

（3）4月接到通知，SUM牌纯平17英寸显示器价格下调15%，SUM牌超平17英寸显示器价格下调20%，APP牌超平17英寸显示器价格下调18%，APP牌纯平17英寸显示器价格下调20%。

9.读下列 2007—2010 年上海市消费者单项满意度指数比较表。请在此基础上，以定量预测法为主，结合定性预测法，预测 2011 年度的指数。可以全部做，也可以只做大类。可以围绕本案例做，也可以参考本案例，分析预测你所在城市、单位的情况。

[例 17-9]

2007—2010 年上海财经大学上海市消费者单项满意度指数比较见表 17-12。

表 17-12　　**2007—2010 年上海财经大学上海市消费者单项满意度指数比较**

指数名称	2007 年度	2008 年度	2009 年度	2010 年度
上海市消费者满意度指数	70.98	66.91	65.85	66.30
食品大类	69.52	65.42	65.24	65.25
大米	72.33	69.68	68.86	67.07
鲜肉	68.64	66.23	65.87	66.26
水产品	68.09	64.75	63.81	63.84
鲜果	72.28	68.32	67.16	65.59
蔬菜	69.96	67.53	66.58	65.10
奶制品	76.98	62.07	67.36	67.94
饭店	67.83	63.83	63.62	64.49
衣着大类	68.25	65.83	65.87	66.14
服装	68.46	66.09	65.94	66.09
皮鞋	67.49	64.89	65.59	66.34
家庭设备用品及服务大类	75.21	70.78	69.01	70.42
空调	76.30	71.41	68.55	70.62
电冰箱	76.53	72.13	69.55	70.68
洗衣机	74.83	70.48	68.95	69.95
教育文化娱乐服务大类	74.10	70.34	68.05	68.16
电视机	75.00	71.28	69.34	70.69
电脑	74.26	69.71	68.26	68.90
书报杂志	76.91	73.81	70.33	70.93
电视节目	77.65	74.00	70.20	70.03
教育	71.91	68.15	66.52	66.40
医疗大类	65.00	60.51	59.10	61.13
医院	65.00	60.51	59.10	61.13
居住大类	71.53	67.72	66.21	65.86
自有住房	69.96	66.80	65.13	65.40
租用住房	62.81	55.48	60.12	57.27
水	71.77	69.51	66.52	66.37
电	75.61	71.44	69.57	68.49
煤气	75.53	71.41	67.79	68.03

指数名称	2007 年度	2008 年度	2009 年度	2010 年度
交通和通信大类	72.20	67.48	65.71	67.23
市内公共交通	65.17	60.61	59.64	62.16
航空运输	73.99	68.98	67.67	66.20
铁路运输	68.99	63.58	61.76	64.78
自备汽车	77.66	72.46	70.00	71.61
固定电话服务	75.38	71.71	69.82	69.64
移动电话服务	72.24	66.73	64.23	65.72
网络服务	68.70	64.78	64.12	65.04

注：数据来源于上海财经大学应用统计研究中心。

第十八章　招标书和投标书

一、知识题

1.什么是招标、投标？采用招标、投标方式有什么意义？

2.招标、投标活动一般要经过哪些程序？

3.招标方准备的招标材料包括哪些？如何发布？

4.投标方表示投标意愿要用哪些文字？如何递送？

5.开标、评标如何进行，有哪些重要规则？

6.公开发布的招标书（招标公告）应包括哪些内容，它与商业广告有什么区别？

7.招标公告和邀请招标通知有什么区别？

8.为什么有些招标资料还要收费供应？

9.为什么说投标书既是对招标方的承诺又是对招标方的要约？

10.投标书应包括哪些主要内容？

11.招投标书与签订合同有什么关系？

二、实践题

1.下面是一例采购物品的公开招标书。《中华人民共和国招标投标法》（1999年8月30日发布，自2000年1月1日起施行，以下简称《招标投标法》）规定："招标人采用公开招标方式的，应当发布招标公告""招标公告应当载明招标人的名称和地址、招标项目的性质、数量、实施地点和时间以及获取招标文件的办法等事项。"这个案例是1991年的，读后请对照《招标投标法》参考2000年后专业招标机构发布的招标公告，指出是否一致？是否需要修改？

[例18-1]

内蒙古地方铁路总公司

招标通告

招标号 IMLRC-LCB9102

内蒙古地方铁路项目

国际复兴开发银行贷款协定号 3060—CHA

国际开发协会信贷协定号 2014—CHA

内蒙古地方铁路总公司利用国际复兴开发银行/国际开发协会贷款，为内蒙古地方铁路项目就下列货物进行第二次国内竞争性招标采购。

1.预应力钢筋混凝土轨枕

2.钢筋混凝土电力及通信电杆

3.预应力钢筋混凝土铁路简支梁

4.岩石硝铵炸药

5.工业硫黄

6.铁路轨枕用橡胶胶垫及橡胶垫片

所有愿意参加此项投标的生产厂请于1991年1月20日起每日上午9时至11时,下午3时至5时(星期日和节假日除外),与内蒙古地方铁路总公司联系,购买招标文件,每套人民币400元。如邮购,另收邮费人民币30元。招标文件售款概不退还。

接受投标标书的截止日期为1991年3月6日上午9:30,其后收到的投标标书或未按招标文件规定交纳投标保证金的投标标书,恕不接受。本招标定于1991年3月6日上午10时在内蒙古地方铁路总公司公开开标。

内蒙古地方铁路总公司

地址:内蒙古呼和浩特市东库街三合村旅社

电话:661303 663377转3820

电报挂号:6993

邮政编码:010050

2.下面这份招标书是2000年1月1日起施行的《招标投标法》颁布前的案例。请读后对照《招标投标法》和参考2000年后专业招标机构发布的工程建设项目公开招标的招标公告,指出二者的异同,并按现行法规要求改写本例。

[例18-2]

××大厦地下室土建工程招标书

我公司在××城投资兴建的××大厦现已完成有关报批报建手续,基础打桩工程即将结束,地下室土建工程决定采取邀请招标的形式,择优选择施工单位。

一、工程综合说明

××大厦由广东×××公司地质勘探、广州××设计院海南分院设计。主楼(F1、F2、F3)、裙楼(F4)均用预应力钢筋砼管桩(ϕ550、ϕ500)1 081条,现自然地面标高+3.42米。

1.工程名称:××大厦地下室土建工程。

2.工程范围和内容:按设计图做至+0.00水平面以下(不包括首层楼板)、室外回填土至标高+5.261米。

工程内容:场地降水,土方开挖,R·C底板、R·C结构、防水工程、回填土。

3.工程质量:要求达到优良,验收按国家现行规范执行。

4.施工时间:总工期不得大于100天(其中土方开挖期不得超过40天)。

5.本工程已做好"三通一平"。

二、投标须知

1.19××年6月1日,发招标文件和图纸,地点:海南珠江公司。

2.19××年6月4日8:30察看现场,甲方设计院答疑招标文件、图纸问题。

3.19××年6月26日,送回标书(标函密封盖章)到珠江公司。

4.投标单位由于对招标文件及设计图纸的阅读疏忽、误解以及对现场条件了解不清等而造成中标后发生一切不良后果和风险均由投标人自负，不得借故向甲方提出任何索赔要求。

三、承包方式

包工、包料、包工期，按施工图招标范围工程造价一次包干。

四、材料供应

1.一切材料原则上均由乙方自行负责。

2.钢材按市场价计入超价差，其他材料价差按海南省定额站有关规定执行。

3.对乙方采购的材料，甲方有权检查、监督。其材料应提供质量保证书、出厂合格证及化验报告。

4.甲方在施工现场划出一定面积供乙方堆放施工材料。

五、工程价款

合同签订后，甲方向乙方支付备料款10%，以后按进度拨给。

六、标价计算

1.施工图、图号（略）。

2.据施工图及招标范围，乙方做出此工程范围的施工组织设计（施工方案），做出相应的工程造价。

3.定额采用《海南省建筑工程预算定额》（略）。

4.取费按海南省定额站的有关文件执行。

5.（略）。

七、标书格式

1.施工组织设计（施工方案）。请详细做出降水和土方开挖分项工程的施工技术措施和安全保证措施。

2.回标中，应有详细的工程预算书，并将分项工程的报价分别列出。R·C工程应按F1、F2、F3、F4单独分开。

3.防水工程，乙方自提防水材料、施工工艺，并报相应的报价。

八、评标原则

本工程采用暗标暗投的形式，根据报价、工期、施工技术措施、质量保证措施、机械设备、材料供应、社会信誉进行综合评述。

九、其他说明

1.施工用水、电，甲方在建筑物50米范围内提供安装点，乙方自行接驳到现场。

2.乙方必须以本单位的基本技术力量、施工队伍为主体，不得把工程转包或分包。否则，甲方有权取消合同另行安排。

3.合同需经海口市公证处公证，以确保法律效力。

4.本标书的解释权归甲方。

×××× 实业股份有限公司

19×× 年 5 月 28 日

（摘自盛明华：《新编经济应用文写作教程》）

3.以下例文是《招标投标法》颁布实施后，由专业招标代理机构制作的招标书，读后请回答：

（1）根据《招标投标法》的规定，招标的方式有两种，它们有什么区别？

（2）办理招标事宜，什么条件下可由招标单位自行办理？可以承担代理招标的机构应当具备什么条件？

（3）公开招标应如何公开？使用什么文种名称？发布的招标信息包括哪些内容？

（4）分析本例的结构形式。

[例18-3]

招标公告

中华人民共和国政府已向世界银行（以下简称"世行"）申请一笔贷款/信贷，贷款号为4705-CHA，用于黄浦江上游环境管理子项目上海金山水质净化厂工程的建设，其中部分贷款/信贷的资金将用于以下项目的合格支付：

JDF2.1枫泾水质净化厂和泵站机电设备供货和安装主要工程内容：

粗格栅及进水泵房、细格栅及旋流沉砂池、脱氮除磷型回转式氧化沟、二沉池配水进、二沉池、加氯接触池（上部为加药间）、储泥池、脱水机房及提升泵站的机电设备、控制系统的供货和安装。

上海国际招标有限公司受业主的委托，对上述项目进行国际公开竞争性招标，现邀请有兴趣的合格的投标人参加投标。

上述项目的招标文件将自2003年12月16日起（星期六、日，节假日除外），每天上午9：30—11：00，下午13：00—15：30（北京时间）在上海国际招标有限公司出售，每套招标文件售价人民币贰仟伍佰元（RMB2 500.00）或300美元，售后不退。支付方式可以是现金或是支票，同时在上述地址可获得中文参考译文（需额外支付费用）。如需邮寄每份加收邮寄快件费（国内200元人民币，国际100美元）。

投标书必须于2004年1月30日星期五上午10：00（北京时间）之前送到上海市延安西路358号美丽园大厦14楼上海国际招标有限公司会议室。每份投标书应附有金额不低于2%投标价的投标保证金。

上述各项目将于2004年1月30日星期五上午10：00（北京时间）在上海国际招标有限公司会议室公开开标，投标人代表可以出席。

业主：上海金山枫泾水质净化有限公司

地址：上海市金山区枫泾镇农兴村2050号

招标代理机构：上海国际招标有限公司

地址：上海市延安西路358号美丽园大厦14楼

电话：+86-21-62791919转121　联系人：何采

传真：+86-21-62791616　邮政编码：200040

4.下面是一例要求提供服务的招标公告。读后请回答：

（1）招标原用于工程建设和大宗采购，现被广泛采用，它有什么好处？

（2）分析此例的正文结构，对照《招标投标法》关于"招标公告应当载明"的内容（见第1题第2段引文），它是否能说明问题？

[例18-4]

上海托普信息技术学院绿化工程招标公告

上海托普信息技术学院由著名高科技企业集团——托普集团投资兴建，学院位于南汇科都园区，占地500亩。学院将建成国际一流的园林式学校，校区绿化面积超过15万平方米。现学院的基建工程已收尾，本着公平、公正的原则，学校现对绿化工程进行招标。

现将相关事宜公告如下：

1. 工程总量：绿化面积超15万平方米，分5个标段

2. 工期：30天

3. 施工单位进场时间8月11日左右

4. 7月26—27日（上午8：30—下午6：00）购买标书（300元）

5. 联系人：王小姐、胡小姐

6. 电话（021）38824888—2087、2020

7. 地点：上海源深路（老杨高路）1161弄158号515室

5. 下面是一例不符合现行法规的招标书，请根据《招标投标法》的有关规定，予以改写。

[例18-5]

××市交通局金河大桥建造工程招标启事

为了确保我市公路建造质量并按期完工交付使用，特邀请符合桥梁施工规定的合格的投标者，对金河大桥的建造工程进行竞争性投标。

所有参加投标的同志，请于20××年4月2日、4月16日到金河大桥建造工程指挥部报名。

地址：金河大桥桥头

电话：20748×××

联系人：关旺、果青

××市交通局综合计划处

20××年2月28日

6. 下列三件材料请选一件，并代该单位拟一份公开招标的招标公告。

[例18-6]

[材料1]

××市电缆厂招标办公室经××市建设委员会批准，决定对该厂一栋职工宿舍的施工实行公开招标，2007年12月5日发布《招标通告》。工程总建筑面积为6 000平方米，工程地点在该厂建设路口生活区，工程开工日期为2008年3月5日，竣工日期为2009年1月10

日。省内外具备该工程施工能力的施工单位均可投标。工程实行包工程数量、包工程造价、包工程质量、包工期、包工程材料的承包方法。该厂地址在××市建设路103号，邮政编码41102，电话号码247001。参加投标者务必于2008年1月10日前去该办公室报告登记，领取招标文件及施工图，每份招标文件收成本手续费500元。开标日期为2008年1月20日上午9时，地点在该厂办公楼小会议室。

[材料2]

<h2 style="text-align:center">浦东新区推出一项新举措
学生春秋游引入招标制</h2>

上海市浦东新区用招标的形式，尝试把中小学生春、秋游工作推向市场。

每逢春、秋游时期，中小学总要接待很多前来洽谈的旅行社。浦东新区在遵循市教委有关规定的同时，根据学校的推荐，选约20家资质审查合格的旅行社参加招标。要求是旅行社必须按照每个学生100元的标准，在上海市境内安排一天有教育意义的活动，并按每百名学生提供两个免费名额的标准，给经济困难学生以照顾。如出现伤害事故，则由旅行社负责。

[材料3]

洛阳中亚大饭店是由亚世集团中国香港机构在九朝古都洛阳市独资兴建，并以国际标准设计和建造的五星级饭店。地下1层，地上24层，总建筑面积约10万平方米，拥有1 000余间各类客房，37间各类餐厅以及网球场、保龄球馆、桑拿浴、室内游泳馆等综合性现代化服务设施。大饭店主体土建工程现已完成40%工程量，根据工程建设需要，拟就大饭店室内各功能装饰工程进行招（投）标。凡有意参加投标的国内外各装修装饰公司，敬请于9月10日前来人或来函索取资格预选申请材料，并于9月20日前将资格预选申请资料送交洛阳中亚大饭店筹建处。

7.下例是投标书。《招标投标法》规定："投标人应当按照招标文件的要求编制投标文件。投标文件应当对招标文件提出的实质性要求和条件做出响应。招标项目属于建设施工的，投标文件的内容应当包括拟派出的项目负责人与主要技术人员的简历、业绩和拟用于完成招标项目的机械设备等。"本例是《招标投标法》颁布后出现的案例，读后请对照现行法规的要求，对本例进行评析和修改。

[例18-7]

<h2 style="text-align:center">××工程建设投标书</h2>

致：××电力（集团）有限责任公司

1.根据已经收到的××电力（集团）有限责任公司220kV输变电工程（20××年第一批）的招标文件，我单位经考察现场和研究上述工程施工招标文件的投标须知、合同条件、工程规范、技术条件、图纸、工程量明细表和其他有关文件后，我方愿以（人民币）×××××元（大写）的投标报价并按上述图纸、合同条款工程建设标准、技术规范和工程量明细表的条件要求承包上述工程的施工，并承担任何质量缺陷保修责任。

2．一旦我方中标，我方保证全部工程1年内陆续达标投产，各工程具体工期在合同中约定。

3．一旦我方中标，我方质量承诺为：优良并达到省（部）优。

4．如果我方中标，我方将委派张×、李×同志为工程项目经理候选人（项目经理资质为一级）。

5．我方承认投标函附录是我方投标函的组成部分。

6．如果我方中标，我方将在合同签订后10日内提供相应合同价5%的银行保函作为履约保证金，共同承担责任。

7．我方同意所递交的投标文件在"投标须知"规定的投标有效期内有效，在此期间内我方投标有可能中标，我方将受此约束。

8．除非另外达成协议并生效，你方的中标通知书和本投标文件将构成约束我们双方的合同。

9．我方的投标保证金：我方已按招标文件要求向招标代理机构递交人民币5万元。

投标单位：××电力建设工程公司

单位地址：××市胜利南街×号

法定代表人或授权委托人：（略）

邮政编码：（略）

电　　话：（略）

传　　真：（略）

开户银行名称：中国建设银行××市支行××分理处

银行账号：（略）

开户行地址：××市×南街南桥

日　　期：20××年×月×日

（摘自苗瑞：《企业应用文书写作规范与实例》）

8．下面是××学院拟建教学楼，准备采用招标投标办法的有关情况和要求，内容比较全面。读后请代××学院将此材料加工整理成一份格式规范、适合公开发布的招标公告。再就此项工程代××建筑公司拟一份参加竞标的投标书，这需要许多下列材料不具有的内容，为此允许作必要的、合情合理的虚拟。

[例18-8]

为提高建筑安装工程的建设速度，提高经济效益，经上级部门批准，××学院准备建一栋教学大楼，其建筑安装的全部工程进行公开招标，在招标前，××学院已做了以下准备：

①该工程已列入国家年度计划；

②已有经国家批准的设计单位出的施工图与概算；

③建筑用地已征，现场施工的水、电、路、通信等条件已落实。

教学大楼的工程内容、范围、工程量、工期等已确定（略），工程质量等级、技术要求、对工程材料和投标单位的特殊要求、工程验收标准（见附表）（附表略），工程供料方式和材料价格、工程价款结算办法按国家有关规定执行，并将于20××年×月×日在××学院组织投标单位进行工程现场勘察、说明，公布招标文件交递时间及地点。要求投标单位于20××年×月×日之前报名，并于20××年×月×日至20××年×月×日之间以邮寄方式投标。20××年×月×日上午8：00，邀请建设主管部门、建设银行和公证处参加公开开标、审查证书、集体议标、定标。确定中标的依据是工程质量优良、工期适当、标价合理、社会信誉好。最低标价的投标单位不一定中标，评定结束后5日内将中标通知书邮寄给中标单位，并与中标单位在一个月内签订工程承包合同。××学院承诺，招标书一经发出，不再更改内容。要求投标单位将标函按规定格式填写，字迹清楚，加盖单位和法人代表印鉴，密封，按期寄达，一经收到，投标单位不得以任何理由要求收回或更改。

在投标过程中如发生争议，双方自行协商，如若协商不成，由负责招标管理工作的部门调解仲裁，对仲裁不服，可诉诸法院。

××学院的地址是××市××路××号，联系人是×××，电话号码是×××××××××，招标书发出的时间是20××年×月×日。

9.下面是某中学更新课桌椅，拟公开招标的意向。请将下列要求写成规范的招标公告。此事属承揽合同性质，可参考《合同法》之承揽合同的有关内容。

[例18-9]

××中学拟做800套课桌椅，由××中学提供材料，投标单位包工。××中学对课桌椅的规格及质量要求见附件。20××年×月×日—20××年×月×日为工程招标的起止时间，20××年×月×日在××学校会议室公开开标。交货时间为20××年×月×日。××中学地址在××市××路××号。电话：×××××××××。联系人：×××。

10.下面是一份不符合要求的招标书案例。读后请指出它存在哪些问题，并改写成规范的招标公告。

[例18-10]

招标公告

我厂是一家老牌洗衣机生产企业，成立于改革开放初期的1979年，现有职工1 500人，其中工程技术人员200余人。年产×××牌全自动洗衣机20万台。其中MDELXQB25-3型洗衣机先后获得国家轻工业部优质产品奖、×××国际博览会金奖。为了提高质量、降低成本，决定公开招标。

（1）招标项目：电容器、插头电源线、万向轮、橡胶件、塑料件以及镀锌件等。

（2）招标时间：20××年×月×日。

（3）开标时间和地点：20××年×月×日上午在本厂公开开标。

（4）招标文件发售：全套招标文件将于近期发售，价格面议。以上招标欢迎国内外客户积极投标。未尽事宜，欢迎垂询。特此公告。

×××洗衣机厂
20××年×月×日

11.下面是一份不符合要求的投标书案例。读后请指出它存在哪些问题，并改写成规范的投标书。

［例18-11］

　　致×××公司投标书：

　　我们看到了×××公司的招标公告，觉得凭借我们的实力一定能够中标。因此，我们决定投标。

　　1.货物总报价：50万元人民币。

　　2.货物清单一式三份。

　　3.资格审查文件一式三份。

　　4.投标保证书一份。

　　另外，我们必须郑重声明，我们拥有以下权利和履行以下义务：

　　1.我们将根据招标文件的规定履行合同的责任和义务。

　　2.如果在开标之后的投标有效期内撤标，那么投标保证金将归你们所有。

　　3.鉴于以上情况，我们认为你们一定会选择我们中标的。

×××设备制造厂

20××年×月×日

　　12.复印一份招标书或投标书，根据其适用程序，评析其内容与体式是否合适。

第十九章　广　告

一、知识题

1.什么是广告？它有什么作用？应该体现什么特点？

2.广告为什么也应该有明确的主题？

3.从商品特征的角度拟定主题，应如何考虑竞争对手、商品生命周期、消费需求的因素？

4.从消费者的角度拟定主题，应如何考虑性别、年龄、购买动机、购物时间场合等因素对消费行为的影响？

5.从企业的角度拟定主题，应如何考虑品牌、信誉、服务、实力等优势，扬长避短？

6.标题在广告中为什么特别重要？

7.广告标题有哪些种类？

8.广告标题制作应符合哪些要求？

9.广告正文不拘一格，常用哪些体式？各有什么利弊？

10.广告内容应有可信性、可证信、可比性，其含义是什么？

11.广告材料安排要得体，其含义是什么？

12.什么是广告口号（标语）？它与广告标题有什么区别？

13.广告有哪些传播方式？现代广告常用什么传播方式？

14.报纸、杂志等印刷广告有什么优点和缺点？

15.广播、电视等电波广告有什么优点和缺点？

[附录]

如何评价广告作品
梁　华

首先，广告是干什么用的。大家应该很清楚，作为商业广告，它本身就是一种商业行为，其功能是传达信息，目的是促进销售，其常见的手段是艺术，而所反映的现象是文化，就整个广告活动而言其工作方法应是科学的。基于这些不难看出，艺术在整个广告活动与广告创作中仅处于手段的位置，这使信息更为感人地展示与传播。然而有些人却把广告作品当作艺术，把广告中的艺术手段当作目的来追求，势必会导致广告失误和市场失败，也导致评价的偏离。

其次，广告作为一种有责任的信息传播活动，它有明确的目标对象。广告不是为所有的人而作，而仅是对有该产品消费的现实需求与潜在需求的人而作。因此广告作品就有明确的针对性，讲究"对谁说""说什么""怎么说"。其中"对谁说""说什么"比"怎么说"更为重要。

最后，在广告活动中谁是广告的主体？应该是消费者。所有的广告都是以目标消费者为中心进行的，决不是以生产者、设计者为中心的"由内向外"的广告诉求。

上述观念虽是广告基础的 A、B、C，然而由于种种原因，常常出现偏差。观念不同对广告作品评价也截然不同，同一作品有人说好，有人说糟，究竟如何来评价一个广告作品？建议企业人士、广告从业人士、公众从"五看"入手：

一看：广告是否对准目标对象，是否符合广告策略。广告作品针对谁做，应是非常明确，一个老年人服用的药品以儿童为诉求对象，其结果是可想而知的。至于广告策略即广告的定位，有其明确的策略目标。如新产品导入市场，一般说来策略目标就是让公众认知该产品性能与特点。若不介绍产品个性特征，却一味让大牌明星晃来晃去，然是美丽好看，也许会提升一些知名度，但公众不知其产品有什么特点，也无法产生行为，就无法使市场目标实现。

二看：广告引起注意的能力。一个广告不能引起人们注意，是没有任何意义的。引人注意是广告信息传达的手段。重视手段的使用，重视得体有度，才能在引起注意后让公众把注意导向深入认知产品，这才是好的手段。

三看：广告的说服能力。这是广告的核心，也是广告创意的根本。说服力也就是广告作品中有明确的说服理由，语言亲和，同时真实可信，使产品的利益点与消费群体的需求紧紧吻合，这样的广告作品才会引发目标消费者的共鸣。

四看：广告在同类产品中的竞争力。能适时展示与众不同的特点，超群品质、独特功能的广告作品在同类产品中具有竞争力。在产品同质化的时候，广告作品能有效地突出承诺或服务以及人性形象等，也使广告具有竞争力。

五看：广告的完善表现与媒体的特征把握。一个好的广告创意，其表现、制作均极为粗糙，那么这个广告的效果肯定是打折扣的。至于各个媒体的特征应充分把握，若把报纸广告的全部文案照搬在户外广告上，其效果也是达不到的。各媒体有各自优势与特征，然而也有其不足，要善于扬长避短方能显效。

（摘自《解放日报》）

二、实践题

1.广告的主题是拟向谁、推销什么以及怎么引起注意的具体表现。由于人们看广告首先看标题，因此主题是否恰当、能否引起注意，常常与标题有关。下面是两则家用电器广告（仅摘其标题），读后请评析：

（1）它们各以什么为主题？

（2）这个主题与消费者对此类产品的选择意向是否切合？

（3）语言表达有无吸引力和说服力？

[例 19-1]

来电，看得见

来电显示步步高，精品无绳送好礼

[例 19-2]

德赛数码龙　全套仅售 2 299 元（上句）

买德赛家庭影院　送德赛数码彩电（下句）

2.广告的主题突出地表现在一则广告的最大字体部分。下面是同一功能保健食品的两个品牌的广告，读后请回答：

(1) 作品拟表达什么主题？

(2) 这个主题传达的信息是否对准了目标对象？

(3) 这个主题是否在同类产品中展示了自己的特点？

[例19-3]

要想肠胃好　还是盐水瓶

（高博特盐水瓶）

[例19-4]

寻找健康之钥，开启健康之路！

（葡萄王健肠）

3.下面是一组房地产广告中最大字体字句，可视为该广告的主题。读后请分别说明：

(1) 广告主题可从哪些方面去拟定？

(2) 该广告是从什么角度拟定主题的？

(3) 该主题对消费者的亲和力如何？

[例19-5]

(1) 晚饭后，我们一家在花园中散步

(2) 下世纪的四大生活标准

(3) 我在申（上海）城中央

(4) 气质与众不同　教授毗邻而居

(5) 我们小区没有一户居民封闭阳台

(6) 花小钱，立刻享受很有面子的生活

(7) 地铁莲花站旁　成功人士的家

(8) 市中心烫金版图跨世纪的传唱

(9) 有时相见恨晚　也是一种幸福

(10) 丰业房产千秋家业

(11) 面子与里子

(12) 自备1.1万元起　房价6~8折

4.标题在广告中特别重要，据统计50%~75%的人是通过标题获得广告信息的。购房者一般要吸纳10条以上房源信息才会做出选择。读下列广告标题并回答：

(1) 广告标题有哪些种类？

(2) 拟定标题应遵循什么原则？

(3) 创作标题可用哪些表现手法？

(4) 下列各标题是否是达到其促销目的的最佳选择？

[例19-6]

(1) 文豪——多功能中西文图文处理机（图文处理机。注：括号内为该广告推销的产

品，下同）

　　（2）晶晶亮，透心凉（雪碧饮料）

　　（3）她工作，您休息（凯歌牌洗衣机）

　　（4）书山有路笔为径（零陵牌铅笔）

　　（5）百衣百顺（红心牌电熨斗）

　　（6）中国有华意，华意在瓷都（华意——阿里斯顿电冰箱）

　　（7）天上彩虹，人间长虹（长虹牌电视机）

　　（8）在我的眼中，在我的手中，在我的心中（福达彩色胶卷）

　　（9）宁可药生灰，但愿人长生（青春药店）

　　（10）春光明媚，处处有芳草（芳草牙膏）

　　（11）买衣料，到爱建（爱建纺织品商店）

　　（12）吸氧？当然用氧立得（氧气）

　　（13）洗衫用白猫，洗发用法奥（洗涤剂）

　　（14）穿在华联（华联商厦）

　　（15）上菱冰箱唯一不能回答的问题是：什么是霜？（上菱牌电冰箱）

　　（16）用来用去，还是达尔美（达尔美牌洗涤剂）

　　（17）中国人的家庭医生（周林频谱仪）

　　（18）望子成龙（小霸王学习机）

　　（19）让你的钱生出更多的钱（联合信托投资公司）

　　（20）岁月与你同享人类的第二太阳（澳琳达蜂胶）

　　5.广告正文是广告标题的具体化和延伸，标题吸引有关消费者的注意，正文则传递有此需求的消费者所欲知的有关信息，相辅相成。下面是同一功能药品（治胃病）的两则广告，读后请对比说明它们的广告效果及原因。

[例19-7]

[例19-8]

6.下面这类广告写法较难取信于消费者,因而也难以达到广告促销的目的。读后请具体分析其原因。

[例19-9]

乌黑亮泽的秀发不仅是健康的象征,也是容貌漂亮的重要因素,而脱发给患者带来极大的苦恼,"治脱"便成为摆在皮肤科医生面前的重大课题。多年来,专家分析总结了导致脱发的许多因素,如:内分泌失调、精神、遗传、物理、妇科疾病等都可导致脱发断发,针对病因病理,专家潜心研究。遵循中医对脱发的理论,结合临床经验,筛选出以滋补肝肾、活血化瘀、祛风生发、益气养血、荣发养颜、调节内分泌的中成药制剂"××丸",结合外用药物激活枯萎毛囊,抑制皮脂分泌,改善头皮血液循环,达到快速制止毛发脱落,并促进毛发再生。观察表明对脂溢性脱发、早秃、斑秃、产后秃发等均有满意的效果。

7.下面是上海每年评选出的十佳广告语(即广告标语、广告口号)中的一部分。读后请回答:

(1)广告标语与广告标题有何异同?

(2)广告标语有哪些类型?下例各属哪类?

(3)广告标语如何才能写得精彩?

[例19-10]

(1)人生第一笔(中华牌铅笔)

(2)好事不再多磨(飞鹿牌强力砂带)

(3)公道不公道 只有我知道(天合牌电子价秤)

(4)今年20,明年18……(白丽牌美容香皂)

（5）上上下下的享受　上海三菱电梯（三菱全电脑调速电梯）

（6）"狼"迹天涯（狼牌运动鞋）

（7）儿行千里，母不忧（西门子移动电话）

（8）现在长得好，将来会更好（多美滋延续奶粉）

（9）拥有桑塔纳，走遍天下都不怕（桑塔纳轿车）

（10）一杯多力，加倍活力（多力香奶麦片）

8.由中国科学院原院长路甬祥担任主编的《科学改变人类生活100个瞬间》一书，对每一事件都做了生动形象的描述，这些句子如果用作该产品的广告，简直是精彩的广告语。下面选其中20条，前10条是完整的，后10条只有事物名称，隐去了原有的描述句，请读后仿照前10条的规律，补出被隐去的句子，填在括号里。

[例19-11]

（1）磁悬浮列车：会"飞"的列车

（2）霓虹：不夜的明珠

（3）维生素：让生命之树常青

（4）拉链：天衣无缝

（5）电子显微镜：人类的第三只眼睛

（6）雷达：人类的"千里眼"

（7）心脏移植：把我的心放在你的心里

（8）移动电话：现代"顺风耳"

（9）试管婴儿：人类的新孩子

（10）"哥伦比亚"号：人类的登天之梯

（11）空调（　　　　　　　）

（12）洗衣机（　　　　　　　）

（13）彩色胶卷（　　　　　　　）

（14）冰箱（　　　　　　　）

（15）电视（　　　　　　　）

（16）信用卡（　　　　　　　）

（17）录像机（　　　　　　　）

（18）抽水马桶（　　　　　　　）

（19）电视电话（　　　　　　　）

（20）互联网（　　　　　　　）

9.广告有巨大的社会影响，有时一个广告会引起一种社会时尚，一句广告语会引出一种流行语。因此，广告的语言也应注意其导向作用。对下面的例句，请逐一分析，如觉欠妥的，请说出理由，指出其危害。

[例19-12]

（1）不要太潇洒。（西服）

（2）亲亲肌肤惟舒心。（化妆品）

（3）雷达强配方，蟑螂死光光。（飞虫喷杀剂）

（4）油备无患。（祛风油药膏）

（5）独一有二。（一拖二空调）

（6）莫失良价。（房产广告）

（7）罗兰娜三分钟把头发搞定。（化妆品）

（8）脱饮而出。（包装饮料）

（9）百文不如一键。（电脑打字机）

（10）衣衣不舍。（服装）

（11）中国名牌，锰钢制造，轻快坚美，驰名中外。（自行车）

（12）竭诚为顾客和单位团体服务。（商店）

（13）自开伞、手开伞获全国质量评比优秀产品。（伞）

（14）适宜做西服及四季服装。（衣料）

（15）本品为多功能药物霜剂，用后皮肤光滑、柔软、丰满。（化妆品）

（16）名优荟萃，品种齐全，特优纵横。（百货）

（17）美好人生，鸡不可失。（炸鸡广告）

（18）鳖来无恙。（保健食品鳖精广告）

（19）咳不容缓。（咳嗽药广告）

（20）无胃不治。（胃病药广告）

10.《中华人民共和国广告法》规定："大众传播媒介不得以新闻报道形式变相发布广告。"但是在报纸上，有些通过科普文章，巧妙地起到了发布广告的作用。阅读下面两篇科普文章，将它们干脆改写为名正言顺的广告。

［例19-13］

猫捉老鼠为啥难

一新

不久前，嘉定徐行镇发生一件颠倒的怪事，一朱姓村民家中的小猫被老鼠活活咬死，人们不禁要问：猫捉老鼠为啥变难了呢？

德国海德堡大学生物学教授穆勒博士在分析研究城市中老鼠猖獗时说：当代城市社会中的猫处于一种恶性循环中，一方面是因为猫已普遍家养，有充足的食物而不必再以捕鼠为主；另一方面是因为猫无法从老鼠体内获取一种名为牛磺酸的物质，这种物质能提高猫的夜视能力。现在家养的猫几乎丧失了夜晚的明亮目光，捕鼠的能力越来越差，所以老鼠咬死猫就不奇怪了。

猫捉老鼠难，用何种方式对付老鼠呢？新研制的高科技产品珑崴牌驱鼠器，利用高音频的声压，迫使老鼠自动避难，不会造成二次污染，从而创造一个无鼠害的生活空间。

（摘自《深圳风采周刊》）

[例19-14]

疲劳的产生和消除

剑威

现代的都市生活，由于生活节奏的加快，整天超负荷体力或是脑力工作，难免会产生头晕眼花、胸闷乏力、四肢倦怠、精神萎顿，或者是食欲不振、失眠心悸出虚汗等情况，这些都是进入疲劳期的征兆。

现代科学已证明，疲劳最初成因于人体内部神经传导受阻，人体内部神经传导受阻使人体内部的淋巴组织及淋巴细胞的应变能力下降。在第五届国际运动生物化学会议上，专家对疲劳定义为机体生理过程不能持续其机能在特定的水平上，或不能维持预定的运动强度。疲劳产生的机制是一个极其复杂的问题，运动医学界对此进行了广泛而深入的研究，近期有学者研究提出：运动造成骨骼组织脂质过氧化反应加强而产生较多的自由基，其可导致肌纤维及线粒体膜等生物膜的完整性丧失及损伤，从而引起一系列细胞代谢机能的紊乱，细胞广泛性损害和病理变化，使机体工作能力下降而产生疲劳。

在现代社会中，处于疲劳期也即意味着人的健康已面临危险，一般来说，疲劳分生理性疲劳和病理性疲劳，它作为人体内部状况的外在"报警器"，提醒人们其机体已无法承受目前的超负荷运转。为了有效防止和消除疲劳，人们应注意适量的锻炼、合理的饮食、劳逸结合，并且调节个人情绪，因为这也是人们较易忽视的一个引起疲劳的因素。此外，适当补充维生素和氨基酸对消除疲劳和增加肌力均有益，高温作业时补充含盐清凉饮料并给予一定的钙、铁、磷等无机盐，既能补充劳动力的损失，也能提高工作效率。合理选择服用高科技保健品，如由高效微生态口服液活性冻干粉与维生素及微量元素复合配伍而成的"昂立多邦"胶囊，对生活节奏较快、工作压力较大的上班族来说颇为适合，事实证明其能清除人体的"垃圾"，补充必需的"营养"，提高神经传导速度，有效消除疲劳。

（摘自《广东茶业》）

11.为自己单位的产品或提供的服务拟一则广告；为自己单位或其产品拟一句作为形象标志的广告标语（口号、警句、广告语）。

12.就一则你喜欢或不喜欢的广告（或广告语），写一篇评析文章，从理论到实际效果予以分析，不少于300字。下面两篇在校同学写的评析（一为褒，一为贬）可供参考。

[例19-15]

一个优秀广告

—— "今年20，明年18"给我们的启示

"今年20，明年18"这则朗朗上口的广告不断反复地出现在大众面前，人们一听到它就会想起白丽香皂，一时间白丽香皂的知名度不断提高，销售额也不断增加。

这则广告成功之处突出表现在新颖独特，富有情趣。

广告要引人注目，就需要把握消费者的心理，尽量诱发他们的好奇心和共鸣感。新颖独特、不落俗套的标题往往就能出奇制胜，满足消费者的好奇心理。而善于设身处地为消费者着想，充满人情味的创意，希望永远年轻，希望青春永驻是每一个人的美好愿望，而

时间的无情往往使人们感到无奈。这则广告充满人情味的创意就是设身处地为顾客着想。用通俗易懂而又符合大众心理的语言，激发了人们对这种美好愿望的向往和追求，从而激起消费者强烈的情感共鸣和消费欲望，取得了良好的广告效果。

（朱丕俊）

[例19-16]

评电视齐洛瓦冰箱广告

图像：一个在沙漠中跋涉的人。

语言：每当我看见天边的绿洲，就会想起东方——齐洛瓦。

评析：这则广告所表达的含义是：当一个在沙漠中长途跋涉的人口渴难忍时，看到了绿洲便想起齐洛瓦冰箱，说明齐洛瓦冰箱能为你解渴。用词经过深思熟虑，也创造了一定的意境。但产生的效果却不佳，究其原因，有如下几条：

（1）含义模糊，既没有表达产品本身的优点，又没有指明产品能给顾客带来什么好处。

（2）针对性差，对许多消费者来说，缺乏沙漠经历的感觉，因而对广告所表达的内容缺乏认同感。

（3）没有让消费者看到商品给他带来的好处，看了这则广告的人多数会想"反正我不会去沙漠，有没有齐洛瓦冰箱无所谓"。

总之，这则广告没有抓住冰箱用户的心理，因而它是失败的。

（黄黎萍）

第二十章 商品说明书

一、知识题

1.什么是商品说明书？它在经济生活中有什么作用？

2.商品说明书与广告有何异同？与科普文章有何异同？

3.商品说明书一般应具有哪些内容？应根据什么原则决定其详略？哪些商品必须有较齐全和较详尽的专用说明书？

4.商品说明书的形式大体上有哪两类？

5.商品说明书的结构一般应有哪些项目？

6.商品说明书的写作应如何力求有针对性、科学性、简明性？

二、实践题

1.商品说明书是保证商品质量、保障消费者权益的一种承诺。国家质量技术监督局发布的产品国家标准（代号GB）是有关产品说明书必须遵循的依据。下面转引 GB 5296.4-1998《消费品使用说明——纺织品和服装使用说明》部分内容。读后请与你购买的纺织品和服装所附使用说明相对照，看看企业的说明是否执行了国标的规定，如有不符，指出其问题所在，并可向该企业或主管部门反映意见。

据悉，从 2000 年 1 月 1 日起，所有在国内销售的纺织品和服装都将执行 GB 5296.4-1998《消费品使用说明——纺织品和服装使用说明》。

标准规定，凡在国内销售的纺织品和服装要有使用说明，其内容应符合国家有关法律和法规的规定，简明、准确、科学，如实介绍产品，使用说明应附在明显部位或适当部位。其内容包括：

（1）制造者的名称和地址。进口纺织品和服装应用中文标明该产品的原产地及代理商或进口商或销售商在中国依法登记注册的名称和地址。

（2）产品名称。应采用国家标准、行业标准规定的名称。

（3）产品号型和规格。上、下装应分别标明号型，号是人体的身高，型是人体的胸围和腰围，成人服装还要标注体型代号。

（4）采用原料的成分和含量。

（5）洗涤方法。应按规定的图形符号表述，内容包括水洗、氯漂、熨烫等。

（6）产品标准编号、产品质量等级。如涤纶仿真丝面料可标"符合 GB/T 17253—1998 一等品"。

（7）产品质量检验合格证明。

2.下列例文是一种稀有纺织品的商品说明书。读后请回答：

（1）为什么在新闻媒体（如广播、电视、报纸、杂志等）上广告俯拾即是，而商品说明书却没有？

（2）商品说明书的内容一般应包括哪些，重点应当是什么，本例如何？请评析。

（3）商品说明书的详略应根据什么原则区别对待？本例如何？请评析。

[例20-1]

鹿王羊绒衫系列制品说明书

本羊绒系列制品，是中国名牌产品之一。曾获"中国市场抽验优质产品""'94中国国际名牌产品博览会金奖""1995年首届中国国际纺织面料及辅料博览会金奖""1995年全国纺织产品展示会奖牌四金"。企业是"'95—97'免检产品企业"，"中国企业最佳形象AAA级"，信誉度入选"全国信誉度百佳企业"。1995年被西班牙政府授予"优质服务和优良品质国际金奖"。董事长高丰被评为1995年中国纺织会发展中国服装事业特殊贡献功臣，1996年被国家企业家协会和企业管理协会授予"金球奖"。

本羊绒系列制品采用素有以"纤维宝石""软黄金"著称的中国内蒙古之世界最优质山羊无毛绒为原料，并采用国际先进工艺、设备精制而成，具有柔、轻、滑、保暖等特性。

羊绒制品的穿着、洗涤和保养需注意下列问题：

一、羊绒衫制品的穿着

1.由于羊绒衫纤维的物理特性，羊绒衫易起球、起静电，因此，在穿着时请勿在西装内袋装硬物、勿插笔类等，以免局部摩擦起球。

2.要有穿着间歇期，以防羊绒制品疲劳和产生静电。

3.注意防腐蚀性物质和油污。

二、羊绒制品的洗涤

1.一般情况下应干洗，精纺羊绒衫则必须干洗。

2.粗纺羊绒衫洗涤之前要仔细检查是否有油污，若有，请用软棉布蘸乙醚轻擦去之。

3.将已去油污的羊绒衫放入温度不超过30℃并加有适量毛织物专用洗剂的水中，用手轻洗，脱水后放在下铺毛巾的平台上，用手整理至原形，阴干，再用蒸气熨斗熨整即可。切忌悬挂暴晒。

三、羊绒制品的保养

1.羊绒衫不穿着时切忌悬挂。

2.避强光，袋装保存。不与其他衣类混装一袋。

3.羊绒大衣和羊绒毯宜干洗。

3.下列例文是一种家用小电器的商品说明书，读后回答：

（1）广告常常是自卖自夸华而不实。商品说明书为什么要求它具有实用性和科学性？"实用性""科学性"的含义是什么？本例是否体现了此两性？

（2）商品说明书与广告、科普文章有什么共同点和不同点？本例是否存在混为一谈的现象？请评析并修改。

［例20-2］

××牌电热杯使用说明书

我厂电热杯生产历史悠久，式样新颖，美观大方，质量优良，安全可靠，经济实惠。该杯可加热各种食物，立等可取。特别适用于加热牛奶、咖啡、开水、泡饭、黄酒及小孩奶糕等食物。

1.本电热杯使用220V的交流电源，耗电功率为300W。

2.使用时首先将电源线插座一端插入杯子插座处，再插上电源插头，用完后先拔掉插头，以免触电。

3.电热杯容量为1000毫升，使用时不要盛得太满，以免煮沸时溢出杯外。

4.饮料煮沸倒出后，杯中应加入少量冷水（因杯底温度较高），不然要影响杯子寿命。

5.请勿随意打开底部的加热部件，以免损杯。

6.自出售之日起1年内，如因材料或制造工艺不当而损坏，本厂负责退还，或免费修理。但不包括因使用不当而造成的损坏。

7.本产品经中国家用电器工业标准化质量测试中心站鉴定合格。

编　　号　92-1-HC-78

欢迎您提出宝贵意见。

本厂宗旨：质量第一，用户至上，销往全球，永久服务

本厂地址：中国云南昆明市××路××号

电话：××××××××

E-mail：××××××××

4.在商品说明书中，西药的说明书最为严谨。下面是一则感冒药的使用说明书，原有的项目名称被删除了，读后请根据其内容将项目名称复原，填在括号内。

［例20-3］

双分伪麻片（日片）/美扑伪麻片
（夜片）复合包装使用说明书

（　　）双分伪麻片（日片）/美扑伪麻片（夜片）。

（　　）双分伪麻片（日片）每片含对乙酰氨基酚500mg，氢溴酸右美沙芬15mg，盐酸伪麻黄碱30mg。

美扑伪麻片（夜片）每片含对乙酰氨基酚500mg，氢溴酸右美沙芬15mg，盐酸伪麻黄碱30mg，马来酸氯苯那敏（扑尔敏）2mg。

（　　）双分伪麻片（日片）：为深橙色薄膜衣片。

美扑伪麻片（夜片）：为深蓝色薄膜衣片。

（　　）本复方由对乙酰氨基酚、盐酸伪麻黄碱、氢溴酸右美沙芬和扑尔敏组成。具有解热镇痛、止咳、收缩鼻黏膜血管和抗过敏作用。日片无嗜睡，夜片能进一步减轻由于

感冒引起的各种不适，并使患者安睡。

（　　）本品适用于治疗和减轻感冒引起的发热、头痛、周身四肢酸痛、喷嚏、流涕、鼻塞、咳嗽、咽痛等症状。

（　　）口服。双分伪麻片（日用片）：成人和12岁以上儿童白天每6小时服1~2片，每日2次。12岁以下儿童遵医嘱。

美扑伪麻片（夜用片）：成人和12岁以上儿童夜晚或临睡前服1~2片，12岁以下儿童遵医嘱。

（　　）有时有轻度头晕、乏力、恶心、上腹不适、口干和食欲不振等，可自行恢复。

（　　）对抗组胺药、伪麻黄碱和对乙酰氨基酚过敏者禁用。

（　　）1.每天全部剂量不可超过8片，每次服用间隔不宜少于6小时。

2.下列情况者应慎用：伴有高血压、心脏病、糖尿病、甲状腺疾病、青光眼、前列腺肥大引起排尿困难、呼吸困难、肺气肿患者；因吸烟、哮喘、肺气肿引起的慢性咳嗽及痰多黏稠患者。

3.妊娠期及哺乳期妇女应遵医嘱。

4.夜用片服药期间可引起头昏、嗜睡，故不宜驾车、高空作业及操纵机器。

5.饮酒及服用镇静药会加重嗜睡症状。

（　　）遮光，密封保存。

（　　）暂定两年。

（　　）为复合包装，气泡眼包装。

每盒2板：日用片8粒，夜用片4粒。

（　　）双分伪麻片（97）卫药准字X-113-2号；美扑伪麻片（97）卫药准字X-114-2号。

（　　）中美上海施贵宝制药有限公司。

5.下面是一份电热褥的选购与使用说明书，原文顺序被打乱了，读后请予以调整并插入必要的小标题，使之层次清楚，条理井然。

[例20-4]

（1）看有无注册商标。凡没有注册商标、厂名、厂址的电热褥不宜选购。

（2）电热褥切忌折叠或卷曲时通电使用，否则会因局部温度过高而烧坏电热线和被褥，甚至会引起火灾。在使用之前，最好在电热褥的四个角上缝四根布带系于床柱上，以免卷叠。

（3）使用电热褥之前，必须要检查一遍电源插头、插座、褥外电热引线，高、低温控制挡等是否完好。

（4）看外观。凡正规厂生产的电热褥外观缝制精良、美观平整、电源控制器外壳应光滑美观，无制造安装方面的缺陷。

（5）在躺下之前半小时，将电热褥平铺在床上，上面盖上一床被单或毛毯等，再盖上一床棉被，插上电源，推上高温档快速升温，躺下后再拨向低温档或关掉。要注意，60瓦以上的电热褥连续通电时间，一般不超过两小时，否则会发生危险。

（6）洗涤电热褥时只能采用干洗或刷洗，切忌拧挤、搓擦和水洗。

（7）电热褥停止使用时，应及时将电源切断。平时切忌随意摆弄、敲击调温器、开关等，也不要用力拉扯电热褥引出线，严禁用针或其他尖锐利器刺进电热褥，以防发生意外事故。

（8）看质量。选购电热褥时应当接通电源试验，检查质量标准。方法是：将电热褥铺平，接通电源后指示灯应立即发亮，通电两分钟即有温热感，表面温热均匀。

6.根据下面的材料，拟一份《儿童多功能哑铃说明书》。注意：商品说明书主要的功能不是促销，因而其内容有别于广告，写作时对下列材料不能简单的"照搬"，应有所增、删。

[例20-5]

上海新艺塑料电器厂推出最新产品——8301型儿童哑铃。这种哑铃，通过装水、装沙来调节哑铃的分量（装水每副重0.9千克左右，装沙每副重1.2千克左右）。它适宜不同年龄和不同时期的儿童练习手臂的力气，从而达到锻炼身体的目的，加快儿童的发育和健康成长。这种哑铃是我厂为促进儿童的发育成长，专门试制成功新颖的塑料儿童哑铃，它采用高级塑料制成，色彩鲜艳，使用安全。这种哑铃特别适用于全国各地幼儿园做集体哑铃操，使用它既培养了儿童的集体观念，又增强了儿童做操的兴趣和体质。平时也能够作为玩具使用。制作这种哑铃的塑料无毒无味；夏天旅游时，哑铃可以用来做饮水壶，冬天哑铃可以装热水做暖手的容器。这种哑铃价格便宜（每副出厂价1.29元、二级价1.34元、三级价1.37元；批发价1.43元、零售价1.64元）。欢迎广大消费者购买，欢迎全国各地来函订购。

7.下列产品说明书不符合实用性、科学性的要求，读后请指出其问题并予改写。

[例20-6]

雪花牌特效祛斑霜产品说明书

本品引进法国最新祛斑技术，含有名贵植物精华等成分，对祛除顽固性黄褐斑、雀斑、日晒斑及其他原因引起的色斑有显著的效果。使用本产品20天后，能彻底淡化外部色斑，肌肤细腻白嫩，使你青春永驻，旧颜换新颜。

使用人群：有黄褐斑、雀斑者。

使用方法：洁面后，取本品适量均匀涂于面部，轻轻按摩至吸收，早晚各一次。

广州市××化妆品有限公司

8.下列案例是某应用文教材用作产品说明书文种的"范文"。读后请评析：如果认为它典范，请说说好在哪里。如果认为它作为说明书并不规范，请说说有什么问题。

[例20-7]

呵护双眼，滴滴×××

×××滴眼液是××制药厂在××省研究所和××中医学院的协助下研制而成的，属国内首创、卫生部批准生产的国家级新药。该产品自投放市场以来，深受国内外眼疾病患者的青睐。××制药厂与中国香港××药业有限公司合资组成××药业有限公司，引进国外先进企业管理机构和先进的生产工艺技术设备，生产过程严格按GMP要求控制，产品质量又上一个新的台阶。采用最新的封口式玻璃纸包装，从而保证产品始终处于无菌状态，使得该产品在品质上属同类产品最佳，外观包装上属同类产品最美。

本品主要特色：

独特清凉感觉。滴后令眼睛顿有清凉舒适之感，眼睛更美丽更有神。

配方组成属首批国家中药保护品种。国内绝无相同产品，提防仿冒。

预防和治疗假性近视，唯一国家级推荐"防近"眼科用药，"防近"用药每疗程4~5盒。

眼睛保健用药。人们长时间的工作、学习、驾驶、看电视或电脑操作产生的眼睛疲劳，用×××滴眼液后，对消除和缓解眼睛疲劳等症状、增进视力可起到良好保健作用。

9.我国城市家庭已广泛使用了电话、电视、电脑、洗衣机、电饭煲、微波炉等家用电器，但对边远贫困地区的人家，这些家用电器暂时还很陌生。老王的母亲是云南山区小学退休教师，最近来上海儿子家帮助照料小孙子，可是她不会使用这些电器，颇多不便。请代老王将这些电器的使用方法编写成简明易学而又保证安全的说明书，以便老王母亲按图索骥，学会使用。可以写一种或几种。

10.旅游业现已成为国民经济中的一个重要产业，可供观览的景点就是旅游产品。推销旅游产品也同其他商品一样，售前要用广告宣传，招徕顾客；售后（旅客来了）要提供良好的服务，导游说明就是其中之一。请为你本地的某一旅游产品（例如上海的旅游×线、上海动物园、上海某著名学校；北京的长城、天坛；西安的秦兵马俑、大雁塔等）写广告和导游说明各一份，要注意两者性质不同，写法也应有别。

11.为自己单位的某项产品写一份符合国标要求的使用说明书。

12.复印一份商品说明书，就其规范性写一篇书评式评析，不少于200字。

第二十一章　可行性研究报告

一、知识题

1.什么是可行性研究？适用于什么事项？

2.可行性研究报告在建设项目决策过程（投资前）处于什么位置？

3.为什么说可行性研究并非目的，但又是必不可少的程序？

4.可行性研究报告在实践中有哪些具体作用？

5.工业新建产品开发性项目和从国外引进技术的投资项目的可行性研究报告的内容，有什么共同点和不同点？

6.可行性研究报告常采用怎样的表达形式？

7.为什么要求可行性研究报告的材料真实准确、周详完备、客观公正？

二、实践题

1.下面是一篇工业技改项目的可行性研究报告（纲要）。现摘录了原文第二层次小标题，隐去了原文第一层次标题，读后请根据可行性研究报告内容表述的一般顺序予以复原，填写在括号内。

[例21-1]

×× 省 ×× 市带钢厂冷轧生产线技术改造
可行性研究报告

第一章（　　　　　）
一、可行性研究工作的依据和范围……
二、承办企业的概况……
三、可行性研究报告的内容概要和结论……
四、存在的问题和建议……
第二章（　　　　　）
一、市场调查和供需预测……
二、产品方案……
三、生产规模的确定……
第三章（　　　　　）
一、物料……
二、外协条件……
第四章（　　　　　）
本项目在原厂基础上进行，故从略。
第五章（　　　　　）
一、工艺技术方案……

二、技改主要内容和措施……

三、主要生产设备的选型……

第六章（　　　　　）

一、总图、仓储及运输……

二、土建……

三、供电……

四、给排水……

五、热力及通风、空调……

六、计量检测……

七、机修……

第七章（　　　　　）

一、环境保护……

二、劳动卫生和安全……

第八章（　　　　　）

一、组织机构、劳动定员和来源……

二、人员培训……

第九章（　　　　　）

项目实施进度表（略）

新增设备投资估算表（略）

固定资产投资估算表（略）

第十章（　　　　　）

一、投资估算……

二、流动资金估算……

三、资金筹措……

第十一章（　　　　　）

一、评价说明……

二、基本数据……

三、财务评价……

四、不确定性分析……

（按：该报告共涉及厂址的选择、总说明、公用工程、环境保护、经济效果评价、项目实施计划、工艺技术与设备、企业的机构和定员、资金估算和资金筹措、物料供应和外协条件的保证、供需预测和生产规模的确定等方面）

2.下面是一篇商业企业拟改组为股份有限公司的可行性研究报告。现摘引了原文的第二层次小标题，隐去了第一层次标题，读后请根据已知内容，补出第一层次标题，并说明本例与上例有什么异同？

[例21-2]

天津××国际商场组建股份有限公司
可行性研究报告

企业概况

（略）

一、（　　　　　　　　）

1.商场扩建所需资金，采取发行股票、社会集资方式筹措……

2.通过对商场股份制改造，有利于企业机制的优化……

3.实行股份制后，明确了产权关系，形成社会有效的约束……

4.有利于这项改革在我市健康发展

发行股票与社会集资的可能性：

（1）社会上潜在着巨大的游资……

（2）商场开业以来的经营业绩和社会信誉……

（3）商场有一支素质较高，经营管理能力较强的职工队伍……

二、（　　　　　　　　）

1.设国家股、企业法人股、个人股……

2.收益分配原则：

（1）……（2）……（3）……（4）……（5）……

三、（　　　　　　　　）

1.此分析的前提条件：

（1）……（2）……（3）……（4）……

2.对商场扩建后的前景预测：

（1）……（2）……（3）……（4）……（5）……

3.预期效益测算：

（1）总毛利……

（2）费用……

（3）实现利润……

（4）税后利润……

（按：该报告共分析了经营及收益率预期，股份设置、股金运用及分配，商场实行股份制的必要性和可能性等方面）

3.下面是某工程勘察院替某自来水厂为水厂原普通用水开发为饮用天然矿泉水而编制的一份水质评价报告（纲目）。读后请回答：

（1）可行性研究报告是一种什么性质的材料？对决策工作有什么意义？

（2）本例是否属于可行性研究报告？为什么？

[例21-3]

××省××市××自来水厂
深井饮用天然矿泉水评价报告

一、交通位置和自然经济地理概况。

二、区域地质、水文地质。

三、矿泉水水文地质条件。

四、矿泉水水文地质检测及评价。

五、深井矿泉水动态特征和资源保证程度。

六、矿泉水深井环境卫生条件评述。

七、结论和建议。

4.读教材例文并回答问题：

（1）可行性研究报告在建设过程中与项目建议书、项目评估报告有什么关系？

（2）可行性研究报告与计划、调查报告、预测报告有什么共同点和不同点？

（3）可行性研究报告可适用于一切拟办事项，不同项目具体内容不同，但各种研究报告必须回答的基本问题相同，是什么？

（4）可行性研究报告写作中运用了叙述、说明、议论等多种表达方式，联系例文请说说哪个部分适宜于叙述、说明或议论。

5.下列例文《××地区30万吨合成氨厂可行性研究报告》原文结构完整，现隐去了原文第一层次的小标题，请仔细阅读，根据可行性研究报告内容表述的一般规律，结合各段的具体内容复原其原小标题，填在括号内。

[例21-4]

××地区30万吨合成氨厂可行性研究报告

一、（　　　　　　　）

随着改革开放的深入，××地区农牧业有了很大的发展，原有的几个小型化肥企业的产品已不能满足当地的需求，近几年来，每年都要进口部分尿素。为了适应××地区农牧业生产发展的需求，减少化肥进口，节省外汇开资，建设一个大型化肥厂实属当务之急。

该项目拟由当地一个中型化肥厂——××化肥厂主办。该厂现有职工1 200人，2000年定为国家二级企业。其主要产品合成氨为省优产品，年产量5万吨。

厂址选在该厂东侧，濒临××河，交通方便，以天然气为原料，占地为贫瘠的荒地。

该项目拟从国外引进必要的技术软件、关键设备及部分特殊材料。总投资为×××万美元；设计年生产能力为30万吨合成氨，全部加工成尿素，年产量为52.88万吨。

二、（　　　　　　　）

1.该地区20世纪70年代末建成3个小氮肥厂，当时总产量为年产7.5万吨合成氨。主要加工成硝酸铵、碳酸氢钠等产品，基本上能满足当地农民对化肥的需求。改革开放以来，农民的生产积极性不断提高，陆续开垦了一批荒地，农业生产的规模有了较大的发展，对化肥的需求量逐年增加。"八五"期间，对原有化肥企业中的两个厂进行了节能技术改造，同时也扩大了产量。目前，该地区合成氨的年总产量为18万吨，但仍然不能满足生产需求。

2.根据当地农业生产资料公司统计，近两年来农民对化肥的需求仍在不断增加，每年都需要从内地调进20万~30万吨，通过外贸进口10万~20万吨化肥。尽管如此，有一些农民仍需外出自行购买高价化肥。

3.根据当地政府和主管农业部门的调查，当地治理荒山、改造沙漠已初见成效。随着三北防护林的建设和发展，兴修水利投资的增加，可耕地还在不断扩大。"十五"期间农业生产还将有较大的发展，对化肥的需求仍呈上升趋势。

三、（　　　　　　　　　）

主要原料和燃料均采用天然气，由××油田通过管线直接送到厂区。经沟通、测算，该项目所需的天然气基本上能保证供应。

四、（　　　　　　　　　）

该厂建在××省××市××区××化肥厂东侧，交通方便，占地面积45公顷，厂区与地理环境适合建造化肥厂。

五、（　　　　　　　　　）

该项目拟引进×国厂商技术软件和×国主要设备、仪器，部分配套设备由国内供应（专利技术与设备清单见附表）。

六、（　　　　　　　　　）

该项目建设周期为3年，预计2006年正式投产。试生产后，正式投产第一年，负荷为生产能力的75%，第二年为90%，第三年可满负荷生产。

七、（　　　　　　　　　）

1.该项目总投资为×××万美元，其中形成固定资产×××万美元，流动资金×××万美元。固定资产所需外汇由国内贷款解决，银行利率10%，人民币全部由建设银行贷款，年利率8%。

2.正式投产后，2006年生产尿素为×××万吨，按每吨单价×××元计算，年销售收入为×××万元，前3年每年按10%递增，到第四年全年销售收入可达×××万元。

3.生产成本估计：

（1）原材料、燃料、动力消耗额估算

（略）

（2）原材料、燃料、动力按市场现行价格计算

（略）

（3）职工工资及福利基金估算

（略）

（4）生产车间副产品估算

（略）

（5）车间经费、企业管理经费估算

（略）

最终产品尿素单位成本为每吨×××元。

4.销售税金按出厂价的5%计算。

（略）

5.销售利润。

销售收入−成本−税金＝销售利润

销售利润＋营业外收支净额＝利润总额

（略）

该项目投产后年利润可达×××万元。

八、偿还贷款估算

（略）

九、（　　　　　　　　）

1.本项目建成投产后，每年可产优质尿素52万吨。不但可以满足本地区农业生产的需求，促进农作物增产，还可以取代进口化肥×××吨，节省外汇×××万美元。

2.考虑到物价因素的影响，依今后3年的物价上涨指数为×%测算，尿素成本还应提高×%，单位成本应为×××元。若按全部自销、×××元/吨的出厂价计算，年利润相应减少×××万元。

3.若通过专门的销售部门批发，产品销售税金按5%计算，每吨销售价格则平均降低××元，企业每年减少销售收入×××万元，企业经营微利或保本。产品销售税金如按20%计算，每年多支出税金×××万元，企业亏损。

4.在××地区建设这样一个化肥厂实属利国利民的急需项目，对促进该地区农业以至整个经济的发展都十分有利。根据以上各方面分析，建设该项目是可行的。因此，建议国家在价格、税收政策上采取优惠政策予以扶持。

附表（略）

20××年××月××日

（摘自李振辉：《应用文写作》）

（按：被隐去的小标题是：财务测算、建设周期、设备与技术、评价、厂址选择、总说明、原料和能源供应、市场分析。说明：这里的顺序有意打乱了，选用时必须结合各段的具体内容，择善而从）

6.将教材市场调查与预测的例文《2000—2003年我国彩电城乡需求量的预测分析》改写为《关于改革彩电经营体制的可行性研究报告》。按照可行性研究报告的写作体例，原预测报告显然不符合要求，故不能简单地调整，要重新增、删，允许作合理的虚拟，数据不确定可用××替代。

7.城市流动摊贩是城市管理的一大顽症。城管人员为了维护市容市貌，执法时或制止驱逐，或没收他们的东西，但往往屡禁不绝，形成"你来我逃""你走我来"，演绎着永无休止的猫捉老鼠游戏。下面一篇报道是上海市有关管理部门就食品摊贩监管的一些设想。读后请参照此文的意见，联系你所在城市或小区的具体情况，写一篇流动摊贩管理的可行性报告。

[例21-5]

上海将加强对食品摊贩的监管

上海七成路边摊点食物原料来源不明的消息（早报28日报道）见报后引起了广泛关注。昨天，从市人大常委会主任会议传出消息，《上海市实施〈中华人民共和国食品安全法〉规定（草案）》即将进入立法审议程序，新草案提出，沪将对小作坊和摊贩"溯源管理"，并鼓励食品小摊贩进入固定场所经营。

市食品药品监管局相关负责人同时透露，本市将对不能颁发食品卫生许可证但确有需求的食品摊贩实施"定点、定时、定人、定品种"的管理，逐渐将之纳入监管体系。

鼓励集中定点经营

市食品药品监管局副局长王龙兴在《上海市实施〈中华人民共和国食品安全法〉规定（草案）》解读中提到，上海这样的"食品输入型"城市尤为需要建立食品安全风险监测和评估机制。

新草案第18条提出了应及时开展食品风险评估的4种情形，包括为制定或修订食品安全地方标准提供科学依据；为确定本市食品安全监管的重点领域、重点品种；为判断某一因素是否构成食品安全隐患，或者在本市发现新的可能危害食品安全的因素；其他需要风险评估的情形。

政府对食品生产加工小作坊和食品摊贩的规划和引导也被纳入立法视野。新草案提出，鼓励小作坊改进生产条件，进入食品加工园区；鼓励食品小摊贩进入集中交易市场、店铺等固定场所经营，以便集中、规范管理。

有必要引入食品安全险

王龙兴说，新法规将适当放宽食品小加工作坊和小摊贩的经营条件，同时更要借助溯源管理保障食品安全。新草案第33条对小作坊和食品摊贩提出了"溯源记录"的要求——如实记录购进食物、食品添加剂、食品相关产品的名称、规格、数量、生产批号、生产日期、保质期、供货者名称、供货日期等，并在一定期限内保留票据凭证。

"比如某设摊人去菜市场买了1斤青菜，不可能有发票，但必须保留菜贩的手写证明，以保证监管部门可以找到源头。"市食品药品监管局食监处处长顾振华表示。

新草案还提出，有必要在高风险的食品行业中，先行引入保险机制。法规草案鼓励婴幼儿食品、生食水产品等食品生产经营者、大型餐饮、集体用餐配送单位，以及承担国内外重大活动食品供应的单位，投保食品质量安全责任险。

不同食品设不同门槛

顾振华在接受采访时表示，上海要将无序、无证的食品摊贩纳入到食品安全监管的体系中。

调研结果显示，56.46%的食品摊贩售卖早点，饼类、煎炸食品、馒头、面包、烧烤肉串、熟食卤味等都属于摊贩供应量最大的前十种食品。"不符合颁发食品卫生许可证条件的，我们肯定不能发证，但考虑到这些小贩的生存需求以及市民的饮食需要，目前不可能简单地进行取缔。"顾振华说。

"基本思路就是政府部门设立门槛，符合条件的摊贩就可以向政府部门申请备案。"顾振华解释，法规将引导各区县街道划定区域，让经过备案的个人在规定的时间到这些地点进行设摊。

摊贩售卖的食品种类各式各样，也将分别制定相关的标准。好比说，卖茶叶蛋的有其门槛，卖烤肉串有另一个门槛。经过备案后，备案人可以定时定点销售指定的食品。顾振华总结，"变取缔为疏导，就是要将无序、无证的食品摊贩也纳入到食品安全监管的体系中。"

8.我国目前实行的公车制度，经济效益不佳，人大、政协社会各界强烈要求改革。若干地区正在进行改革试点。下面这篇文章，综合报道了这方面的情况。读后请以你的见解提出可供建言献策的公车改革可行性研究报告。

[例21-6]

公车改革综述

《京华时报》11月22日讯　记者近日获悉，国家发改委正抓紧启动中央国家机关公务用车制度改革相关工作。北京市大兴区西红门镇等单个地区性车改，在种种现实困难条件之下，恐已难以承载试点之重。因涉及当政者切身利益，也攸关行政效率和财政谋划，公车改革需自上而下强力推动渐成各方共识。

政协提案建言车改破局

在今年3月的全国政协十一届三次会议上，针对公车改革遭遇的难题，民革中央提交了《如何破解公车改革之困局》的提案。提案详细描述了民革中央认为的公车改革优化方案，具体来看，主要涉及以下四个方面：一是控制公车总量和配备，厅局级以下官员全部取消专车，只有公务用车，公务用车的数量，按照当地经济发展水平和常住人口核定，由人大批准控制；二是学习国外经验，电子监控所有公务用车，监控机构不受当地政府领导，直接向上级负责，网上公开查询记录；三是大规模用车社会化，由政府向租车公司公开招标或租用，对驾驶员的安排可参照国有企业人员分流办法进行，公务车的保养也向社会公开招标，结算由财务和维修点进行，司机个人不介入；四是对不配备专车的公务员按照一定标准实行适当交通补贴，制定优惠政策鼓励公务员购买私车，私车公用。

公务用车改革条件已具备

国家发改委表示，国务院印发的《关于2010年深化经济体制改革重点工作的意见》中已经明确提出，要研究推进中央国家机关公务用车制度改革。实际上，今年3月温家宝总理在国务院第三次廉政工作会议上就明确指出，目前我国已经具备了公务用车配备使用制度改革的条件，要在严格规范公务用车配备使用的同时，加快推进公务用车配备使用制度改革。

公车制度存四大弊端

民革中央提案指出，就各地目前的情况看，我国公车制度中主要存在以下四个方面的突出问题：首先是公务用车费用高，造成财政负担沉重。调查显示，每年一辆公务车的运行成本（含司机工资、福利）至少在6万元以上，有的甚至超过10万元。地方公车消费占财政支出的比例为6%~12%；其次是公车私用现象严重；同时，超编制超标准配备使用轿车问题屡禁不止；最后是公车使用效率低，浪费惊人。目前，党政机关及行政事业单位公务用车总量为200多万辆，每年公务用车消费支出1 500亿~2 000亿元（不包括医院、学校、国企、军队以及超编配车）。

现行车改的"三种模式"

各地车改试点大致为三类模式：一为公车货币化，二为公车集中管理，三为两者模式的结合。公车货币化模式以广东珠三角、辽宁省辽阳市弓长岭区为代表，曾长期被认为是公车改革的方向，其措施是公车全部收回，公务人员按照行政级别给予补贴；公车集中管理则以昆明为代表，其措施是党政机关的所有公车全部停用，或上缴至各区组建的机关公务交通服务车队，或拍卖收回部分财政经费；第三类模式则以杭州为代表，取消单位的公务车，所有公务用车集中至杭州市机关公务用车服务中心，单位公务用车可向中心提前预约租用，同时按级别给公务员发放车贴。

9.下面这篇文章是一份倡议或建议，有具体实在的内容，其实就是一份可行性研究报告的萌芽。读后请进行必要的调研（包括文字资料），结合自己的思考，写成一份应用文体的、科学论证的可行性研究报告。

[例21-7]

建一座友城雕塑公园如何

在友城交往中，双方互赠雕塑是一种较常见的做法。然而，这些小则几百斤，大则一两吨的"重礼"放在哪儿却是一个问题。"建一座友城雕塑公园如何？"在日前提案沟通会上，市政协对外友好委员会建议，能否在世博公园、白莲泾公园、后滩公园里选一个，将其改建成雕塑公园，用来收集、展示来自各国友好城市赠送的艺术品。

"上海目前已经和32个国家的70个城市建立了友好城市关系，很多城市都送过我们大型雕塑，但这些大家伙没地方放，比如瑞士巴塞尔市送过我们一个'巴塞尔龙'雕塑喷泉，现在放在静安区的一个社区绿地里。"市政协对外友好委员会常务副主任吴金兰说，"像这种友城送的艺术品现在大多都散落在上海各地，如果能有一座友城雕塑公园，就能将这些友城交往的成果集中起来展示，也是对上海形象的一种宣传。"

会上，市规划土地局表示，在原有公共绿地上改建友城雕塑公园的建议与上海延续世博会效应、继承世博文化遗产的城市规划定位是一致的，规划土地局非常支持这个项目。据悉，该建议已报送市委市政府主要领导，并得到市领导的高度重视。

有与会者还提出，建这个公园不仅可以把雕塑放进去，还可以在里面种植一些代表友城特色的花木。"这次世博会，荷兰馆送给我们一大批他们的国花郁金香，还有法国的罗阿大区也留下了一座玫瑰园，像这些花木都可以移植到这座公园里去，让这个公园成为一座'万国植物园'，这也算是对世博遗产的一种继承。而且，以后的一些友城活动要种'友谊树'，也可以统一到这个公园里举行。"

对于公园的选址，与会者认为三个备选公园都有不足之处。白莲泾公园面积太小，需要拓建；后滩公园湿地多，改造成本太大；最合适的应该算世博公园，但又担心改建后地名修改会引起争议。市规划土地局表示，未来不排除在新规划绿地上建友城雕塑公园的可能。

（记者　季忧业）

（摘自《联合时报》）

10.下面是一些可行性研究报告实例的标题。请根据可行性研究报告的一般体例，结合该项目必须论及的主要因素，选其中一份编列报告纲目。

（1）中国××大学关于组建法律、新闻系的可行性研究报告。

（2）农业高校建立实施总会计师制度的研究报告。

（3）××省××公司关于在京筹建××饭店的可行性研究报告。

（4）××厂关于开展赈灾献血活动的可行性研究报告。

（5）大连××区集中供热项目的经济评价。

（6）国家劳动总局关于在全国推广使用溶解乙炔气瓶的建议。

（7）××塑料厂引进设备的技术经济分析。

（8）××集团公司开拓国际市场和海外投资的可行性研究。

（9）××市承办第×届全运会实行市场化的可行性研究。

（10）××市××街道关于利用社区所在学校场地资源开展社区体育活动的可行性研究。

11.替自己单位拟办的某个项目，拟一份可行性研究报告，供领导决策参考。

12.复印一份可行性研究报告，并就报告写作的规范性、完整性、科学性、客观性等做评析，不少于500字。

第二十二章　涉外经济文书

一、知识题

1.什么是涉外经济文书？为什么说合同是"关键性"的材料？

2.在涉外经济活动中，当事人为什么必须对国内、国际有关法规和惯例有所了解？

3.什么是GATT和WTO？在重要的国际条约中，我国已加入哪些？哪些已在实践中被认同？

4.对合同内容的表述，为什么必须"高度重视"？在合同文书撰写时要注意哪些方面？

5.八类涉外经济合同的主要条款，既有共同性又有不同点，在实践中应如何区别和把握不同类别的不同关键点？

6.国际贸易中通用的价格术语有哪些？最广泛使用的是哪几种？它们代表什么意思？

7."凭牌名或商标买卖"是什么意思？"唛头"是什么意思，如何使用？

8.合同结构的三大部分：开头、正文、结尾，各包含哪些具体项目？

二、实践题

1.将下列例文改写成一篇中外合资经营企业合同。提示：

（1）必须了解此类合同制作的法律规范。可参考教材"涉外经济合同的内容"中的"中外合资经营企业合同的主要条款"和《中国最新合同范本》（国家工商行政管理总局市场规范管理司编）中的"中外合资经营企业合同"样本。

（2）为了合同的规范和完整，可以充实必要的、合理的虚拟材料。

[例22-1]

关于合资兴建高级护肤化妆品厂的意向书

×××市××化学品厂与法国巴黎××护肤化妆品中心，于20××年1月8日至20××年3月28日就在×××市合资兴建高级护肤化妆品厂这一合作项目进行了3次磋商，并于20××年4月8日请中法专家对这一合作项目进行了论证。现就有关事宜达成了如下意向：

一、总体规模

1.合资兴建的高级护肤化妆品厂的规模暂定为年产800万~1 000万套护肤化妆品，厂区占地面积为388亩。

2.用工控制在300~500人，工人由××市××化学品厂负责提供。

二、投资方式与投资比例

1.投资总额为500万美元。

2.巴黎××护肤化妆品中心投资280万美元，以现金方式投入，占投资总额的56%。

3.×××市化学品厂投资220万美元，其中现金128万美元，原有厂区土地、厂房和各类设备折合92万美元，占投资总额的44%。

三、利益分成与风险分担

1.双方原则上同意按投资比例分配净利润。

2.亏损风险分担：

（1）巴黎××护肤化妆品中心原则上同意高级护肤化妆品厂建成投产后5年内若有亏损，由其承担全部亏损额。

（2）5年后若有亏损，双方原则上同意按利润分配的比例分担。

3.意外事故（如战争、地震、火灾等）造成亏损，则由双方按利润分配比例分担。

四、相关责任分担

1.一旦正式签订协议，×××市化学品厂应在半年内办妥有关中外合资企业的申报、审批和工商登记注册手续。

2.一旦合资项目获得批准，×××市化学品厂在正式协议中所提及的全部实物投资对象不得随意增减，若有变化，需征得巴黎××护肤化妆品中心的同意。

3.×××市化学品厂负责招聘所需的技术工人。

4.巴黎××护肤化妆品中心负责对兴建护肤化妆品厂的总体规划。

5.关键设备由巴黎××护肤化妆中心负责从法国引进。

6.技术工人的培训应从新厂筹建之时开始到建成时为止，分3批进行，技术专家由巴黎××护肤化妆品中心派遣，具体组织工作由×××市化学品厂负责。

7.投产后产品5年内由巴黎××护肤化妆品中心负责包销，5年后则双方共同承担。

五、合作期限

该项目合作期限暂定18年。

六、未尽事宜

1.关于新厂建设施工单位，巴黎××护肤化妆品中心提出由其指定巴黎××化学品厂房专业施工队负责。×××市化学品厂则认为应通过公开招标确定施工单位。

2.管理决策部门人选双方未能取得一致意见，双方同意做进一步磋商。

上述未尽事宜，双方一致认为必须于正式签订协议时予以确认。

七、附则

本意向书采用中、法文字书写，中文、法文各一式两份。双方各保持中文、法文文本一份。

中国×××市化学品厂　　厂长：×××　　　法国××护肤化妆品中心　　经理：××·×××

20××年4月18日草签

（摘自倪卫平：《现代经济写作》）

2.以下例文是一篇对外贸易（又称国际货物销售、国际货物买卖）合同。读后请回答：

（1）对外贸易合同的主要条款有哪些？它与国内买卖合同有什么共同点和不同点？

（2）外贸合同的进口合同与出口合同应如何区分？合同与确认书是什么关系？FOB合同与CIF合同有何不同？

（3）价格术语在国际贸易中有什么特殊意义？常用的国际贸易价格术语有哪些？

［例22-2］

合 同
CONTRACT

合同号：××××××

Contract No：××××××

日 期：20××年6月12日

Date：June12，20××

The Seller：××STEEL INTERNATIONAL TRADE COMPANY LIMITED

Address：21×××ROAD，××，CHINA

Tel：×××××××Fax：××××××××

The Buyer：ABC STEEL TRADING CO.，LTD.

Address：××××××

买方同意购买，卖方同意出售下述商品，并按下列条款签订合同：

The Buyer agrees to buy and the Seller agree to sell the undermentioned goods subject to the terms and conditions stipulated below：

1.商品名称、数量及技术条件：

Description of commodity，quantity and technical conditions：

（1）商品名称：钢筋混凝土用热轧带肋钢筋

Commodity：Deformed Bars for Concrete Reinforcement

（2）材质：JIS G3112SD390

Grade：JIS G3112SD390

（3）规格与重量：Specification and Weight

Size	Weight	Unit Weight （kg/m）	Weight/pieces （kg）	Pieces/bundle	Weight/bundle （MT）
D13×8m	1 800MT	0.995	7.96	240	1.910
D19×8m	1 000MT	2.25	18.00	112	2.016

（每种规格+10%，由卖方选择）

（10pct more or less for each specification at seller's option）

（4）化学成分、力学性能、长度偏差、横截面尺寸偏差及其他要求：按JIS G3112-1987标准执行

Chemical composition，mechanical properties，length tolerance，the deviation of any Cross-sectional dimension，and other requirements are in conformity with JIS G3112-1987.

（5）外观要求：螺纹钢外形为竹节式钢肋。不应有明显毛刺出现

Outward appearance：The outward appearance should be bamboo type. Surface should be no obvious burr.

（6）标志：钢坯表面应轧上清晰的标记JG…

Marking：Deformed bars shall be identified by rolled-on eligible marks on the surface with JG…

2.包装：捆装。每捆中间扎三道钢带，两端用线材各扎一道，并于两端各挂一金属标牌，注明标准、牌号、规格、批号、重量。每捆件数如下：

D13mm：每240根打一捆。

D19mm：每112根打一捆。

Packing：In bundle. Each bundle should be fastened at three center places by steel strip, and two ends of each bundle should be fastened by wire rod, with two metal tags attached at each bundle marking standard, steel grade, dimensions, rolling number and weight.The number of pieces of each bundle is described as follows,

D13mm：240 pieces per bundle.

D19mm：112 pieces per bundle.

3.计重方式：以理论重量交货。

Weighing：Delivery based on the theoretical weight.

4.单价：USD273.00/MT C&F FO CQD INCHON，KOREA.

Unit price：USD273.00/MT C&F FO CQD INCHON，KOREA

5.总价：764 400.00美元（+/-10%）。

Total value：USD764 400.00（+/-10%）

6.装运时间：20××年7月31日。

Date of shipment：on and before July31，20××.

7.装运港：中国，烟台/青岛。

Port of loading：Yantai/Qingdao，China.

8.目的港：韩国，仁川。

Port of destination：Inchon，Korea.

9.检验：工厂对合同货物进行质量检验，并出具质量证书。

Inspection：The mill will make inspection for quality of the goods and issue the Certificate of Quality.

10.单据：卖方应向银行提交全套已装船清洁提单、商业发票、装箱单、工厂出具的质量证书和受益人证明，表明已将一套不可议付单据于提单签发日后5个工作日内传真或邮寄给买方。

Documents：The Seller shall present to the bank full set of clean on board Ocean Bills of Lading，Commercial Invoice，Packing List，Certificate of Quality issued by the mill and Beneficiary's Certificate to certify that one set of non-negotiable shipping documents has been faxed or air-mailed the Buyer within 5 working days after B/L date.

11. 支付条件 Terms of payment：

买方应在20××年7月5日之前通过卖方可接受的银行开立以卖方为受益人、金额为合同总值100%的不可撤销的即期信用证。

通知行：中国建设银行××市分行国际业务部

地址：中国××××西路××号××大厦

SWIFT：PCBCCNBJASD　电报：××××××

TEL：××××××××　FAX：××××××××

The Buyer should open the irrevocable L/C at sight of 100% cargo value with a bank to be accepted by the Seller before July 5，20×× in favor of the Seller.The items of this L/C should be acceptable to the Seller.

  Advising Bank：CHINA CONSTRUCTION BANK ×× BRANCH

         INTERNATIONAL DIVISION

  Address：No.××，××××× WEST ROAD ×× BUILDING，××，CHINA

  SWIFT：PCBCCNBJASDJ TELEX NO.：××××××××

  TEL：××××××××　FAX：××××××××

该信用证凭本合同第11条中规定的单据在货物装船后14天内，但无论如何不超过L/C有效期在中国的银行议付，信用证有效期为货物装船后21天在中国到期。

The L/C can be negotiated against first presentation within 14 days after shipment at any commercial bank in China with documents stipulated in Chapter 11 of this contract. At all events，not later than the expiry date of the Credit. The covering L/C remains valid in China until the 21th days（inclusive）from the date of shipment.

12.装运条款：

（1）装率：港口习惯快速装运。

（2）装运通知：卖方于货物装船完毕后，应立即以传真通知买方合同号、信用证号、品名、船名、装运数量和提单日期。

（3）允许分批装运。

Terms of Shipment：

（1）Loading rate：C.Q.D.

（2）Shipping advice：The Seller shall notify the Buyer by fax immediately the contract number，L/C number，commodity，name of carrying vessel，loaded quantity and the date of shipment after completion of shipment.

（3）Partial Shipment is allowed.

13.品质、数量的异议与索赔：

货到目的港后，买方如发现货物品质与合同规定不符，除属于保险公司及/或船公司的责任外，买方可以凭经双方认可的独立检验机构出具的检验证明自货到目的港卸毕之日起45天内向卖方提出异议，货物数量异议需凭该机构出具的在货物卸毕10日内在目的港的检验证明提出（允许货物表面轻微锈蚀）。卖方应于收到异议后30天内答复买方。

Quality，Quantity Discrepancy and Claim：

In case the quality is found by the Buyer to be not in conformity with the stipulation of the Contract after arrival of the goods at the port of destination，the Buyer may lodge a claim with the Seller，Within 45 days after completion of discharge of the goods at the port of destination，supported by survey reports issued by mutual acceptable an independent surveyor，with the exception，however，of those claims for which insurance company and/or the shipping company are to be held responsible. Claim for quantity discrepancy should be filed by the

Buyer, within 10 days after completion of discharge of the goods at the port of destination supported by survey report sissued by this surveyor (slight atmospheric rust on surface is allowed).The Seller shall send settlement to the Buyer within 30 days after receipt of the documents of the claim.

14.人力不可抗拒：

因人力不可抗拒的事故，致使卖方不能在合同规定期限内交货或不能交货时，卖方可不负责任，但发生上述事故时，卖方应立即以电报或传真通知买方，如买方提出要求时，卖方应以挂号函向买方提供由中国国际贸易促进委员会或有关机构出具的发生事故的证明文件。

Force Majeure：

In case of Force Majeure, the Seller shall not be liable for non-shipment or late shipment of the goods of the Contract. However, the Seller shall notify the Buyer by cable or fax and, if so requested by the Buyer, send the Buyer by registered mail the Certificate issued by China Council for the Promotion of International Trade or any other authorities attesting such event.

15.仲裁：

凡因执行本合同或与合同有关事项发生的任何争端，双方应通过友好协商解决；如协商不能达成一致，应提交中国国际贸易仲裁委员会，根据其仲裁规则进行仲裁。仲裁裁决是终局的，对双方具有同等的约束力。仲裁费用除非仲裁机构另有决定外，均由败诉方负担。

Arbitration：

Any dispute arising out of or relating to this Contract thereof, shall be settled amicably through negotiation between the Seller and the Buyer.In case no settlement can be reached through negotiation, the case shall then be submitted to the China International Trade Arbitration Commission for arbitration in accordance with its Rules of Arbitration.The arbitrament is final and binding upon both parties.The arbitration expenses shall be borne by the losing party unless otherwise awarded by the arbitration organization.

16.补充条款：

租船提单可接受

第三方单据可接受

Additional clause：

Charter Party B/L is acceptable.

Third party documents are acceptable.

买方：　　　　　　　　卖方：

THE BUYER：　　　　THE SELLER：

（摘自苏欣：《商务应用文实训》）

3.将下列例文改写成一篇中外来料加工合同。提示：

（1）必须了解此类合同的法律规范。可参考教材"涉外经济合同的内容"中的"'三来'（来料加工、来样加工、来件装配）合同的主要条款"和《中国最新合同范本》（国家工商行政管理总局市场规范管理司编）中的"中外来料加工合同"样本。

（2）为了合同的规范和完整，可以充实必要的、合理的虚拟材料。

[例22-3]

玩具加工出口会谈纪要
20××年3月28日

　　××市玩具股份有限公司与美国芝加哥××玩具制造公司就玩具加工出口合作项目进行了会谈。地点：××市××宾馆A座1828房间。时间：20××年3月22—28日。出席会谈者：××市玩具股份有限公司董事长赵××、总经理钱××、董事袁××、总会计师王××；芝加哥××玩具制造公司总经理××、总经理助理××、董事××、总会计师××。本次会谈内容纪要如下：

　　一、会谈的主要事项

　　1.加工出口玩具的品种与数量。

　　2.所需技术设备与资金。

　　3.各类玩具加工出口的交货期限。

　　4.利益分成与风险分担比例。

　　5.本合作项目的合作期限。

　　二、会谈达成的初步协议

　　会谈双方对上述五项内容进行了友好洽谈，交换了各自的意见，现达成初步协议纪要如下：

　　1.品种与数量。××市玩具股份有限公司每年为芝加哥××玩具制造公司加工电子玩具枪30万支；遥控电动玩具汽车50万辆；电动玩具飞机60万架；电动玩具米老鼠80万只；电动玩具唐老鸭100万只；电动玩具圣诞老人1 000万个。

　　2.技术设备。上述所有玩具制作所需技术资料、设备、样品等由芝加哥玩具制造公司无偿提供，并提供技术人员负责产品质量标准检验与技术培训工作。

　　3.加工性质为来料加工，加工费按不同品种与数量计算。

　　4.交货期限。芝加哥××玩具制造公司要求加工的上述所涉各类品种的原材料应一次性提供，并于签订正式协议后一个月内运抵××港。××市玩具股份有限公司应按照协议规定的期限交货。现原则上暂定为一年交货两次，具体的交货时间与数量，待签正式协议时确定。

　　三、利益分成与风险分担

　　根据双方的协商，利益享受将采取"互不影响、互不干涉"的原则。芝加哥××玩具制造公司支付加工费数额按品种一次性决定，电子玩具枪每支为0.38美元；电动玩具汽车每辆为0.48美元；电动玩具飞机每架为0.50美元；电动玩具米老鼠每只为0.28美元；电动玩具唐老鸭每只为0.35美元；电动圣诞老人每个为0.58美元。××市玩具股份有限公司收到加工费后，不再享有产品销售收入所获的利润。芝加哥××玩具制造公司则不享受加工费所带来的利润。

　　若合作期间出现战争、地震、火灾等人力不可抗拒的事故，风险双方自负。若因市场不景气等非人力不可抗拒而发生产品销售不畅，风险由芝加哥××玩具制造公司自负。

四、本项目合作期限

本项目的合作期限暂定为5年。5年之中双方若非人力不可抗拒之因素影响，则不得随意变动期限。5年后双方若都有愿望继续合作，则到时再行磋商签协。

××市玩具股份有限公司　　　代表×××　　　　芝加哥××玩具制造公司　　　代表×××

20××年3月28日

（摘自倪卫平：《现代经济写作》）

4.读下列中外合作劳务合同，请回答：

（1）对照教材"涉外经济合同的内容"中的"中外劳动技术服务合同的主要条款"和《中国最新合同范本》（国家工商行政管理总局市场规范管理司编）中的"中外劳务合作合同"样本，评析本例是否符合要求。

（2）中外劳务合作合同与国内的劳动合同有什么重要的区别？如法律依据、主管部门、主要内容等。

（3）劳务（劳动）合同如何规范用人单位和劳动者双方的权利和义务？

[例22-4]

中国××××公司和×国×××公司
劳务合同

以×国×××公司，总部设于×××为一方（以下简称"雇主"）和以中国××××公司，总部设于中华人民共和国××市为另一方（以下简称"中国公司"）通过友好协商于20××年×月×日在×××签订本合同。

鉴于雇主希望为其中国××（地）（以下简称"工地"）×××（项目）（以下简称"本工程"）提供劳务，中国公司愿意为本工程提供劳务。

现双方同意如下条文：

第一条　总　则

1.雇主负责实施本工程，中国公司负责为本工程提供劳务。

2.本合同自签字之日起生效，直至双方间全部遗留问题，包括财务问题处理完毕之日止。

第二条　人　员

1.中国公司应按本合同附件一"提供劳务明细表"和附件二中商定的工种、人数、技术条件、派遣日期和工作期限，为本工程派出其受权代表、各类技术人员、工人、管理和服务人员（以下简称"人员"）。

2.附件一和二为本合同的组成部分，其内容在本合同签字生效后一般不得变更。在特殊情况下雇主要求变更时，经中国公司同意应按下述规定办理：

（1）人员离开北京之前如需变更时，雇主应将变更内容提前×个月书面通知中国公司。如雇主变更计划未能及时通知中国公司，而中国公司已按计划集中人员和订购机票，雇主应负担因此造成的损失。

（2）人员工作期限满之前，如需终止雇佣，雇主应在终止雇佣之日前，提前×个月书面通知中国公司。

（3）人员工作期限如需延长，雇主应在期满之前，提前×个月书面通知中国公司。

3.中国公司授权代表负责组织人员在工作中履行本合同规定的中国公司的义务，并负责管理人员的内部事务。

第三条　签证和其他证件（略）

第四条　对中国公司人员的要求（略）

第五条　对雇主的要求（略）

第六条　工作时间（略）

第七条　合同工资（略）

第八条　夜班及加班（略）

第九条　工资和加班费支付（略）

第十条　税　金（略）

第十一条　节假日、每周休息日和年度休假（略）

第十二条　预付工资（略）

第十三条　动员费（略）

第十四条　保　险（略）

第十五条　医疗和病假（略）

第十六条　交通、通信工具和差旅费（略）

第十七条　生活和膳食设施（略）

第十八条　劳保用品及小工具（略）

第十九条　保　密（略）

第二十条　涉及第三方的事宜（略）

第二十一条　不可抗力

由于天灾、战争、内乱、封锁、暴动、传染病、政变等，使本工程无法继续进行时，经双方协商本合同可以暂停。在这种情况下，雇主应负担人员的回国旅费。

第二十二条　仲　裁

凡因执行本合同所发生的或与本合同有关的一切争议，双方应通过友好协商解决；如果协商不能解决，应提交仲裁。仲裁在被诉方所在国进行。在中国，由中国对外经济贸易仲裁委员会根据该会仲裁程序暂行规则进行仲裁。在×××（被诉方所在国名称），由××××（被诉方所在国名称），由××××（被诉方所在国的仲裁机构的名称）根据其仲裁程序规则进行仲裁。仲裁裁决是终局的，对双方都有约束力。

第二十三条　合同的补充和修改

根据需要，经双方协商，可以对本合同进行补充或修改。修改或补充的条款以书面形式经双方授权代表签字后，即成为本合同的组成部分，与本合同具有同等效力。

第二十四条　生效和文字

本合同自签字之日起生效。

本合同用中英文写成，中英文具有同等法律效力。双方各执一份。

中国×××公司　　代表（签署）

×国×××公司　　代表（签署）

（摘自张洁：《新编涉外文书完全范本》）

5.将下列例文改写成一篇中外合作经营企业合同。提示：

（1）必须了解此类合同制作的法律规范。可参考教材"涉外经济合同的内容"中的"中外合作经营企业合同的主要条款"和《中国最新合同范本》（国家工商行政管理局市场规范管理司编）中的"中外合作经营企业合同"样本。

（2）为了合同的规范和完整，可以充实必要的、合理的虚拟材料。

［例22-5］

关于合作开发××旅游风景区的备忘录

××县××旅游风景区管理局与日本东京××公司，于20××年1月8日在××县就合作开发××旅游风景区进行了第二次磋商，双方进一步交换了意见，达成了初步的谅解，双方承诺如下：

1.东京××公司同意就合作开发××旅游风景区的项目进行投资，投资金额暂定为600万美元。

2.东京××公司投资的600万美元原则上用于旅游区的宾馆与游乐设施建设。

3.有关宾馆的选址问题，双方还有分歧，商定于下月上旬再次磋商时确定。

4.利润分配因××旅游风景区管理局用于合作项目的土地与物资尚未明确估价，故其分配比例未做正式磋商，但双方原则上同意按投资总额中所占份数确定利润分配比例。

5.双方商定，将在下月上旬继续磋商。地点定于东京。

××县××旅游风景区管理局　　代表：×××

日本东京××公司　　代表：×××

20××年1月8日　备录

（摘自倪卫平：《现代经济写作》）

6.下面的案例是国内企业之间的合同关系。请将甲方（定作人）改为某外国运输公司，乙方（承揽方）仍为中国某船厂，将此合同改为涉外经济合同。可参考《中华人民共和国合同法》第十五章承揽合同的有关内容，并注入涉外合同必需的元素。

［例22-6］

修船合同

编号：

签约双方：中海集装箱运输有限公司　　　　　　　　　　（下称甲方）

　　　　　中海工业有限公司菠萝庙船厂　　　　　　　　（下称乙方）

一、工程名称："新蛇口"轮。

二、工程范围：根据甲方提供双方议定的修理工程单。

三、工程价格：初估为人民币15万元［价格估算以双方总协议为依据（特别说明的除外）］，最终价以"结算单"为准。

四、修期自20××年10月18日起至20××年10月21日止。因加账工程等因素则顺延。

五、双方责任：

1.若乙方已为船舶进厂做好各项准备工作，而甲方突然变更时间，则乙方向甲方收取损失费。

2.在工程拆验时，发现某项工程必须加账而延长修期时，双方应协商延长修期。

3.乙方对施工质量予以保证，活动部件保修3个月，固定部件保修6个月。

4.有关安全工作及本合同服从"中国船舶工业总公司船舶修理暂行基本条款"的规定。

六、在修船期间，安全防火工作由工厂负责，船方配合做好安全防火工作。

七、若遇人力不可抗拒因素影响造成延期，其妨碍施工的实际时间由双方协商妥善处理。

八、结算办法：船舶完工离厂前甲方预付初估价的70%给乙方，甲方在接到乙方的结算单后，2个月内和乙方确认总修费，并在3个月内付清余款。

九、奖罚条款：乙方提前完工，每一天奖总修费的1%，最多不超过3%，如因乙方原因造成延期完工，延期一天罚总修费的1%，最多不超过3%，若遇人力不可抗拒因素影响造成延期，其妨碍施工的实际时间由双方协商妥善处理。

十、本合同一式四份，双方各执两份，结账付款后失效。

委托单位（甲方）：中海集装箱运输有限公司　承修单位（乙方）：中海工业有限公司菠萝庙船厂

代表：　　　　　　　　　　　　　　　　　代表：

开户银行：　　　　　　　　　　　　　　　开户银行：广州市交通银行××办事处

账号：　　　　　　　　　　　　　　　　　账号：

签约地点：菠萝庙船厂　　　　　　　　　　日期：20××年×月×日

（摘自倪卫平：《现代经济写作》）

7.参考教材例文一（中外货物买卖合同），将下列素材撰写成中外水果购销合同，假设供方为越南某园艺场，需方为中国北京果品公司。

［例22-7］

大丰果品商店的代表杜云光，于20××年3月16日与光明园艺场的代表肖鹏飞订了一份合同。双方在协商中提到：大丰果品商店购买光明园艺场出产的水蜜桃8 000千克，鸭梨10 000千克和红富士苹果15 000千克。要求每种水果在八成熟采摘后，一星期内分三批交货，由光明园艺场负责以柳筐包装并及时运到大丰果品商店；其包装筐费和运输费均由大丰果品商店负担。各类水果的价格视质量好坏，按国家规定当地收购牌价折算，货款在每批水果交货当日通过银行托付。如因突发的自然灾害不能如数交货，光明园艺场应及时通知大丰果品商店，并互相协商修订合同。在正常情况下，如果大丰果品商店拒绝收货，应处以拒收部分价款20%的违约金；光明园艺场交货量不足，应处以不足部分价款30%的违约金。合同一式四份，双方各执一份，各自的上级单位备案一份。

8.下列材料是一篇可行性研究报告。可行性研究报告常常是中外合资经营企业、中外合作经营企业等项目确立合同关系的前奏——前期报批的必备文件。请以此为基础，制作一份中外合作经营企业的合同。可参考教材"涉外经济文书"一章之第三节"涉外经济合同的内容"中的（三）"中外合作经营企业合同的主要条款"。此案例比较粗陋，写作时需充实，允许合情合理的虚拟。如"对方"仍用中国香港，莫称"中外"……合同，直称粤港。因"一国两制"关系，与港、澳、台的经济规范，适用涉外法规和习惯。

[例22-8]

关于合作经营广州××实业有限公司可行性研究报告

我公司属下玩具公司与中国香港××实业有限公司按照我国对外合资法的有关规定，经过友好协商拟成立中外合作经营"广州××实业有限公司"，公司地址在广州市××路××号原玩具公司所属的××玩具厂，生产塑料、电动玩具。

现将合作各方基本情况及经济效益等可行性研究报告如下：

一、合作双方的基本情况

1.我方：广州市××进出口分公司玩具公司。

地址：广州市××路××号。

××玩具公司系广州市××进出口分公司玩具公司之一，有法人地位，系直接对外经营进出口玩具为主的经济独立单位，年进出口任务为3 000万~4 000万美元。

2.合作对方：中国香港××实业有限公司（由中国香港××实业有限公司出资25%，美国××公司出资75%组成），是我方××厂的合作伙伴（即由××公司与××厂签订来料加工合同，代其加工装配后出口）。

一年多来由于双方合作良好，业务发展迅速，如20××年××厂纯加工费收入300万港元……经过较长时间的商讨，合作条件成熟，于20××年×月我方与对方已商定成立中外合作经营企业。

二、合作形式与条件（略）

三、生产规模、生产品种及市场销售情况（略）

四、合作时间（略）

五、经济可行性分析

合作公司的注册资本为1 500万~3 000万港元，资本由对方提供。主要资本为美国××公司出资，××公司是美国玩具大进口商之一。在设备上××公司已提供大部分，由我方提供的厂房（××玩具厂）现已达2 000多平方米，人员达700多人，××玩具厂与××公司合作1年，生产已步入正轨，年产值已达5 000万~6 000万港元，净创汇港币已达500万~600万港元。因此今后5年内逐步扩展，我方每年收益逐步扩大至1 000万~2 000万港元完全有可能……

综合各因素，合作公司不用我方投放较多的资金，生产周期不长，经济上我方不用承担较大的风险，经济效益不断扩大，总的来说可以达到投资少、见效快、效益好的目的。合营公司的性质又是外向型经济，每年可为国家创一笔可观的外汇收入。

9.下面是一份中外《合资企业项目建议书》。建议书本身就是中外合资企业申请立项的材料，已具中外合资企业合同的雏形。请参考教材"涉外经济文书"一章之三"涉外经济合同的内容"中的（二）"中外合资经营企业合同的主要条款"，将这份项目建议书扩写成规范的合同。

[例22-9]

北京市××公司关于在北京筹建皮革
及其制品合资企业项目建议书

××市经贸委：

现将有关中外合资企业项目事项报告如下：

一、主办单位：

中方：北京市××公司。该公司拥有国内皮革行业中较先进的制革技术及一批具有较高专业知识的研究人员，从事皮革及其制品的开发工作，同时具有小规模的生产能力。

法人代表：×××

职务：××

主管单位：北京××局

外方：××公司

法定地址：德国××××

注册国家：德国

法人代表：××总经理

国籍：德国

二、合资目的：引进国外的先进技术及生产诀窍，提高皮革及其制品的工艺水平，提高产品档次，增强在国际市场的竞争能力。

三、合资规模：合资初期主要生产汽车用皮革及其制品，以后逐步生产其他产品。该合资公司的产品90%以上外销，年销售额××万美元，厂房约需××平方米，职工××~××名。

四、投资估算及资金来源：投资总额××万美元，注册资本××万美元。其中，中方以厂房、设备、现金投入，折合××万美元，占××%；外方以现金和技术投入，共××万美元，占××%。尚缺流动资金××万美元，由合资公司在北京贷款。

五、生产技术和主要设备：公司现有设备较为完善，合资后外方能引进先进的技术和工艺，所以合资初期只需增添部分普通缝纫设备即可满足产品生产的要求。

六、主要原材料：合资初期，汽车用皮革及其制品的原材料均在中国境内采购，以后逐步生产其他产品时，视具体情况酌情而定。如若中国境内的原材料价格比国际市场昂贵，由外方负责在国际市场采购。

七、环境保护：生产过程中没有环境污染问题。

八、合资期限：10年。

九、初步经济效益分析：以合资初期的汽车用皮革及其制品为例，年销售额为××万美元。若利润率为××%，则每年获利××万美元，××万美元的注册资金，20××年就能全部收回。

北京××公司

20××年××月××日

呈报单位：×××

呈报时间：×××

附件说明：（略）

件数：××

（摘自祝雪虎：《经济文书写作技巧、模板与范例》）

第二十三章 股份制上市公司公告性文书

一、知识题

1.什么是股份公司，什么是上市公司？

2.什么是公告性文书？上市公司公开披露信息有什么意义和作用？

3.招股说明书、股票上市公告书、中期报告、年度报告、配股说明书，各适用于什么程序？

4.招股说明书、股票上市公告书、中期报告、年度报告、配股说明书，各应载明哪些内容？

5.招股说明书等的封面（或开头）的"重要提示"，应如何陈述，起什么作用？

6.以上五种公告性文书大体属于三种性质，请说明其相互关系。

7."财会资料"是什么性质的材料？为什么在有些公告性文书中成了注册会计师出具的审计报告的附件？

8.置于公司办公地点、准备接受投资者查阅的文件有哪些？它们与公开披露的公告性文书是什么关系？

9.写作上市公司公告性文书为什么必须深入了解并严格遵守国家法律、行政法规和地方政府有关规章？

10.《中华人民共和国证券法》等法规都要求公开发行股票所提交的文件（包括公告性文书）"必须真实、准确、完整""没有虚假记载、误导性陈述或者重大遗漏"。对此应如何理解？

二、实践题

1.读下面例文（摘要），请回答问题并完成：

（1）这篇例文是招股说明书还是上市公告书？

（2）这两种文书适用于什么程序？有什么作用？两者有何区别？

（3）编制此项文书应注意哪些问题？

（4）摘要系原文第二层次小题，请根据这些内容，参照公开发行股票公司信息披露的有关法规规定，将第一层次小题补填在括号内。

[例23-1]

××啤酒股份有限公司（   ）书

一、（   ）

1.发行人简介　2.本次发行　3.主要会计数据　4.预计时间表

二、（   ）

发行人、董事会、公司职工、集团公司、元、股票或A股、社会公众股、主承销商、承销机构、上市推荐人、证监会、上交所

三、（　　　　　）

本×书是根据《中华人民共和国公司法》《股票发行与交易管理暂行条例》……而编写的……

四、（　　　　　）

1.发行人　2.主承销商及上市推荐人　3.副主承销商　4.分销商　5.发行人的律师事务所　6.主承销商的律师事务所　7.会计师事务所　8.资产评估机构　9.土地评估机构　10.资产评估确认机构　11.股票登记机构

五、（　　　　　）

（一）主要风险因素：1.经营风险　2.行业风险　3.市场风险　4.控股风险　5.政策性风险　6.股市风险

（二）主要风险对策：1.经营风险影响因素对策　2.行业风险影响因素对策　3.市场风险影响因素对策　4.控股风险影响因素对策　5.政策风险影响因素对策　6.股市风险影响因素对策

六、（　　　　　）

（一）本次发行募集资金的投向、投资进度和效益预测：1.募集资金规模　2.投资项目简介　3.投资项目使用资金年度及效益预测

（二）前次募集资金的运用情况

七、（　　　　　）

1.公司每年税后利润按下列顺序及比例分配　2.历年股利发放情况　3.预计本次公开发行股票后首次股利分配时间为20××年7月以前，新老股东共同享受本次发行前滚存利润

八、（　　　　　）

重庆会计师事务所……

九、（　　　　　）

1.承销方式　2.发行日期　3.发行方式　4.发行地点　5.发行对象　6.股票种类　7.每股发行价格　8.预计本次发行总市值　9.承销机构　10.发行费用

十、（　　　　　）

1.发行人名称　2.发行人注册地　3.发行人历史及改制情况　4.公司发起人简介　5.公司经营范围　6.公司的主要业务及其市场占有情况　7.本公司与××啤酒（集团）有限责任公司的关联情况　8.公司与集团公司同业竞争情况　9.主要原材料耗用　10.公司环保情况　11.国家政策　12.本公司组织结构和内部管理机构　13.发行人职工情况

十一、（　　　　　）

1.股东的权利和义务　2.股东大会职权和议事规则　3.公司法定代表人及其职权　4.董事会的产生、职权和议事规则　5.经营管理机构的组成和职权　6.监事会的组成、职权和议事规则　7.关于公司内部审计

十二、（　　　　　）

1.董事会　2.监事会成员　3.其他高级管理人员　4.关于兼职

十三、（　　　　　）

1.生产经营的一般情况　2.经营业绩　3.公司营业收入构成　4.重大项目完成情况

5.公司的主要业务及其市场占有情况

十四、（　　　　　）

1.股本形成过程　2.注册资本　3.发行前股本构成　4.本次向社会公开发行　5.本次发行后股本结构　6.净资产　7.每股净资产　8.本次发行前持有本公司股份最大的前10名股东名单及其持股份额　9.本次发行前所有董事、监事、高级管理人员均不持有本公司股票

十五、（　　　　　）

1.短期借款余额　2.一年内到期的长期借款余额　3.长期借款余额

十六、（　　　　　）

1.主要固定资产　2.土地使用权　3.公司无非经营性资产

十七、（　　　　　）

（一）审计报告

（二）财务报表：1.资产负债表　2.利润及利润分配表

（三）财务变动情况表

（四）会计报表注释

十八、（　　　　　）

（一）资产评估结果

（二）本次评估采用的方法：1.固定资产　2.流动资产　3.无形资产

（三）评估确认

（四）土地资产评估

（五）其他需说明的事项

十九、（　　　　　）

（一）公司20××年盈利预测

（二）盈利预测基准

（三）盈利预测的基本假设（1—7）

（四）盈利预测表编制说明（1—12）

二十、（　　　　　）

（一）发展战略和目标

（二）生产经营规划：1.……2.……3.……4.……

二十一、（　　　　　）

1.重要合同

2.重大诉讼事项

二十二、（　　　　　）

1.重庆啤酒股份有限公司全体董事会成员签署

2.全体承销团成员签署

附件：（1.审计报告—7.公司章程）

备查文件：（1.营业执照—10.查阅地点）

××啤酒股份有限公司

20××年×月×日

2.读下面例文（摘要），请回答问题并完成：

（1）这篇例文是中期报告还是年度报告？

（2）这两种文书适用于什么程序？有什么作用？两者有何区别？

（3）编制此项文书应注意哪些问题？

（4）摘要系原文第二层次小题，请根据这些内容，参照公开发行股票公司信息披露的有关法规规定，将第一层次小题补填在括号内。

[例 23-2]

××邮电通信设备股份有限公司

20××年（　　）报告

一、（　　　　　）

1.公司法定中文名称　2.公司法定代表人　3.公司董事会秘书　4.公司注册、办公地址　5.公司选定的信息披露报纸　6.公司股票上市交易所

二、（　　　　　）

1.主要会计数据　2.境内外审计差异说明　3.近三年主要会计数据及财务指标

三、（　　　　　）

1.报告期末股东数　2.主要股东持股情况

四、（　　　　　）

1.报告期内召开股东大会的有关概况　2.报告期内召开临时股东大会的有关概况　3.报告期内选择、更换公司董事、监事情况简介

五、（　　　　　）

1.公司经营情况　2.公司财务状况　3.公司投资情况　4.新年度业务发展计划　5.董事会日常工作情况　6.董事、监事、高级管理人员　7.公司本次利润分配预案及公司20××年度利润分配政策　8.其他报告事项

六、（　　　　　）

1.监事会工作概况　2.关于监事检查的情况

七、（　　　　　）

1.报告期内公司无重大诉讼、仲裁事项　2.报告期内没有发生公司、公司董事及高级管理人员受监管部门处罚的情况　3.公司第二届董事会选举通过的新董事　4.报告期内公司出售资产情况　5.重大关联交易事项　6.公司"三分开"情况　7.报告期内未发生托管、承包、租赁其他公司资产……的事项　8.报告期内公司聘任的会计师事务所未变　9.其他重大合同（担保等）及其履行情况　10.报告期内公司未更改公司名称和股票简称　11.其他需披露的重大事项　12.报告期内公司和公司控股股东中国××信息集团公司未在指定报纸和网站上披露承诺事项

八、（　　　　　）

1.审计报告　2.会计报表　3.会计报表附注

九、（　　　　　）

1.公司首次注册或变更注册登记日期、地点　2.企业法人营业执照注册号　3.税务登记号码　4.公司未流通股票的托管机构名称　5.公司聘请的会计师事务所名称、办公地址

十、（　　　　　）

1.载有法定代表人、主管会计工作负责人、会计机构负责人签名并盖章的会计报表　2.载有会计师事务所盖章、注册会计师签名并盖章的审计报告原件　3.报告期内在中国证监会指定报纸上公开披露过的所有公司文件的正本及公告的原稿。

××邮电通信设备股份有限公司董事会

20××年×月×日

3.下面是一例配股说明书（摘要），读后请回答问题并完成：

（1）公司向原股东配售发行股票，为什么要向证券监管机构申报并向股民披露？

（2）配股说明与招股说明应如何区别和明确旨意？

（3）编制此项文书应注意哪些问题？

（4）摘要系原文第二层次小标题，请根据这些内容，参照《公开发行股票公司信息披露的内容与格式准则第四号——配股说明书的内容与格式》的规定，将第一层次的小标题补填在括号内。

[例23-3]

<h2 align="center">××汽车股份有限公司20××年配股说明书</h2>

一、（　　　　　）

本配股说明书根据《中华人民共和国公司法》《中华人民共和国证券法》……制定……

二、（　　　　　）

1.股票上市交易所　2.发行人　3.主承销商　4.副主承销商　5.分销商　6.主承销商律师　7.会计师事务所　8.发行人律师　9.资产评估机构　10.股份登记机构

三、（　　　　　）

1.总资产　2.股东权益　3.总股本（股）　4.主营业收入　5.利润总额　6.净利润、说明

四、（　　　　　）

本公司董事会认为本公司符合现行配股政策和条件：

1~9

并且，本公司的配股申请中不存在下列任何之一情形：

1~8

五、（　　　　　）

1.20××年9月14日实施每10股送红股2.5股，每10股公积金转增股本1.5股。

2.20××年8月24日实施每10股派送红利4.20元（含税）。

六、（　　　　　）

本公司聘请的北京市××律师事务所对本次配股出具了法律意见书。

七、（　　　　　）

1.公司前次募集资金已由××会计师事务所出具验资报告，予以确认。

2.前次募集资金具体使用情况。

3.××会计师事务所对前次募集资金运用出具专项审核报告结论。

八、（　　　　　）

1.配售股票类型　2.股东配股比例　3.预计募集资金总额及发行费用　4.股权登记日与除权基准日　5.发起人和持股5%以上的股东认购，放弃部分配股权的承诺　6.关于支持5%以上的股东以非现金资产认配的说明　7.本次配售股份若全部募足，配股前后股本结构变动情况

九、（　　　　　）

1.配股缴款的起止日期　2.缴款地点　3.缴款办法　4.逾期未被认购股份的处理办法

十、（　　　　　）

1.配股起始交易日　2.尚未流通股份的配股　3.配股认购后产生的零股及其交易

十一、（　　　　　）

1.公司拟把本次募集资金用于以下投资项目　2.各项目建设资金使用计划及预计产生效益时间　3.上述配股投资项目投资预计可募集货币资金　4.公司本次配股募集资金投向中的有关项目与公司国家股东××汽车工业（集团）总公司存在关联交易的具体情况

十二、（　　　　　）

1.经营风险　2.行业风险　3.市场风险　4.政策风险　5.股票市场风险　6.余额包销以外发售方式的风险

针对上述风险，公司已采取或拟采取以下对策：1~6

十三、（　　　　　）

公司董事长签字

签署日期

十四、（　　　　　）

1.附表：1~7　2.备查文件：1~8

××汽车股份有限公司

20××年×月×日

4.将报载招股说明书、股票上市公告书、中期报告、年度报告、配股说明书改写压缩到原稿字数的1/10以内，用作给初涉股市的老年人做入门辅导的案例，要求在保持文书完整性的条件下，突出有实践意义的内容，缩略实践意义不大的内容。

第二十四章　公关礼仪文书

一、知识题

1.什么是"公关"？什么是"礼仪"？它们与社会文明的关系如何？

2.礼仪文书注入公关概念有什么积极意义？

3.公关礼仪文书有什么作用（功能）？

4.公关礼仪文书有哪些特点？

5.喜庆迎送类文书适用于哪些事项？

6.感谢致敬类与关切慰问类文书有何异同？

7.关切慰问类与哀丧悼唁类文书有何异同？

8.规劝号召类即公开信，与一般书信有何区别？

9.邀约聘请类为什么常常口头与文书表达叠用？

10.公关礼仪文书的行文关系有几种？

11.公关礼仪文书大致采用书信体式，它与一般书信有何区别？

12.制发公关文书要注意哪些问题？

二、实践题

1.在公务交际中少不了迎来送往，并且要表示相互的友好与祝愿，而且是用口头语言表达的。读下面例文后请回答：

（1）这种言辞一般应表述什么内容（指要素，不是具体内容）？

（2）这种言辞的语言应体现什么风格特点？

（3）中西部某单位到东南沿海某对口支援单位考察（或进修等）。就此事代主、客双方拟欢迎辞、欢送辞、告别辞、祝酒辞（此题可由两位同学配合进行，一人代表主方，一人代表客方）。

［例24-1］

欢迎辞

佩里先生：

在复活节即将到来的时候，我代表我们××公司，并以我个人的名义，向您和您的代表团一行人的光临表示最热烈的欢迎，并致以良好的祝愿和问候。

我们非常高兴地看到过去一年中我们之间的合作是多么愉快，也衷心地希望我们之间的业务关系在未来的岁月将继续下去。

在我欣悉您已被任命为威斯汀豪斯电气公司董事会董事之际，请接受我最良好的祝愿。

欢送辞

琼斯先生:

当您即将启程回国的前夕,我们极为愉快地代表××公司全体成员并以我个人的名义,向您表示热烈的欢送。

我们对您在过去的几年中对我们的事业的关切表示感谢,我们很高兴能与你们保持十分密切的关系,如果不是您和您的同事们的帮助,我们不可能在发展和扩大我们双方之间的良好关系方面取得这么大的成绩。

如果您能向您的继任者转达我们准备和他进行紧密而融洽的协作愿望,我们将十分高兴。我们还希望能够在不久的将来荣幸地请他到我们这里来访问。

谨致美好的祝愿

告别辞

斯库特先生:

我们对加拿大的访问即将结束,并将很快返回中国,在临别前夕,我仅代表我的同事并以我个人的名义,对您在我们访问期间所给予的热情款待表示感谢。我相信我们这次访问将有利于进一步加强我们在农业机械方面的合作,我和我的同事盼望在不久的将来能有幸在中国欢迎您,从而使我们之间的关系继续向前推进。

谨致美好的祝愿

顺祝身体健康

在欢迎参加朝核问题北京六方会谈代表晚宴上的祝酒辞
中国外交部长　李肇星

各位团长、朋友们:

我代表中国政府,欢迎各位来北京参加六方会谈,祝贺会谈的举行。

钓鱼台曾是中国清朝一位年轻皇帝送给他一位老师的礼物,是一个充满善意和可能给这里的人带来好运气的地方。

身处此地,一种历史感会油然而生。

这座花园目睹过许多重大外交事件。在这里,通过对话,冰山可以消融,敌意可以化解,信任可以培育。钓鱼台历史的最好启迪就是:和平最可贵,通过对话争取和维护和平最可贵。

进入新世纪,各国人民更加渴望和平与发展、友谊与合作。但东北亚地区仍未完全摆脱冷战阴影。

朝鲜半岛核问题的发生,在使我们面临挑战的同时,也为有关各方尽释前嫌,实现东北亚持久和平与稳定提供了机遇。

今天的会谈就是各方求同存异、增进互信和和解的难得契机,值得珍惜。

中国古诗曰:"任凭风浪起,稳坐钓鱼台。"这里的钓鱼台泛指世界各国的钓鱼台,也包括我们所在的这个钓鱼台。希望并相信各位将以自己的远见、智慧、耐心、勇气和对和平事业的诚意寻求共赢。为此,我提议,为北京六方会谈成功,为大家在钓鱼台"稳坐"

愉快，为和平、健康干杯！

2.对他人事业的成就以及重要会议、重要日子、重要活动等表示祝贺，是不可错失的公关机会。这种祝愿是用文书（贺电、贺信等）表达的。读例文并回答：

（1）此类庆贺文书一般应表达哪些内容？将例文划分为几个部分？

（2）此类文书的语言应体现什么特点？

（3）某有关单位（如学校、医院、团体、报刊或其专栏等等）创建××周年，代本单位拟一份表示祝贺的祝辞，不得少于500字。

（4）有隶属关系和无隶属关系单位间的贺辞，其写作旨意与写法有何区别？

[例24-2]

中共中央 国务院 中央军委

对天宫二号和神舟十一号载人飞行任务圆满成功的贺电

载人航天工程空间实验室飞行任务总指挥部并参加天宫二号和神舟十一号载人飞行任务的各参研参试单位和全体同志：

天宫二号和神舟十一号载人飞行任务获得圆满成功，空间实验室飞行任务实现连战连捷！中共中央、国务院和中央军委向胜利完成这次任务的航天员，向参加这次任务的全体科技工作者、干部职工、解放军指战员，表示热烈的祝贺和亲切的慰问！

天宫二号和神舟十一号载人飞行任务圆满成功，首次实现了我国航天员中期在轨驻留，并开展一批体现国际科学前沿和高新技术发展方向的空间科学与应用任务，标志着我国载人航天工程取得了新的重大进展。这是建设创新型国家和世界科技强国的最新成果，是中国人民攀登世界科技高峰的最新成就。在以习近平同志为核心的党中央的坚强领导下，航天战线坚决落实创新驱动发展战略和军民融合发展战略，锐意进取、攻坚克难、团结协作、拼搏奉献，体现了中国特色社会主义道路自信、理论自信、制度自信、文化自信。你们建立的卓越功勋、展现的可贵品质将激励全党全军全国各族人民在统筹推进"五位一体"总体布局和协调推进"四个全面"战略布局中奋发有为、建功立业，不断开创中国特色社会主义事业新局面。祖国和人民感谢你们！

太空探索永无止境，航天梦圆任重道远。希望你们紧密团结在以习近平同志为核心的党中央周围，高举中国特色社会主义伟大旗帜，全面贯彻落实党的十八大和十八届三中、四中、五中、六中全会精神，以邓小平理论、"三个代表"重要思想、科学发展观为指导，深入学习贯彻习近平总书记系列重要讲话精神，大力弘扬"两弹一星"精神和载人航天精神，再接再厉，开拓创新，推动航天科技不断取得新突破，为实现"两个一百年"奋斗目标、实现中华民族伟大复兴的中国梦而努力奋斗！

中共中央

国务院

中央军委

2016年11月18日

[例24-3]

祝全球华侨华人推动中国和平统一大会召开

全球华侨华人推动中国和平统一大会莫斯科大会组委会：

欣闻全球华侨华人推动中国和平统一大会——莫斯科大会隆重召开，谨致以热烈的祝贺！借此机会，谨向来自世界各地的侨胞致以亲切的问候和崇高的敬意！

长期以来，包括俄罗斯侨胞在内的广大华侨华人，十分关注中国的统一大业，并为此做出了不懈的努力和积极的贡献。自"柏林大会"以来，海外侨胞掀起了一波又一波"反独促统"的热潮，这充分表达了中华儿女反分裂、盼统一的共同心愿，也极大地震慑了少数"台独"分子的嚣张气焰。

众所周知，以"台独"为党纲的民进党上台以来，积极推行"渐进式台独"路线，变本加厉从事分裂祖国的活动。最近，民进党当局又大肆鼓吹"全民公投"，恶意挑起省籍矛盾，毒化两岸人民感情，置损害两岸关系于不顾，企图借此捞取选票，谋民进党一党之私利。其种种倒行逆施理所当然遭到了包括广大海外侨胞在内的全体中华儿女的坚决反对。

海内外炎黄子孙在"一个中国"的原则上有广泛的共识，在经济发展上有共同的利益，在历史、文化和血缘上有共同的渊源。我们倡导海外侨胞不分来自祖国大陆，还是来自祖国宝岛台湾；不管其思想信仰和政治态度如何，只要承认"一个中国"原则，不参与分裂中国的活动，就要摒弃前嫌、求同存异，多做交流、不搞对抗，共同为中国的统一大业和侨胞在当地的生存发展精诚合作、团结奋斗。我们希望海外侨胞通过深入细致、灵活多样、持续有效的工作，推动当地政要、国际友人和主流媒体加深对中国大陆发展现况和中国台湾问题的了解，争取他们对中国政府希望以"和平统一、一国两制"方针解决中国台湾问题的理解和支持。

我们祝愿"莫斯科大会"秉承过去历次大会的优良传统，开成又一次全球华侨华人精诚合作的大会，团结奋斗的大会，鼓舞侨心的大会，为反对"台独"，促进中国的完全统一做出新的更大的贡献！

祝大会圆满成功！

国务院侨务办公室

20××年9月10日

3.用于对个人的喜庆祝贺、以寿辰、就职、获奖等事由为多。读下列例文并回答：

（1）这些个人的事为什么值得张扬？

（2）这种贺辞的写法有什么规律？

（3）这种贺辞的语言应体现什么特点？

（4）写一篇向老师祝寿或向朋友获奖祝贺的祝辞，不少于200字。

［例24-4］

中共中央祝徐特立70寿辰的信

亲爱的特立同志：

党中央委员会热烈祝贺你的70大寿！

你的道路，代表了中国革命知识分子的最优秀的传统。你是热爱光明的，你为了求光明，百折不挠，在50岁加入了中国共产党。你对于民族和人民的事业抱有无限忠诚，在敌人面前，你坚持着不妥协不动摇的大无畏精神，你的充沛的热情，使懦虫为之低头，反动派为之失色。你是密切联系群众的，你的知识是和工农相结合、生产相结合的，你把群众当作先生，群众把你当作朋友。你对自己是学而不厌，你对别人是诲人不倦，这个品质使你成为中国杰出的教育家。你痛恨官僚主义与铺张浪费，你的朴素勤奋70年如一日，这个品质使你成为全党自我牺牲和艰苦奋斗作风的模范。你的这一切优良品质是全党同志和全国人民的骄傲，把你的这一切优良品质发扬光大是全党同志和全国人民的革命任务。

祝你永远健康！

中国共产党中央委员会
1947年1月10日

［例24-5］

国家主席习近平向美国当选总统唐纳德·特朗普致贺电

习近平在贺电中指出，作为最大的发展中国家、最大的发达国家、世界前两大经济体，中美两国在维护世界和平稳定、促进全球发展繁荣方面肩负着特殊的重要责任，拥有广泛的共同利益。发展长期健康稳定的中美关系，符合两国人民的根本利益，也是国际社会的普遍期待。我高度重视中美关系，期待着同你一道努力，秉持不冲突不对抗、相互尊重、合作共赢的原则，拓展两国在双边、地区、全球层面各领域的合作，以建设性方式管控分歧，推动中美关系在新的起点上取得更大进展，更好地造福两国人民和各国人民。

(新华社北京11月9日电)

4.慰问信（电）在公关礼仪文书中使用率很高，读例文并回答和完善：

（1）慰问信（电）适用于哪些事项？

（2）慰问信（电）应表述什么内容？

（3）慰问信（电）的语言应体现什么特点？

（4）向一位可敬的人（如见义勇为而负伤、积劳成疾而病倒、年老退休而乐管"闲事"、业（课）余无偿为他人服务等）写一封节日慰问信，不少于500字。

[例24-6]

辽宁省委省政府致四川地震灾区的慰问电

中共四川省委、四川省人民政府：

惊悉5月12日阿坝州汶川县发生里氏7.8级强烈地震，给当地人民群众的生命财产造成了严重损失。谨以中共辽宁省委、辽宁省人民政府的名义并代表全省人民向灾区各族人民表示亲切的慰问！向战斗在抗震救灾第一线的广大干部群众、人民解放军指战员、武警官兵和公安干警致以崇高的敬意！

我们决定，紧急拨款1 000万元捐助灾区，并紧急调拨4 000顶帐篷、5万床棉被等救灾物资运往灾区。同时立即抽调120名医护人员、65名公安消防人员和13名通信工程技术人员赶赴灾区开展救援工作。我们相信，在党中央、国务院的亲切关怀下，在四川省委、省政府的领导下，灾区人民一定能够克服困难，战胜灾害，早日恢复生产，重建美好家园！

中共辽宁省委　辽宁省人民政府

20××年5月13日

5.悼词是哀丧悼唁文书中最重要也最难写的，读以下例文回答问题并完成：

（1）悼词应写哪些内容？

（2）在悼词中如何恰当地运用叙述和议论？

（3）用语言现场宣读的悼词与用文章追思的悼文在写法上有什么区别？

（4）恩格斯的这篇悼词堪称千古绝唱。请问好在哪里？请写一篇评析文章，不少于300字。

[例24-7]

恩格斯在马克思墓前的讲话
（1883年3月17日）

3月14日下午两点三刻，当代最伟大的思想家停止思想了。让他一个人留在房里总共不过两分钟，等我们再进去的时候，便发现他在安乐椅上安静地睡着了——但已经是永远地睡着了。

这个人的逝世，对于欧美战斗着的无产阶级，对于历史科学，都是不可估量的损失。这位巨人逝世以后所形成的空白，在不久的将来就会使人感觉到。

正像达尔文发现有机界的发展规律一样，马克思发现了人类历史的发展规律，即历来为繁茂芜杂的意识形态所掩盖着的一个简单事实：人们首先必须吃、喝、住、穿，然后才能从事政治、科学、艺术、宗教等等；所以，直接的物质的生活资料的生产，从而一个民族或一个时代的一定的经济发展阶段，便构成为基础，人们的国家制度、法的观点、艺术以至宗教观念，就是从这个基础上发展起来的，因而，也必须由这个基础来解释，而不是像过去那样做得相反。

不仅如此，马克思还发现了现代资本主义生产方式和它所产生的资产阶级社会的特殊的运动规律。由于剩余价值的发现，这里就豁然开朗了，而先前无论资产阶级经济学家或者社会主义批评家所做一切研究都只是在黑暗中摸索。

一生中能有这样两个发现，该是很够了。甚至只要能做出一个这样的发现，也已经是幸福的了。但是马克思在他所研究的每一个领域（甚至在数学领域）都有独到的发现，这样的领域是很多的，而且其中任何一个领域他都不是肤浅地研究的。

这位科学巨匠就是这样。但是这在他身上远不是主要的。在马克思看来，科学是一种在历史上起推动作用的、革命的力量。任何一门理论科学中的每一个新发现，即使它的实际应用甚至还无法预见，都使马克思感到衷心喜悦，但是当有了立即会对工业、对一般历史发展产生革命影响的发现的时候，他的喜悦就完全不同了。例如，他曾经密切地注意电学方面各种发现的发展情况，不久以前，他还注意了马赛尔·德普勒的发现。

因为马克思首先是一个革命家。以某种方式参加推翻资本主义社会及其所建立的国家制度的事业，参加赖有他才第一次意识到本身地位和要求，意识到本身解放条件的现代无产阶级的解放事业——这实际上就是他毕生的使命。斗争是他得心应手的事情。而他进行斗争的热烈、顽强和卓有成效，是很少见的。最早的《莱茵报》（1842）、巴黎的《前进报》（1844）、《德意志——布鲁塞尔报》（1847）、《新莱茵报》（1948—1849），《纽约每日论坛报》（1852—1861），以及许多富有战斗性的小册子，在巴黎、布鲁塞尔和伦敦各组织中的工作，最后是创立伟大的国际工人协会，作为这一切工作的完成——老实说，协会的这位创始人即使别的什么也没有做，也可以拿这一成果引以自豪。

正因为这样，所以马克思是当代最遭嫉恨和最受诬蔑的人。各国政府——无论专制政府或共和政府——都驱逐他；资产者——无论保守派或极端民主派——都争先恐后地诽谤他、诅咒他。他对这一切毫不在意，把它们当做蛛丝一样轻轻抹去，只是在万分必要时才给予答复。现在他逝世了，在整个欧洲和美洲，从西伯利亚矿井到加利福尼亚，千百万革命战友无不对他表示尊敬、爱戴和悼念，而我敢大胆地说：他可能有过许多敌人，但未必有一个私敌。

他的英名和事业将永垂不朽！①

6.丁大勇是××日杂公司仓库保管员，省劳动模范。2000年2月1日，家里正为他庆贺50岁寿辰。突然传来火警，是他仓库隔壁的一家化工厂。他闻讯立即丢下碗筷奔赴出事地，奋不顾身地投入救火，不幸牺牲。事后他的单位为他举行追悼会。请代该单位拟一篇在追悼会上宣读的悼词。可以虚拟充实一些内容，但要合乎逻辑，分寸恰当。不少于500字。

7.下面这篇贺信存在缺点，读后请指出问题并予改写。

[例24-8]

××厂给××厂建厂30周年纪念的贺信

××厂党委会：

---

① 马克思，恩格斯. 马克思恩格斯全集（第19卷）[M]. 中共中央编译局，译. 北京：人民出版社，1963.

30年来，贵厂全体同志在党的领导下，发扬了艰苦创业、自力更生、增产节约、为"四化"多做贡献的精神，不仅为祖国的工业建设提供了产品，而且培养了大批优秀技术人才，支援了兄弟单位。

多年来，贵厂在帮助我厂试制新产品方面无私地提供了实验条件，在技术力量上长期得到贵厂的支援，为此我们表示衷心的谢意，并决心在改革中向贵厂学习，提高产品质量，不断更新，创全优率同行最高水平。

8.下面这篇祝寿辞不甚得体，读后请指出其问题并予改写。

[例24-9]

给老师的祝寿辞

尊敬的老师：

在你寿诞到来的时候，我们谨向你表示热烈的祝贺！祝愿你身体健康，也能像其他人一样永远长寿！

中国有句古话："人生七十古来稀"。在改革开放的今天，古稀之年却不再给人以白发苍苍的形象了。你虽然已60岁了，却依旧青春焕发，充满了青年人的朝气。你还在教学园地里辛勤地耕耘，还在为祖国的明天贡献力量，你的这种精神一直激励着我们。你对于我们来说，是一种无比巨大的鼓舞和鞭策。没有你，我们犹如花儿见不到阳光，禾苗得不到雨露，你是我们生命的支柱，是我们永远仿效的榜样。尽管你曾经批评过我们，但无论如何我们不能计较，因为你出于爱我们——你的每一位学生。敬祈老师能够永远健康地活下去！

高二（1）班全体同学

9.下面是一则喜庆新闻。读后请代表当地××寺或××旅游公司写一封表示祝贺的信。

[例24-10]

南通太平禅寺钟鼓楼落成

本报讯　南通太平禅寺最近举行钟鼓楼落成暨佛像开光庆典。

太平禅寺始建于唐咸通七年（公元866年），为千年古刹。1992年，南通崇川区筹措资金近千万元，重修了太平禅寺，原全国佛教协会会长赵朴初亲笔题写了寺名。去年5月，太平禅寺还成立了"普门书画院"。作为江苏省重点寺院，近年来，太平禅寺先后建造了山门、天王殿、大雄宝殿、观音阁、藏经楼等建筑。（冯启榕）

10.下面是一则社会新闻。某户发生火灾，家中只有1名5岁幼童，幸得邻居奋力营救，幸免于难。读后请代表幼童的家长写一封向邻居致谢的感谢信。

[例24-11]

邻居物业砸房门抱出幼童

本报讯（记者　左妍）昨天上午8时，兰溪路曹杨六村110号发生火灾。着火人家的户主外出买菜，将一名5岁男童留在家中。幸亏好心邻居竭力相助，把被困的孩子抱出室外，才使男童转危为安。

居民介绍，着火的是110号2楼一老伯家，家中有个5岁的孙子。昨天早晨，老伯外出买菜，看孙子还在熟睡，就将他独自锁在家中。

老伯外出不久，楼内邻居闻到阵阵焦味，仔细寻找发现，是老伯家着火了。住在隔壁的邻居宋先生听到屋内有孩子的啼哭声，便大声呼叫："屋里有孩子！救人！"闻讯赶来的邻居吴先生、张先生和小区物业的杨先生立即展开营救。他们合作救援，关闭电闸后用榔头将防盗门砸开。眼看黑烟滚滚，吴先生情急之下一脚踹开房门进入房间，此时屋内已经伸手不见五指。他用湿毛巾捂住口鼻，弓着身子进入屋内，一阵摸索之后，抱起孩子冲出房间。众人见孩子平安无事，悬着的心终于落地。

大火被消防队员扑灭，屋内物品付之一炬。事后，众人在火场勇救孩子的消息迅速在小区内传开，赢得大家交口称赞。

11. 下面一则新闻报道了宗教人士乐善好施的善行。他们关爱和慰问的是社会弱势群体。请代这个禅寺拟一封随慰问金一起致送的慰问信。

[例24-12]

玉佛寺慰问200户困难家庭

本报讯（记者　邵宁）在兔年春节来临之际，上海玉佛禅寺举办了新春送温暖系列活动。继元旦向全市2 000户困难家庭赠送新年慰问金，腊月初八免费赠粥和连续三天为市民题写春联之后，昨天，玉佛寺的部分法师、居士在方丈觉醒法师的带领下，分别前往200户贫困家庭送上慰问和关爱。

昨天，觉醒法师一行走访了一些特困家庭，有的家庭成员几人患有严重的疾病和残疾，有的是社会孤老，还有的本人身患重疾又有子女在求学，生活压力非常大。爱心人士给这些困难家庭带去了慰问金，让他们也过一个欢欢喜喜、祥和快乐的春节。

12. 下面这则新闻从科学的角度说明了吸烟的危害性。请以妇联的名义发表公开信（或倡议书），号召会员们保证自己家庭的成员不吸烟。

[例24-13]

吸烟仅数分钟便埋下癌症隐患

新华社今晨电　美国研究人员15日说，吸烟后数分钟内便可对基因造成损伤，从而埋下癌症隐患。

实验中，12名志愿者抽烟后，研究人员分析他们体内的多环芳烃含量。多环芳烃包括菲、萘等150多种化合物，其中不少物质可致癌。研究人员发现，吸烟过程中会产生菲，而菲进入人体后会生成一种有害物，"损害脱氧核糖核酸（DNA），引发可能导致癌症的突变"。

实验表明，吸烟后15分钟至30分钟内，这种有害物的含量达到可损害DNA的水平，速度之快让研究人员感到吃惊。

研究报告发表于美国《毒物学化学研究》。

第二十五章　经济论文

一、知识题

1.什么是经济论文？什么是经验性学术论文和理论性学术论文？

2.经济论文的制作包括哪些程序？

3.自选课题要注意什么原则？

4.搜集资料可通过哪些途径和方法？

5.构思阶段要解决哪些问题？

6.撰写过程要注意哪些问题以利写作效率和质量？

7.为什么应重视修改？怎样做好修改工作？

8.《中华人民共和国国家标准·科学技术报告、学位论文和学术论文的编写格式》对论文的形式构成和排列方式做了全面规定，其中哪些是常用项目，哪些是"必要时"用的？

9.论文提要的职能是什么？应如何撰写？

10.经济论文的篇章结构一般是怎样的？

11.经济论文的语言有什么特点？

12.论文中如何夹用图表？引文和加注如何标注？

二、实践题

1.读下列文章后请回答：

（1）论文、经济论文、一般性经济论文（经济评论）、学术性经济论文，这些概念有什么区别？

（2）经济论文的选题为什么特别重要？作者自选课题应坚持什么原则？

（3）给此文写一篇不超过300字的文摘。

[例25-1]

如何有效地防止和避免经济波动
胡鞍钢

经济周期波动是经济发展的重要现象。它表现为经济扩张时因受到资源供给约束或者消费需求约束而出现经济收缩；经济收缩时又因资源供给充裕或者消费需求拉动而重新进入经济扩张，周而复始，不断循环。国际比较研究表明，我国是世界上经济增长最快的国家之一，也是世界上经济波动较为明显的国家之一，它们构成我国现代经济增长的两大显著特点。只有比较客观地承认这一事实，认真分析这一现象的本质及症结，老老实实地按经济规律办事，才有可能防止经济发展大起大落。

一、稳住农业是防止经济波动的基础

农业是国民经济的基础，它的真正含义是，农业波动是经济波动的基础；农业稳定是经济稳定的基础。解决世界上人口最多的国家的"吃饭"问题，是历届政府的首要任务，"无农不稳，无粮则乱"，形象地说明农业生产以及粮食生产波动是我国经济不稳定、社会不稳定的基础。与其他国家相比，我国农业波动与经济波动这一特殊关系就在于我国国情的特殊性。

农业是国民经济最基础的部门，又是最薄弱的部门，也是经济波动最敏感的部门。农业波动会影响整个国民经济波动。这是因为：

——农业部门是广大城乡人民基本食物的主要供给者。我国居民膳食结构是以植物型为主，粮食是人民食品消费的主要来源。农业产出下降，特别是粮食产量下降，引起农副产品供应短缺，导致农副产品价格急剧上涨。食品价格上涨还抬高了工业劳动成本，引起工业品价格上涨，从而推动价格总水平上涨。因此，农业产出波动影响价格波动。

——农业部门是消费品工业（指轻工业）原料的主要供给者。农业产出下降，导致轻工业原料短缺，农产品原料价格上升。农业产出波动直接影响消费品工业波动，也间接影响资本货物工业产出波动。

——农业部门是出口产品的主要供给者。农业产出下降，影响农产品及加工品的出口量。同时也增加农产品出口量，例如粮食、棉花、油料等大宗农产品。农业波动直接影响出口波动，间接影响进口波动。

——农业部门是工业产品的主要需求者。农业人口占总人口的大多数，是国内最大的市场，既包括生产资料市场，也包括消费品市场，成为工业部门发展的前提条件。农业产出下降，农民人均收入水平下降，影响农业对工业品的购买量，减少对工业品的需求量。所以，农业波动直接影响商业波动，间接影响工业产出波动。

——农业部门是人口与劳动比重最大的部门。农业产出下降，使得"吃饭"问题突出，经济不稳定，社会不稳定，迫使政府削减对工业投资支出，引起固定资产投资下降。农业产出波动直接影响投资波动，间接影响工业产出波动。

可见，在我国这样一个人口众多、资源紧缺、尚未实现现代化的大国中，农业收获的丰歉对经济波动产生十分重大的影响，农业增长速度制约GNP增长速度和工业增长速度。因此，只有大力发展农业，稳定粮食增长，才能稳定整个国民经济发展。

二、中央政府是宏观经济的稳定器

为什么创造和保持一个稳定的宏观经济环境是我国政府的重要目标呢？为什么中央政府应成为宏观经济的稳定器呢？这是因为：

首先，保持经济稳定是我国顺利实现经济起飞的关键。从现代经济增长的发展过程看，我国从20世纪80年代以来进入经济起飞阶段，即经济高速增长阶段。如果在长期而不是短期保持这一增长趋势，就会成为世界经济大国。经济稳定就是使真实GNP增长率曲线在一个合理的范围内围绕增长趋势上下波动，既减少两者之间的绝对偏差，又减少其相对偏差。因此在经济起飞过程中，防止上下"栽跟头"尤为重要。

其次，稳定的宏观经济环境是经济持续增长的必要条件之一。一个相对稳定的宏观经济环境，可以增加本国国民对政府的信任，提高国外投资者对中国投资的信心，从而可以保持较高的国内储蓄率或国内投资率；同时，还可以避免因高通货膨胀使全体居民受到损害，特别是低收入阶层受到损害而引起的收入分配恶化和社会动荡。

再次，稳定的宏观经济环境对经济改革成功具有决定性影响。物价稳定，人心就稳定，财政平衡，财力充裕，改革措施才有条件出台。

最后，稳定的宏观经济环境对维护中央政府的权威性至关重要。由于我国是一个人口众多、经济落后、发展不平衡的大国，且处于经济社会迅速变革时期，经济活动日趋复杂化，各类不稳定因素急剧增加。如果中央政府不能有意识地或者有目的地减少经济不稳定因素，调整发展不平衡状态，反过来盲目地强化不稳定因素，加剧不平衡状态，就等于自我削弱，不断把自己推向危险的边缘。

由此结论，无论是从短期看，还是从长期看，保持经济稳定应始终是中央政府最重要的发展目标之一。

三、在经济稳定中实现持续增长

作为一个发展中的社会主义大国，发展是永恒的主题。持续稳定协调发展，是40多年来我国经济发展最重要的历史总结，也是今后经济长期发展的指导方针。经济稳定化是实现经济持续高速增长的基本条件，但并不意味着经济只能平滑增长，而是要避免出现严重的经济衰退或者恶性通货膨胀。

经济稳定化目标及其政策应是：

第一，稳定经济增长，保持一个合理范围的增长率。假定真实经济增长率在一个接近增长趋势范围内上下波动，我们认为经济增长是"合理"的，也是"稳定"的；如果真实经济增长率超出这个范围，我们则认为经济增长是"不合理"的，也是"不稳定"的。

第二，稳定物价，保持物价总水平基本稳定是经济稳定化的核心。保持物价基本稳定不是指物价上涨率为零增长，而是指控制在一个相对低的范围之内。当物价上涨率小于3%，我们认为经济稳定；当物价上涨率超过6%，我们认为经济不稳定，当物价上涨率超过10%，我们认为中国经济已进入了高通货膨胀期，也进入经济极不稳定期。

第三，财政收支基本平衡。保持财政收入和财政支出基本平衡，减少财政赤字是经济稳定化的重要内容。财政赤字占财政收入比重的2%以下，就可以认为是基本平衡。

第四，保持工农业按比例发展。稳定农业生产，保持工农业按比例发展是经济稳定化的基础。在我国，农业增长率与工业增长率合理的比例范围是1：2.0~1：2.5。超过这一比例，则认为农业增长速度过慢。

第五，建设规模要和国力相适应。控制基本建设规模，调整产业结构，是中央政府宏观经济调控的重要职能，从投入产出比例看，投资增长率应等于或低于产出增长率，否则是高投入低产出，这样的产出增长率越高，所付的投入成本则越高。

（摘自倪卫平：《现代经济写作》）

2. 下面是几个城市关于房价调控的一些做法，其他省市情况也类似。读后请完成：

（1）房价过快上涨有什么危险？为什么国家三令五申收效甚微？

（2）写一篇你对房价调控见解的经济评论。

[例25-2]

深圳、武汉、杭州调控政策再升级

深圳：先前规定非深户购房社保缴纳年限为3年，深户单身限购1套，无房但有贷款记录者首付5成。自11月15日起，公积金缴存职工家庭名下在深无房的首付比例最低30%，名下在深拥有一套住房的首付不低于70%。

武汉：先前二套房首付比例最低50%，首套房商业贷款首付比例30%。自11月14日起，本市户籍禁止买第三套住房。非本市户籍的，需连续在武汉市缴满2年社保或个人所得税证明，并且对补缴的不予承认。

杭州：先前在市区限购范围内，暂停向拥有一套及以上住房的非本市户籍居民出售住房。实施"暂停市区购房入户政策""调整住房公积金贷款政策"，上调一套房首付比例。自11月10日起，再次上调住房公积金贷款和商业性住房贷款首付比例，暂停发放第三套及以上住房贷款，加强对首付资金来源审核和土地竞买资金来源审查。

3.下面是超市价格欺诈被曝光的新闻。其实虚构原价、不履行价格承诺、低标高结等现象何止这几家，在商界司空见惯。请从经济学角度分析为什么这种现象并不奇怪，如何杜绝？

[例25-3]

上海市物价部门针对价格欺诈开出历年最高罚单

家乐福收到最大罚单：3家店各50万

新华社上海1月29日电　上海市物价检查所相关负责人29日向记者介绍，当日上午已按处罚上限，向上海地区存在价格欺诈行为的3家家乐福超市门店各开出了50万元的罚单。

这3家门店分别是家乐福超市联洋店、南翔店和张江店。经检查，这3家门店在销售商品时存在虚构原价、不履行价格承诺、低标高结等价格欺诈行为。上海市价格部门根据《价格违法行为行政处罚规定》作出上述严厉处罚，同时责令家乐福立即改正，退还多收价款。相关的行政处罚事先告知书29日已送达各门店。

上海市物价检查所相关负责人表示，这是上海市价格部门对同类违法行为开出的历年最高罚单。不过，最终的处罚金额的确定还需经过行政处罚听证程序，给予被罚企业一个陈述申辩的机会。

4.下面是一份"绿色饮食""低碳生活"的倡议。读后请从经济学和卫生学的角度分析中国传统宴客的弊端及改革的方向。

[例25-4]

新民晚报与上海市市容环境卫生行业协会、上海餐饮行业协会发起"绿色餐饮不浪费　年年有余带回家——绿色年夜饭"活动，向全市餐饮行业和广大的市民提出倡议：

■加入"绿色年夜饭"活动，树立"绿色餐饮"理念，创造餐饮消费新模式。我们呼吁各餐饮企业积极参与活动，引导顾客"绿色消费"；减少一次性餐具的使用。呼吁广大市民适量点餐，健康饮食；餐后打包，杜绝浪费；从源头减少餐厨垃圾的产生；养成绿色低碳的生活习惯。

■打造"绿色饮食"文化，营造"绿色餐饮"的宣传氛围。我们倡导餐饮企业通过店内电子屏、海报、温馨提示牌、服务员提醒等多种宣传方式，引导顾客理性消费，减少浪费；倡导餐饮行业建立鼓励机制，对"适量点餐，餐后打包"的顾客提供餐后免费打包或折扣优惠等措施。

■餐饮行业应遵守《上海市餐厨垃圾处理管理办法》。做好餐厨垃圾产量申报、单独投放、分类收集。

■少点一道菜，多一分健康；多打一个包，少一点浪费；多一点分类，少一些垃圾！让我们从每一次的点餐做起，从每一次的打包做起，从每一次的分类投放做起，共享低碳生活！

5.下面是一则买卖菜的小消息。由此却引申出两个经济学的课题：一是城乡"剪刀差"的问题。"价贱伤农"不利于城乡共同富裕；"价贵伤民"，城市贫困居民承受不起。二是菜场与菜贩的问题。固定菜场品种多、较规范，但价格贵；流动菜贩，深入家门口，价格相对较便宜，但有碍市容市貌和环境卫生。如何解决这种矛盾？请发表你的意见。

[例25-5]

菜贩市民皆大欢喜

东昌路疏导点面积达到近300平方米，能容纳近三四十个摊位，各种荤菜、素菜基本齐全。正在东昌路临时疏导点买菜的沈阿姨表示，过去由于陆家嘴金融城菜场少、价格贵，想买点价廉物美的菜，就得跑3站路。"现在5元钱就能买条活鲫鱼，下锅时还是活的！"

菜卖得便宜了，但菜贩也不觉得吃亏。菜贩王先生是周浦人，菜是自家种的。他告诉记者，在这里卖菜，除去运费和10块钱摊位费，自己一天能获毛利200多元。余下来的，就全让利给老百姓了。

6.下面是一则上网购物方面的信息。记者从防范角度提出了宝贵意见。但防不胜防。请从经济和行政管理角度说说如何从根本上加以规范。

[例25-6]

上网多留心　莫成"钩上鱼"

本报讯（记者　马亚宁）360安全中心日前发布最新监测报告：去年国内新增游戏盗号、网银盗号和支付劫持类木马2.18亿个，新增欺诈网站62.95万家，共偷走网民51.9亿元。其中，五大网络"陷阱"最易让网民丢钱，新春上网购物需仔细提防。

■超低价格引诱消费者

虚假购物网站是20××年增长最快的一类欺诈网站，主要包括冒牌的知名购物网站和以超低价格引诱消费的山寨购物网站。网民付钱后，却不发货，甚至直接盗取受害者的支付宝账户。

■轻信"会员内幕消息"

彩票、股票诈骗是当下最流行的网络骗局，一般通过网络广告、不良网址导航以及论坛发帖等方式推广，往往假借"权威机构"名义行骗，诱惑彩民和股民缴纳会员费购买所谓的"内幕消息",单笔诈骗金额从200元到1 000元不等。

■玩游戏遭遇盗号木马

盗号木马的主要传播渠道有三个：游戏外挂插件捆绑木马、私服发布网站挂马和玩家间传输文件。其主要危害DNF、魔兽世界等热门网游的人民币玩家，一般是由黑客工具批量加工、快速更新，不法分子盗号成功后把游戏币等虚拟财产转移到第三方交易平台上销赃。

■黑客假扮"店小二"

在淘宝、拍拍等知名购物网站上，黑客首先注册或盗用一家网店，再以商品"清晰大图""配置单""优惠码生成器""秒杀器"等名义把"购物"木马发给顾客，劫持受害者的支付资金。

■QQ视频被"移花接木"

黑客会伪装成QQ好友，网上借钱。同时，部分黑客盗号时，还远程控制摄像头视频，让被盗号码的QQ好友难辨真伪，受骗者不计其数。

7.下面列举一批往年名校大学生辩论赛的论题和报纸曾展开争论的问题，请选用其中的题目或自拟新题，一半同学代表正方，一半同学代表反方，各自充分论证，使自己的主张、见解能得到认同。

[参考论题]

（1）流动人口对城市的发展与管理利大还是弊大？

（2）离婚率增高是不是社会进步的表现？

（3）外来文化对民族文化的发展是利大还是弊大？

（4）生态危机是否可能毁灭人类？

（5）教育发展和经济发展哪一个是前提？

（6）学业压力大对学生成才有利还是有害？

（7）小孩子背古诗是否值得提倡？

（8）养老靠社会保障好还是居家养老好？

（9）防止腐败用高薪养廉还是严厉法纪有效？

（10）开发高科技防盗产品是否是加强治安的良策？

（11）推行考试无监考利大还是弊大？

（12）提倡素质教育，百分制还有无存在必要？

（13）让病人选医生是否有碍青年医生的成长？

（14）一次性用品（筷子、饭盒、针筒等等）利大还是弊大？

（15）"5元票价"对电影事业发展有利还是有弊？

（16）"为多扣5分钱讨说法"付出高昂代价去诉讼值不值得？

（17）增发货币是推动经济增长的一种措施，为何美国屡用屡效，而中国却使不得？

（18）爱尔兰房地产业迅猛发展成为经济重要增长动力，但也引发了债务危机。中国房地产资金也主要来源于银行，为何房价飙升却太平无事？

（19）控制物价，治理通胀，政府介入是不是最佳手段？

（20）丰田汽车一再因某种隐患而全球召回，是得还是失？

下编　测试题库

　　学科教学中的测验、考试旨在检验教学效果。客观上测试又具有教学导向作用。为了明确本课程考试内容与考核目标，加强教与学的自觉性和规范性，借鉴高等教育自学考试的经验，应在教学起始而不是临考就让师生了解考什么、怎么考。根据本学科的特点，宜设六种题型三个层次：选择题、填空题用以考核学生对所学内容的识记情况，可各占10%的分数；判断题、简答题用以考核学生对所学知识的理解情况，前者可占10%的分数，后者可占20%的分数；案例题、作文题用以考核学生的应用能力，前者可占20%的分数，后者可占30%的分数。选择、填空、判断应题量多得分少，覆盖全部教过的内容；简答、案例、作文应题量少而得分多，体现教学的重点。从而既引导教学全面贯彻了教学计划的要求，又突出了教学的重点。为了使上述原则落到实处，试卷布局合理，草拟试卷前应编制一份试题配置表。

试题配置表

测试性质：　　　　　　　　适用专业：
测试时间：　　　　　　　　拟卷人：

题型 / 选题 得分 / 教学篇章	选择题 10分（10题）	填空题 10分（10题）	判断题 10分（10题）	简答题 20分（4题）	案例题 20分（2题）	作文题 30分（1题）
公　文	√	√	√		√	
规章制度	√	√				
计　划			√	√		
经济合同	√	√			√	
总　结		√	√			
调查报告		√	√	√		
经济预测	√	√				
经济活动分析	√	√		√		
诉讼文书	√	√				
新闻（简报）	√	√	√			
广　告		√	√	√		
商品说明书	√		√			
招标投标书			√			
经济评论	√		√			√
学术论文	√		√			

　　（注：1.本表以附录中参考试卷1为例。2.选题√于两个文种之间的，表示选用近似文种辨析性后的题）

　　鉴于公务员录用考试有申论，无论报考中央国家机关及其直属机构，还是报考省、市以下机关及其所属机构，试卷都是由国家或省、市公务员主管机关统一组织命题的，其试题模式也有别于普通应用文常用题型，故本测试题库所含选择题、填空题、判断题中均不包括申论。简答题、案例题、作文题在申论试卷中虽含有这些成分，但所用概念也不相同，故亦不纳入本题库。特用单列的方式，将申论模拟试卷作为附录·参考试卷以供复习参考。

一、选择题

说明：以下题目含单项选择题与多项选择题。如果需要难度大，宜混用；如果需要难度小，宜分列为两大题，或仅用单项选择题。

（一）写作基础知识

1.积累材料的途径有认真观察生活和（　　）。

A.调查采访　　　　　B.围绕业务搜集　　　C.阅读书报　　　　　D.建立材料仓库

2.选择材料的具体要求是"真"和（　　）。

A.善　　　　　　　　B.美　　　　　　　　C.精　　　　　　　　D.新

3.提炼文章的主题必须掌握全面材料和（　　）。

A.有正确的思想指导　　　　　　　　B.运用科学的方法

C.发掘事物的本质　　　　　　　　　D.抓住事物的特征

4.应用文篇章结构的特点是定型性、明快性和（　　）。

A.鲜明性　　　　　　B.实用性　　　　　　C.严密性　　　　　　D.条理性

5.按照事物发展过程或时间先后顺序去写的结构称为（　　）。

A.纵式结构　　　　　B.横式结构　　　　　C.逻辑结构　　　　　D.叙事结构

6.在五种写作表达方式中应用文常用的是（　　）。

A.叙述、描写、说明、议论　　　　　B.叙述、说明、议论

C.叙述、抒情、说明、议论　　　　　D.说明、议论

（二）应用文概述

1.我国最早的，可说是原始应用文的雏形是（　　）。

A.钟鼎文　　　　　　B.篆书　　　　　　　C.象形文　　　　　　D.甲骨文

2.应用文在社会生活中的作用主要有规范指导和（　　）。

A.联系交流　　　　　B.宣传教育　　　　　C.凭证资料　　　　　D.联系公务

3.应用文的特点是（　　）。

A.思想性　　　　　　B.实用性　　　　　　C.程式性　　　　　　D.时效性

（三）公文

（三·一）公文种类

1.我国现行公文的种类有（　　）。

A.9类15种　　　　　B.10类15种　　　　　C.12类13种　　　　　D.15种

2.现行公文属于及部分属于平行文的文种是（　　）。

A.议案　　　　　　　B.通知　　　　　　　C.函　　　　　　　　D.会议纪要

3.现行公文常常直接向社会公布的有（　　）。

A.公告、通告　　　　　　　　　　　B.公告、通告、通知

C.公告、通告、通报　　　　　　　　D.命令、公告、通告

4.公布社会各有关方面应当遵守或者周知的事项，用（　　）。

A.通知   B.公告   C.通告   D.通报

5.用通知发布或转发的文件包括（   ）。

A.批转下级机关的公文   B.转发上级机关的公文

C.转发不相隶属机关的公文   D.发布规章

6.可用公文发布或转发文件的文种是（   ）。

A.命令、公告   B.命令、通知、公告

C.通知、批复   D.命令、公告、通知、报告

7.某化工厂发生重大火灾，化工局拟发公文告诫其他单位，其公文为（   ）。

A.通知   B.通告   C.通报   D.指示

8.某行政学校请求市档案馆安排应届毕业生实习，所发公文为（   ）。

A.通知   B.函   C.请示   D.报告

9.文化部拟就加强演出市场管理提出具体意见，其公文为（   ）。

A.报告   B.请示   C.通知   D.意见

10.某百货公司要求某厂履行合同，所发公文为（   ）。

A.通知   B.函   C.通告   D.通报

11.下列事项中适合用函行文的是（   ）。

A.公安局请求财政局增拨经费   B.局纪委答复市纪委的询问

C.区教育局对所属学校做调整   D.省政府同意某县改市

12.国务院拟在全国开展物价大检查，所发公文为（   ）。

A.通报   B.通告   C.通知   D.决定

13.市税务局宣布征收下半年度机动车使用税，所用公文为（   ）。

A.通知   B.通告   C.通报   D.公告

14.沿海城市经济情报工作座谈会后拟发公文，其文种是（   ）。

A.决定   B.决议   C.通报   D.会议纪要

15.某小学要求有关机关整治学校周围滥设摊点现象，其主送机关/文件应为（   ）。

A.教育局/请示   B.街道办事处/报告

C.派出所/通知   D.工商行政管理局/函

16.《上海市财政局关于坚决制止用公款旅游、请吃的（   ）》。

A.通报   B.通告   C.通知   D.函

17.《中国人民银行××市分行关于4种金属人民币发行情况的（   ）》。

A.请示   B.报告   C.函   D.通告

18.《四川省人民政府关于提请审议〈四川省国防教育条例〉（草案）的（   ）》。

A.决定   B.决议   C.函   D.议案

19.《新闻出版总署关于出版20××年挂历最高限价的（   ）》。

A.公告   B.通告   C.通知   D.通报

20.《上海市税务局关于办理建筑税纳税的（   ）》。

A.决定   B.请示   C.通告   D.通知

21.《国务院关于严格控制召开全国性会议的（   ）》。

A.公告   B.通告   C.通报   D.通知

22.《××市税务局关于同意××厂免税的（　　　）》。

A.通知　　　　　　　B.函　　　　　　　C.批复　　　　　　　D.批示

23.《××大学关于申请学生实验商场营业执照的（　　　）》。

A.申请书　　　　　　B.报告　　　　　　C.请示　　　　　　　D.函

24.《××厂关于报送20××年财务报告的（　　　）》。

A.通知　　　　　　　B.函　　　　　　　C.报告　　　　　　　D.请示

（三·二）公文格式

1.下列公文成文时间表述正确的是（　　　）。

A.01年4月15日　　　　　　　　　　　B.○一年四月十五日

C.2001年4月15日　　　　　　　　　　D.二○○一年四月十五日

2.公告、通告的格式中无须表述的一项是（　　　）。

A.标题　　　　　　　B.发文机关　　　　C.主送机关　　　　　D.成文时间

3.下列公文发文字号表述正确的是（　　　）。

A.沪府〔2001〕1号　　　　　　　　　　B.上海市政府〔2001〕第1号

C.（2001）沪府字1号　　　　　　　　　D.沪府（01）1号

4.下列项目中不属于公文成文必备项目的是（　　　）。

A.发文字号　　　　　B.抄送机关　　　　C.成文时间　　　　　D.印章

5.在公文成文格式中，附件说明的位置应在（　　　）。

A.正文后印章前　　　　　　　　　　　B.印章后主题词前

C.印章后抄送机关前　　　　　　　　　D.抄送机关后印发机关前

6.机关拟文，必须经领导人签发后才能印制的是（　　　）。

A.命令（令）　　　　　　　　　　　　B.上行文

C.成文稿　　　　　　　　　　　　　　D.发文（拟文）稿

7.公文加盖印章正确的位置是（　　　）。

A.上不压正文下压日期　　　　　　　　B.上不压正文下不压日期

C.上压正文下不压日期　　　　　　　　D.上不压正文下骑年盖月

8.市教委关于研究生招生事宜向有关大学发文，其主送机关是（　　　）。

A.各校招生办　　　B.各校研究生院　　C.各有关大学　　　D.各校教务处

（三·三）公文正文写作

1.公文正文的立意除了具有一般写作主题的共性外，还需注意（　　　）。

A.行文关系　　　　　B.体现政策　　　　C.旗帜鲜明　　　　　D.专一集中

2.通告直接向社会发布，其写作特别重视（　　　）。

A.政策性　　　　　　B.可行性　　　　　C.原则性　　　　　　D.严肃性

3.表彰、批评类通报的主要内容包括（　　　）。

A.概述事实　　　　　B.分析评论　　　　C.做出决定　　　　　D.要求号召

4.下列事项不适宜用通知行文的是（　　　）。

A.某公司聘用经理

B.某银行向下属储蓄所下达任务

C.财政局要求教育局等执行有关职工福利的新规定

D.两校商洽某干部调遣

5.《××省人民政府办公厅关于政府机关不参与广告祝贺的通知》按其内容应写成（   ）。

A.颁转性通知　　　　B.指示性通知　　　　C.周知性通知　　　　D.会议通知

（四）规章制度

1.规章制度具有相对稳定性和（   ）的特点。

A.约束性　　　　B.公开性　　　　C.程序性　　　　D.计划性

2.《中华人民共和国立法法》已作明确规范的立法活动包括法律和（   ）。

A.行政法规　　　　　　　　　B.地方性法规、自治条例和单行条例

C.规章　　　　　　　　　　　D.道德规范

3.规章制度"款"的表述形式是（   ）。

A.仅分段　　　　　　　　　　B.用序数词

C.数词加括号　　　　　　　　D.数词加"款"字

4.规章制度"项"的表述形式是（   ）。

A.仅用数词　　　　　　　　　B.中文数词加括号

C.阿拉伯数词加括号　　　　　D.数词加"项"字

5.规章制度"目"的表述形式是（   ）。

A.仅用数词　　　　　　　　　B.中文数词加括号

C.阿拉伯数词　　　　　　　　D.阿拉伯数词加括号

6.规章制度的内容必须包括总则、分则、附则三方面的是（   ）。

A.多层次的　　　　B.冠小题的　　　　C.篇幅大的　　　　D.所有的

7.规章制度根据内容需要可分为编、章、节、条、款、项、目七个层次，其中最基本的一个层次是（   ）。

A.章　　　　B.条　　　　C.款　　　　D.项

8.内容多的规章制度常用多层次的结构形式，如果两个层次就用（   ）。

A.章、节　　　B.章、条　　　C.编、章　　　D.条、目

9.规章制度的正文（内容）都由三部分构成，它们是（   ）。

A.章、条、款　　　　　　　　B.条、款、项

C.总则、分则、附则　　　　　D.序言、主体、附文

10.规章制度说明制定目的、根据等内容的部分称（   ）。

A.总则　　　　B.分则　　　　C.附则　　　　D.细则

11.对某一项工作做比较具体的规定的规章制度称（   ）。

A.条例　　　　B.规定　　　　C.办法　　　　D.细则

12.对某一方面的工作做部分的规定的规章制度称（   ）。

A.条例　　　　B.规定　　　　C.办法　　　　D.细则

13.对已有的文件进行解释、补充使之具体化的规章制度称（   ）。

A.条例　　　　B.规定　　　　C.办法　　　　D.细则

14.规章制度的主要表达方式是（   ）。

A.记叙　　　　B.说明　　　　C.议论　　　　D.描写

15.××市政府拟订了一个对外招商暂行规章，其名称宜用（　　　）。

　　A.条例　　　　　　　B.章程　　　　　　　C.办法　　　　　　　D.细则

16.人事部制定了一个关于股份制企业人事管理的规章，其名称为（　　　）。

　　A.条例　　　　　　　B.章程　　　　　　　C.办法　　　　　　　D.细则

17.《无锡市城镇企业职工养老保险》属于（　　　）。

　　A.条例　　　　　　　B.细则　　　　　　　C.办法　　　　　　　D.章程

18.《上海市黄浦区人民政府鼓励发展外向型经济的（　　　）》。

　　A.条例　　　　　　　B.规定　　　　　　　C.章程　　　　　　　D.守则

19.国务院制定的《高等教育自学考试暂行条例》在规章制度体系中属于（　　　）类别。

　　A.法律　　　　　　　B.行政法规　　　　　C.规章　　　　　　　D.一般制度

20.卫生部颁发的《禁止食品加药卫生管理办法》在规章制度体系中属于（　　　）类别。

　　A.法律　　　　　　　B.行政法规　　　　　C.部门规章　　　　　D.地方政府规章

21.《首都人民文明公约》《营业员守则》《市民卫生须知》之类的规章制度所作安排较原则，因为（　　　）。

　　A.适用对象不确定　　　　　　　　　　　B.制约的行为宽泛

　　C.群众自发制定　　　　　　　　　　　　D.倡导性道德规范

（五）计划

1.用于时间长、侧重于奋斗目标的计划又称（　　　）。

　　A.要点　　　　　　　B.设想　　　　　　　C.意见　　　　　　　D.规划

2.领导机关用来部署下一步工作的计划又称（　　　）。

　　A.纲要　　　　　　　B.打算　　　　　　　C.安排　　　　　　　D.要点

3.为了表示计划欠成熟，常用的名称是（　　　）。

　　A.纲要　　　　　　　B.要点　　　　　　　C.意见　　　　　　　D.设想

4.侧重于实施办法的计划常冠名为（　　　）。

　　A.重点　　　　　　　B.要点　　　　　　　C.打算　　　　　　　D.安排

5.用于对某专项工作做出全面、具体设计的计划常称为（　　　）。

　　A.纲要　　　　　　　B.规划　　　　　　　C.设想　　　　　　　D.方案

6.为了使计划具有法定的约束力，可采取（　　　）。

　　A.用公文颁转　　　　　　　　　　　　　B.报领导机构审批

　　C.交会议通过　　　　　　　　　　　　　D.加盖公章

7.在经济工作中计划的能动作用表现为（　　　）。

　　A.思想发动　　　　　　B.组织指挥　　　　C.平衡协调　　　　　D.激励制约

8.《××银行××市分行20××年信贷计划》在计划分类中可属于（　　　）。

　　A.综合计划　　　　　　B.单项计划　　　　C.年度计划　　　　　D.部门计划

9.把"信贷计划"归属单项计划，这种分类标准是（　　　）。

　　A.计划性质　　　　　　B.计划题材　　　　C.计划作用　　　　　D.计划时限

10.计划内容的"三要素"是指（　　　）。

A.背景、任务、措施　　　　　　　　B.任务、办法、步骤

C.前言、主体、结尾　　　　　　　　D.总则、分则、附则

11.一份最后确定的计划要努力体现"六性"，即先进性、量力性以及（　　　）。

A.针对性、协调性　　　　　　　　　B.思想性、政策性

C.严肃性、严密性　　　　　　　　　D.可行性、实践性

12.条文式和表格式计划在内容上的区别，主要是表格式着重于（　　　）。

A.背景和前提　　　B.任务和指标　　　C.措施和步骤　　　D.办法和时间

13.计划的职能主要是（　　　）。

A.反思经验教训　　　　　　　　　　B.明确目标任务

C.传达上级要求　　　　　　　　　　D.对下部署工作

14.计划的背景部分应当主要交代（　　　）。

A.未来的目标任务　　　　　　　　　B.实现目标的途径方法

C.回顾前期工作经验教训　　　　　　D.前期概况和本期指导思想

15.某厂《20××年财务计划》与《20××年财务科工作计划》两者（　　　）。

A.形式和内容不同　　　　　　　　　B.内容和形式不同

C.前者对外后者对内　　　　　　　　D.内容和形式都不同

16.《××县××区税务所20××年第四季度工作（　　　）》。

A.规划　　　　　　B.要点　　　　　　C.方案　　　　　　D.安排

17.《××航运总公司20××年工作（　　　）》。

A.规划　　　　　　B.要点　　　　　　C.方案　　　　　　D.设想

（六）总结

1.总结与公文中的报告都以陈述情况为职能，但表达方法有别，总结是（　　　）。

A.只用叙述　　　B.有叙有议　　　　C.只议论　　　　　D.叙述、描写

2.总结与计划都以指导未来为旨意，但总结所回答的是（　　　）。

A.做什么　　　　B.怎么做　　　　　C.做了什么　　　　D.做得怎样

3.介绍经验的总结、调查报告写法基本相同，它们的区别在于写作的（　　　）。

A.目的不同　　　B.时机不同　　　　C.依据不同　　　　D.角度不同

4.总结对工作的积极意义可作用于（　　　）。

A.领导机关　　　　　　　　　　　　B.领导干部

C.领导机关、广大干部　　　　　　　D.领导机关、广大干部、广大群众

5.把总结分为汇报性总结和经验性总结两类是着眼于（　　　）。

A.时间　　　　　　B.范围　　　　　　C.功能　　　　　　D.含量

6.汇报性总结的反思（思考）部分是自己对过去工作的评价，其表达方法属于（　　　）。

A.叙述　　　　　　B.说明　　　　　　C.议论　　　　　　D.抒情

7.总结的作者一定要熟悉业务、了解情况，以免写出的总结（　　　）。

A.概念化　　　　B.记流水账　　　　C.面面俱到　　　　D.四平八稳

8.评价一篇总结的好坏主要应看（　　　）的意见。

A.上级领导　　　B.外界反映　　　　C.有关专家　　　　D.本单位群众

9.应用文中用于自我回顾、反思（思考）、明确今后方向的文书是（　　　）。

A.规章制度　　　　　B.计划　　　　　　　C.总结　　　　　　　D.调查报告

10.与公文中汇报工作的报告在功能、写法上基本相同的应用文是（　　　）。

A.计划　　　　　　　B.总结　　　　　　　C.调查报告　　　　　D.预测报告

11.总结属回顾反思（思考）性文书，其写作目的是（　　　）。

A.回顾往事　　　　　B.树立典型　　　　　C.安排工作　　　　　D.指导今后

12.总结写作首要的原则是（　　　）。

A.调查研究　　　　　B.全面周到　　　　　C.简要明白　　　　　D.实事求是

13.总结文章中的人称应该是（　　　）。

A.第一人称　　　　　B.第二人称　　　　　C.第三人称　　　　　D.多种兼用

14.《中国人民银行××市分行20××年工作总结》的类型是（　　　）。

A.汇报性总结　　　　B.经验性总结　　　　C.年度总结　　　　　D.单位总结

15.《××厂20××年青工文化补课工作总结》的类型是（　　　）。

A.汇报性总结　　　　B.经验性总结　　　　C.学习总结　　　　　D.部门总结

16.《我厂下半年四项经济指标是怎样做到同步增长的》这篇总结的类型是（　　　）。

A.汇报性总结　　　　B.经验性总结　　　　C.全面总结　　　　　D.阶段总结

17.《发掘内部潜力　实现扭亏增盈》这篇总结的类型是（　　　）。

A.汇报性总结　　　　B.经验性总结　　　　C.年度总结　　　　　D.工作总结

（七）调查报告

1.调查活动前要做好准备工作，应了解调查对象和课题的基本情况以及（　　　）。

A.熟悉有关方针政策　　　　　　　　B.制订调查活动计划

C.运用科学方式方法　　　　　　　　D.拟定调查纲目

2.按照调查的广度区分，调查方法主要有（　　　）三种。

A.普遍调查　　　　　B.典型调查　　　　　C.个案调查　　　　　D.抽样调查

3.按照调查形式区分，常用的三种调查方法是（　　　）。

A.询问法　　　　　　B.访谈法　　　　　　C.观察法　　　　　　D.实验法

4.调查过程中要做好材料工作，包括三项：（　　　）。

A.积累材料　　　　　B.记录材料　　　　　C.鉴别材料　　　　　D.整理材料

5.调查报告不具有法律和行政效力，它受到重视是由于（　　　）。

A.时效性强　　　　　B.具体生动　　　　　C.针对性强　　　　　D.逻辑性强

6.撰写调查报告前要做许多准备工作，其中最重要的是（　　　）。

A.确定主题　　　　　B.实地调查　　　　　C.编制提纲　　　　　D.查阅文献

7.下列文种与调查报告有交叉关系的是（　　　）。

A.计划　　　　　　　B.总结　　　　　　　C.新闻　　　　　　　D.广告

8.调查报告有情况、有分析，适宜用（　　　）。

A.第一人称　　　　　B.第二人称　　　　　C.第三人称　　　　　D.多种并用

9.报道体调查报告注重反映事物过程，其材料安排常用（　　　）。

A.纵式结构　　　　　B.横式结构　　　　　C.综合结构　　　　　D.递进结构

10.赴邯钢调查组拟写一篇介绍该厂经验的调查报告，此文应表述（　　　）。

A.报道改革全过程　　　　　　　　　B.分析成功的原因

C.叙述成绩、问题和建议　　　　　　　　D.着重介绍做法

11.《保定地区十大专业市场调查》属于（　　　　）。

A.经验调查　　　　　B.问题调查　　　　　C.情况调查　　　　　D.热点调查

12.《依靠科技进步　建设一流企业》这篇调查报告属于（　　　　）。

A.经验调查　　　　　B.问题调查　　　　　C.情况调查　　　　　D.典型调查

13.《医疗系统乱收费的几种形式及整改对策》的调查报告应属于（　　　　）。

A.情况调查　　　　　B.经验调查　　　　　C.问题调查　　　　　D.基础调查

14.《东莞搞活香蕉购销的调查》属于（　　　　）。

A.基础调查　　　　　B.问题调查　　　　　C.经验调查　　　　　D.典型调查

15.《浙江省农村商业流通体制改革的调查》属于（　　　　）。

A.情况调查　　　　　B.经验调查　　　　　C.问题调查　　　　　D.典型调查

（八）简报（新闻）

1.简报之所以能与公文、新闻并存是因为它（　　　　）。

A.信息可靠　　　　　B.传播灵活　　　　　C.价格便宜　　　　　D.信息量大

2.简报作为载体刊登的文章主要是动态消息以及（　　　　）。

A.综合消息　　　　　B.经验消息　　　　　C.转引性文章　　　　D.报道性文章

3.简报的报头包括简报名称和（　　　　）等项。

A.期数　　　　　　　B.印数　　　　　　　C.编制单位　　　　　D.出版时间

4.简报的报尾常载明的项目是（　　　　）。

A附件　　　　　　　B.附注　　　　　　　C.发放范围　　　　　D.印数

5.应用文中用作内部信息交流的书面载体是（　　　　）。

A.总结　　　　　　　B.计划　　　　　　　C.简报　　　　　　　D.审计报告

6.作为传播信息的文章，新闻（简报）应具有（　　　　）。

A.真实性　　　　　　B.时效性　　　　　　C.思想性　　　　　　D.新闻性

7.新闻（简报）中反映动态的文章特别要（　　　　）。

A.新　　　　　　　　B.快　　　　　　　　C.短　　　　　　　　D.准

8.新闻学把狭义新闻（消息）又细分为动态和（　　　　）等四类。

A.综合　　　　　　　B.经验　　　　　　　C.述评　　　　　　　D.典型

9.广义的新闻包括消息和通讯，二者的区别在于（　　　　）。

A.完整性　　　　　　B.形象性　　　　　　C.灵活性　　　　　　D.真实性

10.新闻中非新闻的解释性材料有三种，交代来龙去脉的一种称（　　　　）。

A.注释性材料　　　　B.说明性材料　　　　C.对比性材料　　　　D.历史性材料

11.在狭义新闻中最能体现新闻特点的是（　　　　）。

A.动态消息　　　　　B.综合消息　　　　　C.典型消息　　　　　D.述评消息

12.在狭义新闻（消息）中述评新闻是独特的，因为它的写法（　　　　）。

A.有广度　　　　　　B.有深度　　　　　　C.主题显露　　　　　D.夹叙夹议

13.消息的标题可以有（　　　　）三种形式。

A.引题、主题、副题　　　　　　　　　　　B.单行题、双行题、多行题

C.公文式题、文章式题、主副式题　　　　　D.叙述题、议论题、描写题

14.在多行新闻标题中，起交代背景、烘托气氛等作用的是（　　　）。

A.引题　　　　　　B.子题　　　　　　C.副题　　　　　　D.辅题

15.在多行新闻标题中，用于反映主要事实或基本内容的是（　　　）。

A.引题　　　　　　B.主题　　　　　　C.正题　　　　　　D.实题

16.《洛阳牡丹今胜昔，古都花会人如潮》这则消息的类型是（　　　）。

A.动态消息　　　　B.综合消息　　　　C.典型消息　　　　D.述评消息

17.《储蓄存款增长不是市场疲软的根源》这则消息的类型是（　　　）。

A.动态消息　　　　B.经验消息　　　　C.综合消息　　　　D.述评消息

18.《本市七个行业向社会公开承诺》这则消息的类型是（　　　）。

A.动态消息　　　　B.综合消息　　　　C.典型消息　　　　D.述评消息

19.《人无我有，人有我优　上海××厂在竞争中立于不败之地》这则消息的类型是（　　　）。

A.动态消息　　　　B.综合消息　　　　C.典型消息　　　　D.述评消息

（九）申论（无）

（十）求职文书

1.求职文书是个类名，它包括的材料有（　　　）等。

A.简历表　　　　　B.求职信　　　　　C.自我鉴定　　　　D.资质证明材料

2.动因模糊的求职者，是指求职人（　　　）。

A.对招聘单位的情况不了解　　　　　　B.对招聘职位的要求不明确

C.只要受聘什么职位都行　　　　　　　D.只要薪资符合自己的要求就干

3.招聘单位了解学生求职者，除了专业背景，还关注他们的（　　　）。

A.政治面貌　　　　B.实习经历　　　　C.社会工作　　　　D.参赛情况

4.求职信顾名思义就是信的一种，故其形式结构与一般书信是（　　　）的。

A.完全相同　　　　B.完全不同　　　　C.大同小异　　　　D.大异小同

5.求职信的正文部分需要表述（　　　）等内容。

A.引言（发信缘由）　　　　　　　　　　B.主体（自我介绍）

C.结尾（期望和联系方式）　　　　　　　D.落款（署名和日期）

6.撰写和投送求职文书该周详还是简略取决于（　　　）。

A.求职者本人具备的条件　　　　　　　B.招聘单位对职务的要求

C.招聘单位的社会性质　　　　　　　　D.求职文书投送的场合

7.要想求职信倍受关注，应该（　　　）。

A.用打字稿不要手写　　　　　　　　　B.有鲜明的个性

C.有赏心悦目的文采　　　　　　　　　D.有阅读人共鸣的内容

（十一）述职报告

1."述职"的概念最初见于中组部（　　　）下发的《关于试行地方党政领导干部年度工作考核制度的通知》中。

A.1988年　　　　　B.1993年　　　　　C.2005年　　　　　D.2006年

2.现行述职制度的法律依据是（　　　）起施行的《中华人民共和国公务员法》。

A.2006年1月1日　　　　　　　　　　　B.2005年4月27日

C.1988年6月6日   D.1993年8月14日

3.考核的内容包括（   ）和绩、廉五个方面。

A.德   B.才   C.能   D.勤

4.考核分为（   ）两种形式。

A.调迁考核   B.年终考核   C.平时考核   D.定期考核

5.定期考核的结果分为（   ）和不称职四个等次。

A.优秀   B.良好   C.称职   D.基本称职

6.定期考核的结果作为调整述职人（   ）以及奖励、培训、辞退的依据。

A.职务   B.级别   C.职称   D.工资

7.述职报告标题"三要素"是指（   ）。

A.单位和职务   B.姓名   C.时限   D.文种名称

8.述职报告正文主体部分的写作常用（   ）两种模式。

A.纵叙   B.时间为纲   C.横叙   D.事项为纲

9.述职报告容易但不宜与（   ）相混淆。

A.汇报性总结   B.公文中的报告   C.组织考察材料   D.调查报告

10.撰写述职报告要注意正确处理（   ）的关系。

A.个人和群众   B.现职和既往工作

C.实绩和德廉   D.本职和兼职工作

（十二）人事鉴定性文书

1.自我鉴定的特点是（   ）。

A.重点在评   B.自我评价   C.语言凝炼   D.高度概括

2.自我鉴定对于自己和组织都有促进作用和（   ）。

A.依据作用   B.评价作用   C.概括作用   D.鼓舞作用

3.写自我鉴定除了如实写出自己的优缺点，还要（   ）。

A.全面   B.深刻   C.讲究分寸   D.谦虚谨慎

4.组织鉴定的种类有（   ）。

A.思想鉴定   B.工作鉴定   C.单项鉴定   D.全面鉴定

5.事迹介绍的写作，要求注意挖掘人物思想和（   ）。

A.合理安排结构   B.主题鲜明   C.详略得当   D.语言生动

（十三）合同

1.订立合同应当遵循平等、公平和（   ）等原则。

A.诚实信用   B.自愿   C.合法   D.友好

2.订立合同应遵循合法原则，具体表现为合同的内容和（   ）。

A.主体资格   B.形式   C.订立程序   D.履行

3.当事人订立合同，可采用的形式有（   ）。

A.书面形式   B.口头形式   C.电话形式   D.其他形式

4.下列情况应当采用书面形式订立合同的有（   ）。

A.法律、行政法规有规定的   B.异地的

C.涉外的   D.当事人约定的

5.采用合同书形式订立合同的，合同成立的标志是当事人（　　）。

　　A.签名　　　　　　　　B.盖章　　　　　　　　C.签名并盖章　　　　D.经公证和鉴证

6.《合同法》列名的合同有买卖合同等（　　）。

　　A.10种　　　　　　　　B.12种　　　　　　　　C.13种　　　　　　　　D.15种

7.合同书由首部、主部、尾部构成，主部应包括订立合同的目的、依据以及（　　）。

　　A.一般条款　　　　　　B.有效期限　　　　　　C.份数和保存　　　　D.地址和日期

8.对未按合同规定履行义务的法律责任称（　　）。

　　A.违约金　　　　　　　B.赔偿金　　　　　　　C.罚则　　　　　　　　D.违约责任

9.可用以表明当事人意向，必要时也可作为正式合同形式的是（　　）。

　　A.意向书　　　　　　　B.备忘录　　　　　　　C.协议书　　　　　　　D.谈判纪要

10.下列经济关系中属于承揽合同的是（　　）。

　　A.资料翻译　　　　　　B.装潢设计　　　　　　C.音像复制　　　　　　D.版权转让

11.某合同约定违约金为3万元，结果甲方违约导致乙方损失8万元，为此甲方应支付给乙方（　　）。

　　A.3万元违约金加8万元赔偿金　　　　　　　　B.3万元违约金

　　C.8万元赔偿金　　　　　　　　　　　　　　　D.3万元违约金加5万元赔偿金

12.买卖合同中的品种、规格属于合同条款中的（　　）。

　　A.标的　　　　　　　　B.数量　　　　　　　　C.质量　　　　　　　　D.履行方式

13.经济合同一方违约，但未给对方造成损失，需向对方支付（　　）。

　　A.定金　　　　　　　　B.价金　　　　　　　　C.违约金　　　　　　　D.赔偿金

14.经济合同中双方权利义务指向的对象称（　　）。

　　A.标的　　　　　　　　B.价金　　　　　　　　C.数量　　　　　　　　D.质量

15.烟台某园艺场与上海某果品公司签订了一份苹果购销合同，履行地点应是（　　）。

　　A.烟台某园艺场　　　　　　　　　　　　　　　B.上海某果品公司

　　C.上海火车站　　　　　　　　　　　　　　　　D.双方议定的地点

16.经济合同在执行中，如果需要补充或修订，其条件是（　　）。

　　A.当事人一方提出　　　　　　　　　　　　　　B.经上级机关同意

　　C.经鉴证或公证机关批准　　　　　　　　　　　D.双方当事人协商一致

17.甲方将一座仓库借给乙方使用，双方应签订（　　）。

　　A.租赁合同　　　　　　B.借贷合同　　　　　　C.仓储合同　　　　　　D.承揽合同

（十四）经济纠纷诉讼文书

1.当事人发生合同争议，可以通过和解和（　　）解决。

　　A.协商　　　　　　　　B.调解　　　　　　　　C.仲裁　　　　　　　　D.诉讼

2.向法院起诉，必须符合属于该院管辖范围和（　　）等条件。

　　A.与本案有直接利害关系　　　　　　　　　　　B.有明确的被告

　　C.有具体的诉讼请求、事实和理由　　　　　　　D.有书面起诉状

3.提起诉讼的有效时限是（　　）。

　　A.3年　　　　　　　　　　　　　　　　　　　B.5年

　　C.一般2年　　　　　　　　　　　　　　　　　D.身体受到伤害等几种情况为1年

4.法院是否受理立案的时间是（　　　　）。

A.1个月内　　　　　　B.2周内　　　　　　　C.7天内　　　　　　　D.5天内

5.被告或被起诉人如拟答辩，其答辩状应于（　　　　）天内提出。

A.5　　　　　　　　　B.10　　　　　　　　　C.15　　　　　　　　　D.20

6.如果对一审判决不服，可以在判决送达后第2天算起的（　　　）日之内提出上诉。

A.15　　　　　　　　B.10　　　　　　　　　C.5　　　　　　　　　D.3

7.诉讼文书的首部应包括标题和（　　　　）。

A.当事人概况　　　B.案由　　　　　　　C.理由　　　　　　　　D.请求

8.诉讼当事人概况，个人应包括姓名、性别、年龄、民族以及（　　　　）。

A.成分　　　　　　　B.职业　　　　　　　C.工作单位　　　　　　D.住址

9.诉讼当事人概况，法人或团体应包括单位名称和（　　　　）。

A.所在地址　　　　　　　　　　　　B.法定代表人姓名

C.法定代表人职务　　　　　　　　　D.单位性质

10.诉讼文书的主部应包括案由和（　　　　）。

A.事由　　　　　　　B.理由　　　　　　　C.事实　　　　　　　　D.请求

11.诉讼文书的尾部应包括（　　　　）。

A.致送法院　　　　　　　　　　　　B.具状人签章和日期

C.附件　　　　　　　　　　　　　　D.附注

12.当事人对已经发生法律效力的判决、裁定不服，拟向法院申请复查纠正应当用（　　　　）。

A.申请书　　　　　　B.申诉状　　　　　　C.上诉状　　　　　　　D.答辩状

13.在房屋纠纷案中，原告要求对房屋进行财产保全，他应当用（　　　　）。

A.起诉状　　　　　　B.上诉状　　　　　　C.申诉状　　　　　　　D.申请书

14.诉状中当事人概况可以仅写一方的是（　　　　）。

A.起诉状　　　　　　B.上诉状　　　　　　C.申诉状　　　　　　　D.答辩状

15.在诉状写作中特别需要注意口语化的是（　　　　）。

A.起诉状　　　　　　B.答辩状　　　　　　C.上诉状　　　　　　　D.申诉状

16.某起诉人起诉后中途要求撤诉，他应该用（　　　　）。

A.起诉状　　　　　　B.上诉状　　　　　　C.申诉状　　　　　　　D.申请书

17.诉状主部中的"事由"项，在下述诉状中可以省略（　　　　）。

A.起诉状　　　　　　B.上诉状　　　　　　C.申诉状　　　　　　　D.申请书

18.在经济纠纷起诉状中，法人或其他组织的负责人应是（　　　　）。

A.委托代理人　　　B.法定代表人　　　C.起诉代理人　　　　D.法定代理人

（十五）经济活动分析

1.经济活动分析正文的构成要素是（　　　　）。

A.背景、指标、措施　　　　　　　　B.总则、分则、附则

C.概况、分析、建议　　　　　　　　D.前言、概况、事实

2.经济活动分析的开头即概况部分最好（　　　　）。

A.用文字概述　　　　　　　　　　　B.用表格表述

C.以表为主，辅以文字　　　　　　　　D.文字叙述与统计表并列

3.经济活动分析报告分析的主要依据是（　　　）。

A.账面数据　　　　　　　　　　　　　B.领导的要求

C.账外影响因素　　　　　　　　　　　D.国家方针政策

4.经济活动分析的主要用途是（　　　）。

A.探索经济规律　　　　　　　　　　　B.发现问题，采取对策

C.预测发展趋势　　　　　　　　　　　D.总结成功经验

5.经济活动分析中使用最为普遍的方法是（　　　）。

A.归纳法　　　　　　B.演绎法　　　　　　C.比较法　　　　　　D.例证法

6.经济活动分析用以寻找差异的方法是（　　　）。

A.因素分析法　　　　B.结构分析法　　　　C.动态分析法　　　　D.比较分析法

7.经济活动分析中用以研究导致差异的原因，主要的方法是（　　　）。

A.比较分析法　　　　B.因素分析法　　　　C.比率分析法　　　　D.差额分析法

8.经济活动分析写作的核心问题是（　　　）。

A.核实数据　　　　　B.分析差异　　　　　C.探索规律　　　　　D.提出对策

9.经济活动分析不具有下述文体特点中的（　　　）。

A.评估性　　　　　　B.创造性　　　　　　C.研究性　　　　　　D.指导性

10.下列文书中与经济活动分析最接近的是（　　　）。

A.计划　　　　　　　B.总结　　　　　　　C.调查报告　　　　　D.经济预测

11.经济活动分析报告是一种（　　　）性质的文书。

A.决策　　　　　　　B.展望　　　　　　　C.计划　　　　　　　D.回顾

12.下列分析方法中不属于经济活动分析的是（　　　）。

A.比较分析法　　　　B.因素替换法　　　　C.结构分析法　　　　D.德尔菲法

13.《××工业公司2016年财务指标完成情况分析》类属于（　　　）。

A.专题分析　　　　　B.综合分析　　　　　C.进度分析　　　　　D.结构分析

14.《××百货公司×月份黄金饰品销售情况分析》类属于（　　　）。

A.综合分析　　　　　B.专题分析　　　　　C.进度分析　　　　　D.结构分析

（十六）审计报告

1.审计报告按目的和内容分类，有财政收支审计和（　　　）。

A.财务收支审计　　　　　　　　　　　B.财经法纪审计

C.经济效益审计　　　　　　　　　　　D.公证、鉴证审计

2.审计工作按实施主体分类，有（　　　）。

A.国家审计　　　　　B.地方审计　　　　　C.内部审计　　　　　D.民间审计

3.为厂长、经理任期目标做的审计，属于（　　　）。

A.内部审计　　　　　　　　　　　　　B.财经法纪审计

C.经济效益审计　　　　　　　　　　　D.公证、鉴证审计

4.审计署关于审计文书格式（1995年通知）规定应包括审计的内容、范围、时间和（　　　）。

A.被审计单位情况　　　　　　　　　　B.有关事实

C.对审计事项的评价　　　　　　　　　　D.处理意见

5.《中国注册会计师独立审计准则》关于独立审计报告正文应表达的内容是（　　　）。

A.被审计单位情况　　　　　　　　　　B.有关事实

C.范围段　　　　　　　　　　　　　　D.意见段

6.《独立审计具体准则第7号——审计报告》要求"意见段"说明（　　　）。

A.报表编制是否合法

B.报表是否公允反映情况

C.会计处理方法是否符合一贯性原则

D.会计责任与审计责任

7.《独立审计具体准则第7号——审计报告》规定，当注册会计师出具（　　　）审计报告时，应当在范围段与意见段之间增加说明段，说明所附意见的理由。

A.保留意见　　　　　　　　　　　　B.否定意见

C.拒绝表示意见　　　　　　　　　　D.肯定意见

（十七）市场调查和预测

1.进行市场预测必须掌握的资料有（　　　）。

A.消费需求　　　B.生产条件　　　C.市场行情　　　D.流通渠道

2.做好市场预测首先要做的工作是（　　　）。

A.选好预测方法　　　　　　　　　B.做好市场调查

C.了解领导意图　　　　　　　　　D.订好销售计划

3.市场预测与调查报告的关系是（　　　）。

A.并列关系　　　B.包容关系　　　C.延伸关系　　　D.对比关系

4.经济预测报告成败的关键是预测的（　　　）。

A.及时性　　　B.实用性　　　C.科学性　　　D.创造性

5.经济预测报告与下列文书功能最接近的是（　　　）。

A.计划　　　B.总结　　　C.新闻　　　D.学术论文

6.市场预测是一种为企业（　　　）服务的文书。

A.经营管理　　　B.决策计划　　　C.协调生产　　　D.市场销售

7.按预测方法分类，市场预测的类型有（　　　）。

A.全面预测、专题预测　　　　　　B.短期预测、长期预测

C.定性预测、定量预测　　　　　　D.宏观预测、微观预测

8.经济预测报告的核心在（　　　）。

A.前言　　　B.概况　　　C.预测　　　D.建议

9.预测报告的结构为概况、预测、建议三部分，它们之间的关系是（　　　）。

A.并列关系　　　B.因果关系　　　C.总分关系　　　D.递进关系

10.预测报告的正文应该表述（　　　）。

A.现状、分析、建议　　　　　　　B.概况、预测、建议

C.前言、主体、结语　　　　　　　D.过去、现在、未来

11.经济预测定性分析方法中较常用的是（　　　）。

A.平均数法　　　B.时序模型法　　　C.结构外推法　　　D.德尔菲法

12.下述分析方法中不属于经济预测方法的是（　　　）。

A.类比分析法　　　　B.时序模型法　　　　C.专家调查法　　　　D.因素替换法

13.预测方法中的德尔菲法又称（　　　）。

A.结构外推法　　　　B.时序模型法　　　　C.加权平均法　　　　D.专家调查法

14.《今夏上海西瓜市场预测》的类属是（　　　）。

A.宏观预测　　　　B.微观预测　　　　C.长期预测　　　　D.短期预测

15.《2016年春季上海女装款式预测》适用的预测方式是（　　　）。

A.定量预测　　　　B.定性预测　　　　C.统计预测　　　　D.加权平均法

16.预测报告标题应能体现文种特点，以下欠妥的是（　　　）。

A.《"十二五"期间全国彩电产销预测》

B.《市场预测报告》

C.《上海今夏西瓜趋紧》

D.《轿车能否成为消费热点?》

（十八）招标书和投标书

1.《中华人民共和国招标投标法》（2000年1月1日起施行）规定招标投标应遵循诚实信用与（　　　）等原则。

A.公开　　　　B.公平　　　　C.公正　　　　D.平等

2.招标准备工作中最重要的一项是（　　　）。

A.设立招标机构　　　　　　　　B.编制招标文件

C.发布招标信息　　　　　　　　D.出售招标文件

3.有效投标书必须递交指定的接收地点和（　　　）。

A.密封　　　　B.按时　　　　C.盖印　　　　D.专送

4.招标、投标方式适宜并较多运用于（　　　）。

A.建设工程　　　　B.国际贸易　　　　C.垄断行业　　　　D.大宗采购

5.招标书（招标公告）的内容应表述（　　　）。

A.招标的项目　　　　B.投标办法　　　　C.报价要求　　　　D.评标标准

6.招标人对已发出的招标文件进行必要的修改，应在投标截止期至少（　　　）天前，书面通知所有招标文件收受人。

A.3　　　　B.7　　　　C.15　　　　D.30

7.下列文书中应由投标人提供的是（　　　）。

A.投标须知　　　　B.合同草案　　　　C.招标书　　　　D.资格证明

8.公开发布、简要告知招标项目、办法的文书是（　　　）。

A.招标须知　　　　B.招标文件　　　　C.招标公告　　　　D.标函

9.下列文书中不属于投标者提供的是（　　　）。

A.投标须知　　　　B.资格证明　　　　C.投标担保　　　　D.标函

10.招标书是对投标人发出的邀请，因此其内容应写（　　　）。

A.投标人可获得的权利　　　　　　B.投标人应尽的义务

C.投标人的资格条件　　　　　　　D.投标应知的事项

（十九）广告

1.广告对市场构成的三个方面都有积极作用，即（　　　）。

A.沟通产需，开拓市场　　　　　　　　B.指导消费，方便群众

C.推销商品，加速周转　　　　　　　　D.促进生产，发展经济

2.广告应该具有以下特点（　　　）。

A.真实性　　　　　　B.时效性　　　　　　C.艺术性　　　　　　D.思想性

3.广告的"真实性"是指（　　　）。

A.客观反映事物　　　　　　　　　　　B.广告主诚实

C.用事实说话　　　　　　　　　　　　D.媒体正确传播

4.在广告制作程序中，核心的环节是（　　　）。

A.市场研究　　　　　B.撰写文案　　　　　C.创意　　　　　　　D.设计制作

5.把广告区分为商品广告、公关广告、公益广告的依据是（　　　）。

A.广告形式　　　　　B.传播媒体　　　　　C.受众对象　　　　　D.诉求内容

6.选择广告的主题可以根据（　　　）。

A.商品特点　　　　　B.消费者特点　　　　C.企业的特点　　　　D.销售数量

7.广告标题表现手法众多，不外乎两大类型，以下属于直接性标题的是（　　　）。

A.写意　　　　　　　B.写实　　　　　　　C.寓理　　　　　　　D.提问

8.广告标题制作的基本要求是（　　　）。

A.结合主题　　　　　B.新颖生动　　　　　C.简洁凝炼　　　　　D.涵盖全面

9.在广告制作过程中要解决"根据什么说"的程序是（　　　）。

A.市场研究　　　　　B.创意　　　　　　　C.设计制作　　　　　D.选择媒介

10.广告结尾处的附属性文字（随文），主要作用是（　　　）。

A.加深消费者印象　　　　　　　　　　B.强调产品功能

C.购物指南　　　　　　　　　　　　　D.产品使用说明

11.现代广告的"四大媒介"，除报纸、广播、电视外还有（　　　）。

A.灯箱　　　　　　　B.车船　　　　　　　C.杂志　　　　　　　D.现场

12.广告标题制作的首要原则是（　　　）。

A.新颖独特　　　　　B.结合主题　　　　　C.简洁凝炼　　　　　D.形象生动

13.广告的生命（首要原则）是（　　　）。

A.思想性　　　　　　B.真实性　　　　　　C.时效性　　　　　　D.艺术性

14.广告正文常用的体裁有陈述体、论证体和（　　　）。

A.描写体　　　　　　B.抒情体　　　　　　C.叙述体　　　　　　D.文艺体

15.广告与其他经济信息的主要区别是它（　　　）。

A.以促销为目的　　　　　　　　　　　B.传播信息迅速

C.宣传形式多样　　　　　　　　　　　D.传播手段新颖生动

16.具有受众对象明确、复读率高的广告媒介是（　　　）。

A.报纸广告　　　　　B.杂志广告　　　　　C.电视广告　　　　　D.广播广告

17.广告在功能性质上属于（　　　）。

A.经营管理　　　　　B.经济信息　　　　　C.市场调查　　　　　D.指导消费

18.商品广告写作的主要目的是（　　　）。

A.介绍商品知识　　　　　　　　　　B.帮助消费选择

C.促进商品销售　　　　　　　　　　D.促进精神文明建设

19."今年二十，明年十八"这则广告（香皂）的创意主要着眼于（　　　）。

A.格调浪漫　　　　B.消费心理　　　　C.市场需求　　　　D.语言流利

20.凤凰自行车的广告语"独立，从掌握一辆凤凰车开始"的主要诉求对象是（　　　）。

A.儿童　　　　　　B.青少年　　　　　C.青年女性　　　　D.中年妇女

21.杉杉牌西服"不要太潇洒"的广告主题是出于（　　　）。

A.市场需求变化　　　　　　　　　　B.产品本身特点

C.消费心理趋向　　　　　　　　　　D.消费对象差异

22."雅兰……令你的美梦成真"这则床垫广告的标题是（　　　）。

A.直接性诉求标题　　　　　　　　　B.间接性诉求标题

C.复合性诉求标题　　　　　　　　　D.文艺性诉求标题

23.雀巢咖啡"味道好极了"这句广告语制作的依据是（　　　）。

A.市场需求变化　　　　　　　　　　B.产品本身特点

C.消费心理趋向　　　　　　　　　　D.企业良好形象

24.下列广告标题中属于直接式标题的是（　　　）。

A.她工作，您休息（洗衣机）　　　　B.书山有路勤为径（书）

C.洗衣用白猫，洗发用法奥（洗涤品）　D.晶晶亮，透心凉（饮料）

（二十）商品说明书

1.商品说明书的主要内容是（　　　）。

A.介绍使用方法　　　　　　　　　　B.介绍购买渠道

C.介绍操作技能　　　　　　　　　　D.介绍商品价格

2.商品说明书与广告有联系又有区别，其区别是（　　　）。

A.写作目的　　　　B.表达方式　　　　C.涉及内容　　　　D.传播途径

3.商品说明书的特点是（　　　）。

A.知识性　　　　　B.科学性　　　　　C.艺术性　　　　　D.实用性

4.商品说明书可详可略，需要较齐全详尽的是（　　　）。

A.关系到安危的商品　　　　　　　　B.操作复杂的商品

C.有特殊要求的商品　　　　　　　　D.新产品和老产品的新功能

5.商品说明书的表达形式有两大类（　　　）。

A.附印在商品包装上　　　　　　　　B.专门印制的说明书

C.文字加图表　　　　　　　　　　　D.电脑介绍

6.商品说明书缺乏下述内容视为假冒伪劣商品（　　　）。

A.品名　　　　　　B.生产企业名　　　C.企业具体地址　　D.邮编和电话

7.商品说明书"说什么"和"怎样说"的依据是（　　　）。

A.商品的特点　　　B.消费对象　　　　C.生产条件　　　　D.营销情况

8.在商品说明书的写作中，首要的是（　　　）。

A.语言优美　　　　B.构思巧妙　　　　C.态度诚恳　　　　D.说明准确

9.商品说明书成功的关键在于（　　　）。

A.内容充实，思想健康　　　　　　　　B.行文简洁，语言通畅

C.形式多样，生动形象　　　　　　　　D.抓住特点，繁简相宜

10.商品说明书的写作应能体现（　　　）。

A.真实性，时效性　　　　　　　　　　B.通俗性，科学性

C.思想性，规范性　　　　　　　　　　D.科学性，知识性

11.商品说明书的主要表达方式是（　　　）。

A.叙述　　　　　　B.说明　　　　　　C.议论　　　　　　D.描写

12.商品说明书的主要作用是（　　　）。

A.沟通产需　　　　B.开拓市场　　　　C.促进生产　　　　D.指导消费

（二十一）可行性研究报告

1.建设项目投资前期分为选择投资机会、初步选择、制定项目规划、估价和决定四个阶段，每个阶段的工作结果都形成相应的文书，其中制定项目规划阶段形成的文书是（　　　）。

A.项目建议书　　　　　　　　　　　　B.初步可行性研究报告

C.可行性研究报告　　　　　　　　　　D.估价报告

2.可行性研究报告在项目投资前的作用是（　　　）。

A.选择投资机会的依据

B.决策取舍的依据

C.项目确定后开展下一步工作的依据

D.中小型项目程序简化时不可缺少的依据

3.可行性研究报告的具体内容因项目而异，但研究的基本目的都是（　　　）。

A.弄清项目建设必需的条件

B.弄清该项目是否具备条件

C.预测项目建成后的前景

D.弄清资源、原材料、燃料及公用设施情况

4.引进项目与一般建设项目需要研究的问题有同有异，引进项目更为重视的是（　　　）。

A.项目技术水平　　　　　　　　　　　B.生产能力

C.建厂条件　　　　　　　　　　　　　D.资源情况

5.可行性研究报告的附件是正文的重要论据，其功能主要有以下几类（　　　）。

A.证明项目合法性的材料

B.证明研究工作"到位"的材料

C.证明推荐方案合理的材料

D.证明预期经济效益的材料

（二十二）涉外经济文书

1.涉外经济活动常用下列文书，其中最关键的一种是（　　　）。

A.可行性研究报告　　　　　　　　　　B.协议书

C.合同　　　　　　　　　　　　　　　D.章程

2.在货物买卖合同上，对外贸易与国内购销有些不同，主要表现在（　　　）。

A.价格条件、支付金额、支付方式和各种附带费用

B.合同能否转让或者合同转让的条件

C.违反合同的赔偿和其他责任

D.合同发生争议时的解决方法

3.下列条款在中外合资经营合同中，要比国内联营合同中重要得多的是（　　）。

A.各方利润分配和亏损分担的比例　　B.违反合同的责任

C.争议解决的方式　　D.各方出资比例、出资方式

4.在国际货物买卖合同中，价格术语用得最多的三种是（　　）。

A.FOB（离岸价格）　　B.FAS（船边交货）

C.C&F（成本加运费）　　D.CIF（到岸价格）

5.在国际货物买卖合同中，以装运港作为交货地点的是（　　）。

A.FAS（船边交货）　　B.FOB（船上交货）

C.CIF（成本加保险费及运费）　　D.C&F（成本加运费）

6.在涉外经济合同中，如发生适用法律未作规定的争议时，适用（　　）。

A.中国法律

B.外方国家法律

C.国际惯例

D.与合同有最密切联系的国家的法律

7.对涉外合同的生效，我国要求（　　）。

A.书面达成的协议，经双方签字后

B.通过信件、电报、电传达成的协议，签订确认书后

C.我国法律规定需要审批的，获得批准后

D.双方单位盖章、经办人签字后

（二十三）上市公司公告性文书

1.上市公司必须备置供查阅的材料是（　　）。

A.供有关主管机关审查用的内部文件

B.置于公司办公地点供股东查阅的资料

C.必须在指定报刊上公开披露的材料

D.资产负债表等财务报表

2.上市公司必须在指定报刊上公开披露的材料是（　　）。

A.招股说明书　　B.股票上市公告书

C.中期报告、年度报告　　D.配股说明书

3.上市公司公开披露有关材料的作用是（　　）。

A.履行法规的程序　　B.贯彻公平原则的表示

C.股东行使权益的桥梁　　D.公众投资抉择的依据

4.各种上市公司公告性文书正文前都有一段"重要提示"，其作用是（　　）。

A.表明发行人对材料的负责　　B.表明政府对材料的认可

C.表明证券管理部门的保证　　D.表示注册会计师经审计同意

（二十四）公关礼仪文书

1.公关礼仪文书的主要功能是（　　）。

A.交流感情，增进友谊　　　　　　　B.传递信息，沟通情况

C.弘扬正气，激发奋进　　　　　　　D.沟通产需，扩大交流

2.公关礼仪文书的特点是（　　）。

A.目的的友好性　　　　　　　　　　B.动机的礼仪性

C.表达的抒情性　　　　　　　　　　D.格式的规范性

3.喜庆迎送活动时常用的公关礼仪文书是（　　）。

A.祝贺信（电）　　　　　　　　　　B.感谢信

C.欢迎词　　　　　　　　　　　　　D.答谢词

4.公关礼仪文书的体式基本上是书信体，与一般书信的区别在于（　　）。

A.要有标题　　　　　　　　　　　　B.开门见山，直接入题

C.结尾不用祝颂词语　　　　　　　　D.要有发文日期

5.公关礼仪文书是一个组织的"外交"文书，除了需要文辞优美外，还应注意（　　）。

A.有的放矢　　　B.把握时宜　　　C.言简意赅　　　D.论证严密

6.祝贺他人事业成就的喜庆文书，除了开头点明致贺缘由外，还应表达（　　）。

A.赞扬评价　　　B.分析原因　　　C.指出不足　　　D.祝愿期望

（二十五）经济论文

1.写学术论文，资料应来源于（　　）。

A.查阅文献　　　B.搜集报刊　　　C.采访行家　　　D.调查实验

2.文献资料检索的途径很多，常用的方法有（　　）。

A.根据作者姓名查　　　　　　　　　B.根据文献名称查

C.按科学分类查　　　　　　　　　　D.用代表文献资料实质的主题词查

3.提纲是论文写作的指南，提纲应初步确定（　　）。

A.论文题目　　　B.基本观点　　　C.文章结构　　　D.表达方式

4.把学位论文、大学毕业论文划归学术论文的根据是（　　）。

A.功能分类　　　B.水平分类　　　C.内容分类　　　D.作用分类

5.在学术研究的选题阶段，首先要解决的是（　　）。

A.确立论点　　　　　　　　　　　　B.拟定标题

C.查阅文献资料　　　　　　　　　　D.明确研究方向、目标

6.论文选题，对一般作者来说最佳选择是（　　）。

A.社会关心的课题　　　　　　　　　B.有争议的热门课题

C.资料丰富的课题　　　　　　　　　D.自己熟悉的课题

7.论文提要（摘要）的功能是（　　）。

A.说明背景　　　B.揭示主题　　　C.简要评价　　　D.内容概述

8.论文的标题，通常采用论题式和（　　）。

A.文章式　　　　B.单行式　　　　C.主副式　　　　D.论点式

9.数据在经济论文中很重要，但应具有可靠性、可比性和（　　）。

A.可行性　　　　B.可读性　　　　C.可信性　　　　D.可能性

10.论文中引用他人的论述，需要加引号的是（　　）。

A.直接引用　　　B.间接引用　　　C.转述原文　　　D.概述原文

11.论文中引用他人的论述要交代出处,交代的方式是（　　）。

A.行中注　　　　　　　B.页末注　　　　　　　C.篇尾注　　　　　　　D.脚注

12.在评论中既有"官方"色彩,又不代表"官方"的一类是（　　）。

A.社论　　　　　　　　B.评论员文章　　　　　C.短评　　　　　　　　D.编者按、编后

13.在评论中只代表个人见解的一类是（　　）。

A.评论员文章　　　　　B.短评　　　　　　　　C.编者按、编后　　　　D.杂文

二、填空题

说明：填空题拟题比较容易，因此命题可先安排选择题与判断题，然后将选择题、判断题未能涵盖的教学内容，用填空题来弥补。故以下选题不多，仅为举例。

（一）写作基础知识

1.选择材料就是根据_____的需要来决定对材料的取舍。

2.提炼文章的主题，要求做到_____、_____、深刻、新颖。

3.提炼主题必须包括抓住分类、寻找共性、_____和准确概括这四个环节。

4.如果把主题比作文章的灵魂，材料比作文章的血肉，结构就是文章的_____。

5.应用文的语言必须做到准确无误、意明笔畅、_____和朴素通俗。

6.归纳法以_____为论据，从许多"个别"事例中归纳出一个"一般性"的结论；演绎法以_____的方式，从"一般性"结论演绎出一个"个别"的论断。

（二）应用文概述

1.应用文是人们日常生活、工作中用来处理事务、沟通信息、具有某些_____的一种文体。

2.财经应用文在写作中比一般应用文更为注重_____和_____分析。

3.应用文写作要求材料绝对_____，主题专一_____，_____完整，眉目清楚，文字_____简明扼要，政策明确、风格_____。

（三）公文

1.公文行文是按照隶属关系和_____行使法定权力的方式。

2.公文开头（引据）主要的职能是交代发文_____。

3.公文的中段是主体所在，其表述特别注重_____。

4.公文的结尾除具有一般文章的共性外，更注重强调_____。

5.公文的语言总体是平实的，具体说应该做到_____、简洁、庄重。

6.公文中引用公文应先引_____，后引发文字号。

7.公文中使用简称，应先用_____，并注明简称。

8.在特殊情况下可以越级行文，但必须_____被越过的机关。

9.通告直接向社会发布，是具有_____、_____性质的公文。

（四）规章制度

1.规章制度的基本职能是规范人们_____的准则。

2.细则（实施细则）是对某个_____的具体化。

3.规章制度表述层次的名称用编、_____、节、_____、款、_____、目。

4.规章制度标题下加括号的一行字称_____，应当载明制定机关、通过日期。

5.规章制度的写作应注意内容要_____，上下要_____，表达要_____。

（五）计划

1.计划的根本作用在于发挥人的_____，从而减少_____。

2.表格式计划侧重于表现任务、指标，常辅以_____来阐明背景和措施。

3.制订计划前应当深入了解_____的方针、政策，以及长期和近期的_____。

4.企业制订计划有必要深入了解_____的情报，同时深入分析_____的情况。

（六）总结

1.总结是一种_____的回顾反思（思考）性文书。

2.总结的认识作用是可以使_____认识上升为_____认识，有利于我们透过现象去认识事物的_____。

3.经验性总结主要写成功的方面，所以必须先写一个引言，用来介绍经验产生的_____，或起_____作用。

4.在经验的三种形态中，_____是思想认识，是从实践抽象出来的理论，它必须依附于_____和_____。

（七）调查报告

1.调查报告是经过特意_____以后写的有_____有_____的参考性文书。

2.调查报告可以为领导_____和_____提供极为有用的依据。

3._____调查报告的前言应能说明调查材料的可信性和典型性。

4._____调查报告的前言应能说明调查材料的客观性和可信性。

5._____调查报告的前言重在说明调查对象的背景和（或）变化，以引起读者的关注。

6.写调查报告要以_____为基础，充分掌握各种材料。

7.调查报告应以调查对象的_____为依据，提炼有现实意义的主题。

8.调查报告要以提高_____为原则，运用表达方式。

（八）简报（新闻）

1.简报现在已从公文中分离出来，成为相当于新闻的内部_____工具。

2.新闻（简报）如果用多行标题，其_____起交代背景、烘托气氛的作用。

3.新闻（简报）如果用多行标题，其_____应能反映新闻的主要事实。

4.新闻（简报）如果用多行标题，其_____的职能是补充说明。

5.新闻（简报）的开头称导语，是要求把新闻事实中_____的材料先写出来，以吸引读者。

6.新闻（简报）中除报道事实以外，用来解释这个事实的材料叫_____。

7.背景材料按其作用，大致有注释性材料、_____材料和_____材料三类。

（九）申论（无）

（十）求职文书

1.在求职文书中求职信具有_____性和_____性，故需要用心构思和撰写。

2.用人单位在选择院校学生求职者时，除了考虑专业背景外，还十分重视他们的_____和_____。

3.用人单位看重再就业求职者的是因为他们有_____，他们在自荐时应突出自己的_____和_____。

4.求职信完整的结构形式，应该包括_____、称谓、正文、落款、_____等几个部分。

5.求职信正文的主体（自我介绍），一般包括本人性别、年龄等基本情况，本人_____、_____情况，以及专业外的_____、兴趣、爱好、性格等内容。

6.求职信的结尾，除了表达自己的_____，还要告知_____。

7.求职信既要充分展示自己的有利条件，又不能_____或_____。

（十一）述职报告

1.述职报告是适应_____制度的需要，由个人撰写，供_____用的一种自我总结性质的材料。

2."述职"的概念最初见于_____1988年《关于试行地方党政领导干部年度工作考核制度的通知》中。

3.述职就是向自己的_____机构和_____陈述自己任职的情况。

4.现行述职制度的法律依据是2005年4月27日全国十届人大常委十五次会议通过，自_____年_____月_____日起施行的《中华人民共和国公务员法》。

5.对非领导成员公务员的_____考核，采取_____考核的方式。

6.对领导成员的_____考核，由_____按照有关规定办理。

7.定期考核的结果分为_____、_____、_____和_____四个等次。

8.定期考核的结果作为调整公务员_____、_____、_____以及公务员_____、_____、_____的依据。

9.公务员的考核分为_____考核和_____考核，_____以平时考核为基础。

10.考核内容包括_____、_____、_____、_____、_____，重点考核工作实绩。

11.述职报告规范完整的标题，应包括述职人_____、_____、_____三项。

12.述职报告正文的开头，要对述职_____和自己担任的_____或_____的工作，作出明确的交代。

13.述职报告正文的主体，可以有_____和_____两种表述方法（结构形式）。

14.述职报告的正文结尾，并非上文的小结，而是对未来的展望，如今后_____、今后_____等。

15.述职报告与汇报性总结类似，但它们的_____不同，因而写法也不尽相同。

16.述职报告与公文中汇报工作的报告类似，但立场不同，因而内容的_____、_____等也不尽相同。

17.述职报告与组织（对个人）考察材料内容近似，但性质不同，因而写法如_____、_____等也不尽相同。

18.述职人的工作不是孤立的，因而要注意正确处理_____的关系。

19.述职报告有特定的时限，因而要注意正确处理_____工作的关系。

20.述职报告陈述的重点是工作实绩，但对干部的考核是多方面的，因而要正确处理_____的关系。

（十二）人事鉴定性文书

1.人事鉴定性文书是组织、人事、劳资、宣传等工作中常用的一种_____材料。

2.自我鉴定是当事人向组织的_____自我介绍。

3.组织鉴定具有_____的作用，具有_____的特点，具有鲜明的_____性，具有一定的_____。

4.组织鉴定的写作应注意慎重、负责，忌_____；真实、准确，忌_____；简洁、明确，忌_____；写出个人特点，忌_____。

5.事迹介绍是_____或_____先进事迹时使用的文书。

（十三）合同

1.经济合同是商品经济的产物，没有_____就没有经济合同。

2.据记载，我国_____叫判书、质券、质剂的就是原始的经济合同，"合同"这个名称最初出现于_____代。

3.我国现在调整合同行为的法律是《_____》，自_____年_____月_____日起施行。

4.为了贯彻平等、自愿、公平原则，订立合同必须经过洽谈协商程序，法律称_____、_____。

5.当事人约定采用书面形式订立合同的，应参照有关部门制定的各类合同_____订立。

6.某些当事人（如垄断性企业）为了重复使用而预先拟定，并在订立合同时未与对方协商的，这种叫_____。

7.采用格式条款的合同，_____方应当按照对方的要求对有关条款做出说明。

（十四）经济纠纷诉讼文书

1.当事人在法院判决前，有权请求对有争议的标的物实行_____。

2.当事人在法院判决前，有权请求对有争议的权利（如赡养费等）实行_____。

3.当事人不同意司法机关对自己申请所做出的拒绝决定，有权要求_____。

4.当事人认为某审判人员不宜参加审判，有权申请此人_____。

5.诉讼文书写作应当以_____为根据，以_____为准绳。

（十五）经济活动分析

1.经济活动分析与总结有一个显著的区别，就是它是围绕_____来进行的。

2.经济活动分析最常用的比较法，是以本期实绩与_____比，与_____比，必要时和_____指标相比。

3.比较法长于发现差异，连环替代法（因素分析法）则长于剖析_____。

4.经济活动分析是以_____、_____、_____等资料为主要分析对象的总结回顾性文书。

5.经济活动分析按其涉及的内容，分为_____分析和_____分析两类。

6.经济活动分析最常用的分析方法是_____法和_____法。

7.经济活动分析的正文，一般包括_____、_____、_____三个部分。

（十六）审计报告

1.审计报告是通过检查被审计者_____等后，出具的作为_____、_____等用途的文书。

2.审计工作的职能是_____。审计报告的作用是_____、_____。

3.审计报告具有客观_____性、_____性、_____性的特点。

4.独立审计报告有无保留意见、保留意见、否定意见和_____四种类型。

5.审计的原则是以_____为根据，以_____为准绳。

（十七）市场调查和预测

1.经济（市场）预测按其所用方法，可以分为_____预测和_____预测两类。

2.经济（市场）预测按预测时间，把_____年以上叫长期预测，把_____年以内叫短期预测。

3.经济（市场）预测按预测范围，可分为_____预测和_____预测两类。

4.经济（市场）预测是从历史和现状出发，运用科学的预测方法，去探求事物发展的_____，为_____提供可靠的依据。

5.经济（市场）预测报告的正文，一般包括概况、_____、_____三部分内容。

（十八）招标书和投标书

1.招标是招标人_____条件和要求，招徕应征者，从而_____选择合作者的行为。

2.投标是投标人对招标_____的行为。

3.在招标过程中，对大中型建设项目、技术复杂的项目和外商投资特许权项目（BOT）还要增加一个_____程序。

4.招标投标方式的积极意义，在于通过_____、_____、_____竞争，打破暗箱操作，有利于提高质量和效益。

5.招标文件应比招标书表达更具体的招标项目的_____要求等_____要求和条件。

6.投标书实质是投标方向招标方的再要约，其核心内容一是_____，二是投标有效期。

（十九）广告

1.广告是通过_____，促进_____的一种_____。

2.广告创意首先是要明确商品在市场中的位置，这就叫_____。

3.一则好的广告必须有一个明确的_____。

4.为了提高企业知名度而非直接推销的广告叫_____。

5.广告的结尾也称_____，主要起_____的作用。

6.围绕一个主题（产品）连续发布若干个有联系又有区别的广告，这种叫_____。

（二十）商品说明书

1.商品说明书是一种_____的文书。

2.商品说明书在_____也有一定的传递信息、促进销售的作用。

3.广告是商品的_____服务，商品说明书则是商品的_____服务。

4.商品说明书中应标注真实的_____名和_____，是企业对产品负责的表示，不可缺少和含糊。

5.商品说明书说明的广度和深度应以_____为前提。

（二十一）可行性研究报告

1.可行性研究报告是可行性研究活动完成后编制的_____性材料。

2.可行性研究报告是项目_____最重要的报批材料。

3.可行性研究报告具有_____性和_____性特点。

4.可行性研究报告应该周详、完备，对无关紧要的内容宜_____交代，对主要矛盾则应_____展开，_____论证。

5.可行性研究报告应防止把研究是否可行变成_____找论据的行为。

6.可行性研究报告要正确认识和处理好_____利益与_____利益的关系，_____利益与_____利益的关系。

7.可行性研究报告从总体看主要用_____表达方式，在具体分析论证中则主要用_____方式，两者有机结合，贯穿始终。

（二十二）涉外经济文书

1.我国已加入《联合国国际货物销售合同公约》，但有两项保留，其一是"对我国公司来说，公约仅适用于在_____的当事人之间签订的合同"。

2.我国已加入《联合国国际货物销售合同公约》，但有两项保留，其二是"我国公司对外签订、修改、协商终止合同时应采取_____方式，包括信件、电报和电传"。

3.在国际贸易价格术语中FRC与_____基本相同，主要区别在风险界限。

4.在国际贸易价格术语中DCP与_____基本相同，区别在适用的运输方式。

5.在国际贸易价格术语中CIP与_____基本相同，区别在保险的选择。

（二十三）上市公司公告性文书

1.上市公司是股份制公司中_____获准公开发行股票上市交易的股份有限公司。

2.招股说明书是一种兼有_____和_____功能的材料。

3.股票发行人应当在承销期开始前_____至_____个工作日期间公布招股说明书。招股说明书的有效期为_____个月，到期股票发行必须立即停止。

4.股票上市不仅是经济行为也是一种_____行为，必须全面贯彻国家有关法律、法规。

5.我国规范股票上市行为的法律文件，最重要和直接有关的是《中华人民共和国_____法》《中华人民共和国_____法》《股票_____管理暂行条例》。

（二十四）公关礼仪文书

1.礼仪是社会交往中郑重地表达友好_____与_____的一种形式，可以促进人际关系的_____。

2.公关是指社会团体、企业或个人通过_____与社会公众建立良好的关系，以期获得公众的_____、_____。

3.公关是当代社会团体、企业及个人开拓事业、改善_____的重要手段。

4.致悼词的旨意，既是表达对逝者的_____，又要对后人有所_____。

（二十五）经济论文

1.学术论文是记录科学研究新_____、新_____、新_____的文件。

2.学术论文主要探索_____的知识，一般论文通常是对已知知识的_____或_____。

3.经验性学术论文是对实际工作中的经验和方法、问题和教训进行研究探讨，从_____加以认识的文章。

4.理论性学术论文是对经济理论和政策进行研究和探讨，揭示经济活动的_____，以指导实际的文章。

5.由上级授意写的经济论文，要注意与_____的一致性。

6.自选课题的论文选题，既要考虑_____，又要考虑自己的_____。

7.论文中材料详略取舍的基本原则之一，是阐述自己观点的材料_____，引述别人观点的材料_____。

8.论文中材料详略取舍的另一基本原则，是读者生疏的材料_____，读者熟悉的材料_____。

9.论文的提要（摘要）是论文内容的概述，应能反映与论文主要内容_____的信息。

10.评论是具有_____性的论文，经济评论是_____的一个组成部分。

三、判断题

说明：判断题的答案不外乎对（√）与错（×）两种。一般错的要说道理，对的不必说道理。拟题对的容易错的难，故以下仅列错题，对题拟试卷时可自行补充，但在试卷中判断题应错的多于对的。

（一）写作基础知识

1.如何使用材料？包括调动、平衡和匀称。"平衡"是指材料先后顺序的确定。

2.主题的表现手法不同，文体各不相同，应用文的观点（主题）是作者直接表达出来的，与记叙文有相似之处。

3.主题表现的要求与提炼主题的要求是一样的。

4.应用文语言所要求的意明笔畅，"意明"是指文从字顺，"笔畅"是指语言要明确。

5.应用文运用叙述与一般文章不同，它应该注意真实、简洁和完整。

6.议论文有三要素：论点、论据、论证。所谓论证是指证明论点的理论和事实依据。

（二）应用文概述

1.应用文的程式性是指惯用格式，它是由国家规定的。

2.应用文注重程式性是为了写作的方便。

3.刘半农用"青菜黄米"和"肥肉大鱼"来比喻应用文与文学文的差异，这是就价值来比较的。

（三）公文

（三·一）公文种类

1.现行《党政机关公文处理工作条例》应是2000年8月24日重新修订的版本。

2.请求批准事项，应当用请示行文。

3.传达重要精神或情况，传达需要有关单位周知的事项，用通知。

4.对重要事项或重大行动做出安排的事项，适用命令。

5.对重要问题提出见解和处理办法所用的公文是决定。

6.答复下级机关的请示，当用指示。

7.答复不相隶属机关请求批准的事项，用批复。

8.批转下级机关的公文适用批复。

9.各级人民政府可以按法律规定的权限发布命令。

10.《××大学关于学生×××考试作弊的处分通告》。

11.《××市人民政府关于查禁收缴黄、毒印刷品的公告》。

12.《××厂关于请求增加用电额度的请示》。

13.《××街道办事处关于治理废气污染的通知》。

（三·二）公文格式

1.公文的紧急程度有特急、加急、平急三种。

2.秘密公文应当标注绝密、机密、秘密，秘密级公文还应当标注份数序号。

3.印章是公文合法、有效的标志,一切公文都应当加盖印章。

4.成文时间和印发时间的区别是所处位置不同。

5.附件和附注性质相同,但内容有别。

6.发文机关和印发机关是同一名称,一个用在文头,一个用在文尾。

7.公文主题词相当于文章的主题。

8.联合发文时,几个单位都应加盖印章。

9.几个单位联合行文,应标注各单位的发文字号。

10.表彰性通报的事实部分,应简述受表彰者的先进事迹及其一贯表现。

11.在事故通报中,若事故原因尚未查明,可暂不提。

12.受双重领导的单位,请示问题时应主送两个上级机关。

13.公文标题中一律不用标点符号。

14.主送机关是成文格式必备项目,一切公文都必须具备。

(三·三)公文正文写作

1.报告的写作,不论汇报工作、反映情况、答复询问,都是用叙述、议论并举的表达方式。

2.答复上级机关询问的报告,就是上级机关开会或发文布置的工作完成情况的汇报。

3.向上级请求指示和批准的请示,都要把充分阐述必要性作为重点。

4.给下级的批复,无论同意或不同意都要说出根据和理由。

5.公文中称函的文种也就是信,写法也是一样的。

6.会议纪要有两种类型:一种重在记载和传达会议情况;一种重在记载和传达议定事项。

7.引用公文应当先引发文字号,后引标题。

(四)规章制度

1.规章制度与公文一样,一经制发就具有行政或法律效力。

2.行政法规、地方性法规、部门规章、地方政府规章可用的规章制度名称有条例、规定、办法、细则等。

3.对某一方面的工作做部分规定的规章制度,称办法。

4.对某一项工作做比较具体的规定的规章制度称细则。

5.规章制度的总则应具体地阐述有关事项必须遵循的行为规则。

6.规章制度的附则应说明制定的目的、依据等内容。

7.规章制度的分则主要是声明施行日期、解释权等事项。

8.为整顿市场秩序,××县政府发布了《××县农贸市场管理条例》。

9.××大学公布了《××大学20××年度分房条例》以增强此项工作透明度。

10.规章制度写作中的"章断条连"是指内容要有连贯性。

(五)计划

1.指导性计划是由国家下达的,必须严格执行,坚决贯彻。

2.指令性计划主要是运用经济杠杆、合同、奖励等手段来协调国家与企业的关系。

3.计划的背景要回答的是"做什么""怎么做"的问题。

4.计划的任务要回答的是"为什么做""能不能做"的问题。

5. 计划正文的分列式写法是指把任务与目标分开写的模式。

6. 计划正文的分列式写法是指把措施与步骤分开写的模式。

7. 计划正文结合（交叉）式写法是指把背景、任务、措施融合在一起的模式。

8. 内容单一、专业性强、数据多、需要比较的计划适宜用条文式。

9. 计划是计划经济适用的管理手段。

10. 目标、任务是计划的灵魂和核心，也是一切计划的写作重点。

11. ××大学为了组织好艺术节活动，制定了《××大学艺术节筹备规划》。

12. ××电机厂团委在"五四运动"80周年之际，制定了一份《纪念"五四运动"和青年节活动规划》。

（六）总结

1. 汇报性总结的内容主要是回顾、反思（思考）、打算三个方面，与一般文章的规律一样，应该是"中间大，两头小"。

2. 经验性总结的主体即正文的核心部分应包括成绩和经验、问题和教训、改进工作的意见等三部分。

3. 所谓经验就是由实践得来的知识，具体表现为做法、成效、体会三种形态，其中基础和前提是体会。

4. 总结的评述体写法与议论文相同，论点（观点）、论据（材料）的来源与运用都应一样。

5. 总结的内容主要是写"为什么做""做什么""怎样做"。

6. 总结的标题基本上都采用公文式标题。

7. 经验性总结的内容包括成功的经验、存在的不足和今后的打算三个部分。

8. 经验性总结和经验调查报告的写作过程、表达形式完全相同。

9. 总结的性质决定了它用叙述的方法，叙述可以使用各种人称。

（七）调查报告

1. 基础（情况）调查报告既有情况又有分析，其分析不仅要对事物直接做出褒贬，而且选用的材料要具有科学性、可靠性和实用性。

2. 经验调查报告和经验总结的写法相同，既可以单写做法和效果，也可以专写体会。

3. 问题调查报告中侧重于揭露的，与检举揭发材料在写作目的、方法上是相同的。

4. 调查报告的评述体写法与论文相同，论点（观点）、论据（材料）的来源与运用都一样。

5. 调查报告与论文相同，它们的题材都应从实际中来，到实际中去。

6. 调查报告是一种能较全面反映事物真实面貌的文书。

7. 只要详细占有材料，就能写好调查报告。

8. 写好调查报告首先要确定主题，然后才能有意识地去搜集材料。

9. 先摆出观点（论点），再用材料（论据）去证实，即用概念、判断、推理的方法是调查报告与论文共同的表达方法。

（八）简报（新闻）

1. 简报（新闻）特点之一的真实之"实"是指报道必须是确有其事，不是虚构的。

2. 简报也就是新闻体的文章。

3.新闻（简报）中的动态报道的表达方式和结构形式与记叙文是相同的。

4.新闻（简报）的导语（开头）有两大类，其中叙述式、评论式、引语式属直接导语。

5.新闻（简报）的导语（开头）有两大类，其中结论式、提问式、描写式属间接导语。

6.新闻（简报）中的说明性背景材料是指对专业性很强的专用术语所做的注释。

7.新闻（简报）中的动态报道常用"倒金字塔"结构，也就是记叙文的倒叙法。

8.简报就是简短的报道文章。

（九）申论（无）

（十）求职文书

1.根据自荐或应聘的不同情况，可把求职信分为院校学生求职者求职信和再就业求职者求职信两类。

2.求职者在自荐时应当着重介绍自己的工作经历和取得的实绩。

3.求职者向自己期望的单位和职务表示意愿，投送求职文书不妨一步到位，尽善尽美。

4.求职信是书信的一种，所以其结构形式与普通书信是完全一样的。

5.学生求职者"多一张证书，多一份机会"，证书越多，受聘概率越高。

6.求职信结尾的内容，也就是普通书信所谓的祝颂语。

7.求职信应该用打印稿，清晰美观，阅读便捷，切勿手写，吃力不讨好。

（十一）述职报告

1.现在的述职报告也就是以往年终或事项完成后要求写的总结。

2.对公务员要全面考核其德、能、勤、绩，重点考核工作实绩。

3.对公务员的定期考核，采取年度考核的方式。

4.定期考核的结果分为优秀、良好、及格、不及格四个等次。

5.定期考核的结果将作为调整公务员职务、级别、工资以及职称、住房、用车的依据。

6.述职报告规范完整的标题模式是：单位和职务+时限+文种名称。

7.述职报告正文的开头，是适应文章结构和文明礼貌的需要而写的，非实质内容，故应简短。

8.述职报告的正文主体部分，可以用纵叙模式和时序模式两种结构方式。

9.述职报告正文的结尾，是对以上陈述内容加以归纳小结。

10.领导干部的述职报告，实际上就是一个单位的工作总结。

11.述职报告与公文中汇报工作的报告类似，但立场和功用不同，因而内容的角度、广度等就不尽相同。

12.个人述职报告与组织对个人的考察报告近似，但作者、角度不同，涉及的内容和语体也有别。

13.述职报告应该陈述的德、能、勤、绩、廉五个方面中，"绩"的方面个人与单位是合二为一的。

14.述职报告中的"工作实绩"是指担任现职以来取得的业绩。

15.述职报告在德、能、勤、绩、廉五个方面中，重点是工作实绩，所以其他方面宜原则不宜具体，否则就喧宾夺主了。

（十二）人事鉴定性文书

1.组织鉴定的正文应包括基本情况、主要优点、主要缺点这几项内容。

2.事迹介绍可分为个人事迹介绍和单位事迹介绍两种。

3.事迹介绍写作中常用对比法，即与反面人物做对照。

4.事迹介绍写作中可以用描写法，用得最多的是肖像描写、心理描写。

5.写先进事迹不要"鹤立鸡群"，这是用来比喻先进者应该比群众高出一等。

（十三）合同

1.《合同法》规定合同是自然人、法人、其他组织之间设立、变更、终止民事权利义务关系的协议。

2.订立合同前应进行资信审查，就是要了解市场需求、生产能力等情况。

3.合同条款中的"标的"也就是订立合同的目的。

4.合同条款中的"价款或者报酬"的区别是指，价款是用货币支付的，报酬是用其他形式支付的。

5.合同条款中的"违约责任"是预防违约行为而事先做出的处罚约定，一旦出现违约行为，违约方应向对方支付违约金和赔偿金。

6.经济合同双方当事人中必须有一方是法人。

7.合同必须经过鉴证或公证才具有法律效力。

8.合同与协议书的用途完全一样，只是名称不同。

9.由于不可抗力导致合同不能履行或不能完全履行，可免负违约责任。

10.合同条款中的"履行方式"是指当事人交付标的物的方法。

11.经济合同中把用货币支付的劳务报酬称价款。

12.合同是一种买卖双方达成协议而订立的书面凭证。

13.为了制约当事人的履约行为，合同书中必须规定明确的赔偿金。

14.经济合同的一般条款有：标的，数量，质量，价款和报酬，履行期限、地点或方式，违约责任，解决争议的方法等七项。

15.在合同中，为了反复使用的方便，可以用甲方、乙方、我方、你方等简称来称代双方当事人。

16.合同中的质量要求，有国家标准的，不得高于国家标准。

17.经济合同是为了实现一定的经济目的，彼此签订的一方有权利、一方有义务的协议。

（十四）经济纠纷诉讼文书

1.当事人不服一审判决、裁定，可以在15天内提起上诉。

2.法院的判决、裁定未被执行，当事人可向法院申请执行，时限为1年。

3.上诉状是用于当事人对已生效的判决或裁定认为有错，要求法院复查纠正用的文书。

4.申诉状是当事人不服一审判决或裁定，向上一级法院请求重审改判用的文书。

5.起诉状的当事人概况部分，要写明原告的单位名称、地址、法定代表人姓名和职务。

6.在诉状中案由（事由）和理由是两项内容，不能写在一起。

7."裁定"是法院对审理终结的案件所做的决定。

8."裁决"是法院在审理过程中对某些问题所做的决定。

9.李某对区法院的判决不服，他向市中级法院提出答辩状，要求重新审理。

（十五）经济活动分析

1.经济活动分析以分析经济运行状况为手段，以探索经济工作规律为目的。

2.经济活动分析就是财务人员所做的财务分析。

3.经济活动分析的开头和经济预测开头的写法一样，要反映从历史到现状、从本企业到本行业的概况。

4.经济活动分析的正文一般包括基本情况和建议措施两个部分。

5.经济活动分析与经济预测不同，主要运用定性分析的方法。

6.经济活动分析与总结都是回顾评价自己既往工作的文书，区别在于总结内容广泛，经济活动分析仅限于经济工作。

7.经济活动分析在表达方式上与总结相同，都是用第一人称。

8.经济活动分析的"建议"与总结的"今后的打算"，性质、作用都是相同的。

9.经济活动分析也就是企业对生产、经营活动所做的调查报告。

10.分析期的产值或利润超过了计划指标，说明经济效益提高了。

（十六）审计报告

1.审计工作按实施主体可分为国家审计、内部审计、民间审计、社会审计、独立审计等类。

2.财政收支审计与财务收支审计的区别在于审计内容多少不同。

3.审计报告的评价和处理意见应该是在听取和尊重被审计单位领导意见的情况下形成的。

4.国家审计和独立审计虽然实施主体不同，但表述的内容、形式是相同的。

5.审计报告是由注册会计师完成审计任务后所写的材料。

（十七）市场调查和预测

1.经济（市场）预测报告的概述部分，应概括叙述本企业的产销情况。

2.经济（市场）预测报告中，概况是基础，分析（预测）是目的，建议是重点。

3.德尔菲法即专家调查法，是一种常用的定量预测方法。

4.对历史和现状的了解，是进行经济（市场）预测的基础，因此，写好预测报告主要取决于调查工作。

5.经济（市场）预测的主要作用是为决策提供可靠依据，因此，预测的真实性是预测的生命。

6.经济（市场）预测和计划都是面向未来的，区别是预测是远期的，计划是近期的。

7.经济（市场）预测的结构一般由背景、目标、措施三部分构成。

8.《明年全国物价趋势》是一篇短期的、微观的经济预测。

9.《黑白电视机五年后的前景预测》是一篇长期的、宏观的经济预测。

10.准确掌握了今年服装销售的数据，就能预测明年服装款式的流行趋势。

（十八）招标书和投标书

1.邀请招标是直接特邀某一个符合条件者来承担招标项目。

2.招标人在开标日之前应将所有收到的投标文件签收保存，不得启封。

3.公开招标与邀请招标的对象不同，所以招标公告与投标邀请书的内容也不同。

4.招标书与招标文件是同一概念两个语词。

5.投标书和投标文件是两个概念两种材料。

6.投标人提交投标书后，不得再做补充、修改，或撤回投标。

7.开标以后，投标者只能对自己的投标内容做局部的修改和补充。

8.开标以后，投标者不得对其投标内容做解释或说明。

9.投标书是对招标书提出要求和条件的回答，因此不得有增改意见。

10.招标书又称招标广告，是广告的一个分支。

11.招标与投标相当于合同关系的要约与承诺，只是名称不同。

（十九）广告

1.抓住商品本身特点是广告获得成功的关键。

2.公关广告即公益广告，追求社会效益，目的不为直接推销。

3.商品广告和公关广告宣传内容有别，但都以促销为其直接目的。

4.在电视广告中，语言、文字、音乐是核心的因素。

5.广告口号（标语、警句）应当随目标市场的改变而不断改变。

6.广告的标语应当突出产品的个性特点。

7.广告标语（口号、警句）必须概括或暗示广告的主要内容。

8.商场如战场，广告的生命在于时效性。

9.广告口号（标语、警句）也就是广告文稿中的标题句。

10.在社会主义市场经济中，广告制作最重要的是思想性。

11.广告的"真实性"是指广告的内容应是实在、具体和客观的。

12.陈述体广告和说明体广告都用叙述法，只是说明体用分条列述的形式。

13.在印刷广告中，字体最大的语句就是广告标语。

14.广告追求艺术性的目的是给人以精神享受。

15.在广告创意中首先要解决的是占位问题。

16.倡导社会文明和公众利益的广告叫公关广告。

17.为提高企业知名度而做的广告叫公益广告。

18.报纸、杂志广告的表达形式是文字、图画，广播、电视广告的表达形式是语言、音乐、画面。

19.报纸、杂志、广播、电视广告主要诉诸受众的视觉和听觉。

（二十）商品说明书

1.商品说明书主要用于宣传和推广商品，提供市场信息。

2.在工业品的商品说明书中，产品的生产时间和保质期限是最重要的内容。

3.在国内市场销售的商品一定要用中文标注和说明；进口商品和出口转内销的商品可以只用外文不用中文。

4.商品说明书的目的主要是宣传产品吸引消费者，以促进产品的销售。

5.商品说明书是传递商品信息、促进商品销售的工具之一。

6.商品说明书的语言，既要实事求是，又要有鼓动性。

7.商品说明书是企业促销产品的有效方式。

8.商品说明书的写作应服从于企业促销的宗旨。

9.商品说明书的表达方式除抒情外，各种表达方式都可用。

（二十一）可行性研究报告

1.可行性研究报告与计划都是用以指导未来的文书，性质任务相同。

2.可行性研究报告与调查报告相同，都是一种仅供参考的文书。

3.可行性研究报告与经济（市场）预测报告一样，都是为决策提供参考的材料。

（二十二）涉外经济文书

1.凡涉外经济合同一律适用国际惯例。

2.国际贸易支付用的信用证分不可撤销与可撤销两种，常用的是后者。

3.国际贸易支付用的信用证，按其时效分为即期和远期两种，常用的是后者。

（二十三）上市公司公告性文书

1.股票上市公告书与招股说明书的内容完全相同，只是发布时间不同。

2.中期报告与年度报告的性质作用是相同的，上市公司可以都用，也可以选用其一。

3.配股也就是向原有的股东再招股，即公司给予原有股东认购股票的一种优先权。

（二十四）公关礼仪文书

1.周恩来《为庆祝朱总司令六十大寿的祝辞》旨在表达他们两人间的亲密友谊。

2.感谢信和慰问信名称不同，但文章主旨和结构是相同的。

3.欢迎、欢送、答谢、祝酒时的称谓，对外开放以后，中外宾客一视同仁。

4.请柬也就是邀请他人参加自己组织活动的一种书面通知，用请柬旨在突出活动比通知重要，必须出席。

（二十五）经济论文

1.学术论文与一般论文的区别在于，学术论文有很强的专业色彩，用于专业性很强的学科。

2.论文中引用他人的材料一律要加引号、加注，以免侵犯他人著作权。

3.学术论文的引言（绪论）是作者或他人对本篇论文（著作）基本特征的简介。

4.学术论文的序言（前言）是论文的开端，简要说明研究的目的、范围、方法、意义等。

5.评论的写法有以论为主和以评为主两种类型。

6.评论都是对客观存在的事物、现象的议论，事实在评论文章中起着论据的作用。

7.《中国需要第三产业》，这是一个论题式的论文标题。

8.《论乡镇财源建设的新路》，这是一个论点式的论文标题。

四、简答题

说明：简答题是考核学生理解能力的题型。简答题在试卷中题数不多但分数不少，宜用于教学重点的篇章。简答题的内容虽然限于教材之内，但不同于选择题、填空题的单纯识记，它应该是经过分析、综合做出的回答。

考试试卷中的简答题可以从上编各章练习中的知识题中的简答题形式里选取，这里为了避免重复不再列举。需要注意的是：各章练习中的知识题，旨在提示教学要点，多数题目内容单纯，只有少数题目带有分析、综合性质。在从中选取试题时要根据不同情况区别对待：第一，要求不高的（如选修课、短训班等），可选答案简单的题。如公文种类中"我国现行公文共有多少种类？其前后顺序主要是以什么原则来排列的？"之类。第二，要求一般的（如考查课、课时不多等），宜选本篇章范围内需要分析、综合的题。如公文种类中"适用于请求事项的文种有哪些？有什么区别？"之类。第三，要求较高的（如考试课、有实践经验的学员等）宜选跨篇章相似文种辨析的题。如介绍经验的总结（经验性总结）与介绍经验的调查报告（经验调查）有哪些区别？经济活动分析与市场预测的开头都要写概况，有什么区别？招标公告又称招标广告，它与商品广告有何异同？等等。

五、案例题

说明：案例题又称案例分析，是理论与实际相结合考核学生分析问题能力的题型。案例题在试卷中题数很少但分数较多，宜用于教学重点的篇章。

案例题都会给一段材料，然后进行分析。分析不外乎两种：一种是正面案例分析，旨在通过对实例的分析，掌握指导实践的必要理论。如上编各章练习中第四章规章制度里的实践题的第5题，所给的例文是正确的，要求回答的几个问题是：（1）总则、分则、附则各应表达什么内容？（2）这个规定哪几条属于总则，哪几条属于分则，哪几条属于附则？（3）这个规定为什么不直接写出总则、分则、附则？（4）在直接标注的规章制度中，为什么只见总则，附则，而见不到分则二字？这几个问题如果不了解，写出的规章制度就可能结构不完整、层次不清。另一种要分析的是反面案例，或缺、或错、或乱，有的书就直接叫改错题。能否发现存在的问题，也就反映出是否掌握了指导实践的必要理论。如上编各章练习中第十章经济合同里的实践题的第4题："下面一例房屋租赁合同，读后请参考《合同法》第十三章租赁合同和示范文本的有关规定，指出其问题并予改写。"这种有问题的实例，如果分析者不懂此文应表达哪些内容，用什么格式等，就会看不出问题，更无从修改。

《申论》试题中的概括题和对策题与一般应用文教学练习及测验用的案例分析题相似，但不完全相同。详见本书附录参考试卷。

本书上编各章练习的实践题大部分是案例题，试卷的案例题可以从中选取。为了避免重复，这里不再列举。需要注意的是：在各章练习中，案例题着眼于练习而不是考核，所以常有提示性内容，在选作考试题时需作必要的修改。

六、作文题

说明：作文题又称应用题，是考核学生解决问题能力、综合表达能力的题型。作文题在试卷中数目最少而分数最多，宜用于教学重点的篇章。

申论试题中的论述题与一般应用文教学练习及测试用的作文题相似，但不完全相同。详见本书附录参考试卷。

上编各章练习里的实践题中都含有少量作文题，有的单列，有的附于案例题中，试卷作文题可以从中选取。为了避免重复这里不再列举。

要注意的是：在各章练习中是练习性的，要求比较笼统。在试卷中既要让学生了解命题的要求，又要为教师阅卷记分明确标准，因此要求需要提得明确具体，请在选题组卷时予以补充。

附录　参考试卷

　　说明：各种试卷都是根据其教学所用教材来命题的。各地、各校应用文写作的教材使用的尚不一致，于是可能出现同一内容说法不一，此为是彼为非，莫衷一是。因此，对教学所用教材不同的单位，本书所附试卷仅可参考，不可直接搬用。下列参考试卷我们均注明了命题所依据的教材。

　　附录七以后的申论是例外。申论试题模式从中央到省市都是一样的。本书所选参考试卷主要来自权威公务员考试，其模式及命题指导思想与正式考试完全一致。

一、上海财经大学"经济写作"课程考试卷

_____专业20____—20____学年第一学期

姓名：_____学号：_____班级：_____得分：_____

一、填空题（10分）

1.我国现行公文的种类共_____类_____种。

2.多层次规章中"条"的序数始终连贯，这叫_____。

3.在商务合同中，当事人的名称应当与_____相一致。

4.经济预测报告的标题多采用_____式标题。

5.经济活动分析报告的体式主体有_____式和_____式两种。

6.起诉必须有明确的被告、具体的_____和事实根据。

7.消息最常见的结构形式是_____。

8.商品说明书的形式一种是附件式，另一种是_____。

9.在评论中新闻事实起_____和_____的作用。

10.学术论文的摘要，应包含与论文_____的主要信息。

二、选择题（10分）

1.中国人民银行××市分行向总行反映新币发行情况，用的公文是（　　）。

A.请示　　　　　　B.报告　　　　　　C.函　　　　　　D.公告

2.对某一方面的工作做部分的规定，称（　　）。

A.规定　　　　　　B.办法　　　　　　C.细则　　　　　　D.意见

3.对提供劳务或智力成果给付的代价，合同中称（　　）。

A.价款　　　　　　B.价金　　　　　　C.酬金　　　　　　D.价格

4.总结属回顾性文书，其写作本意是为了（　　）。

A.汇报情况　　　B.树立典型　　　C.安排工作　　　D.指导今后

5.调查报告的生命在于（　　）。

A.时间性强　　　B.针对性强　　　C.条理性强　　　D.生动性强

6.经济预测报告写作的核心是（　　）。

A.前言　　　　　　B.背景　　　　　　C.预测　　　　　　D.建议

7.经济活动分析最基本的方法是（　　）。

A.归纳法　　　　　B.演绎法　　　　　C.比较法　　　　　D.例证法

8.被告人或被上诉人提出答辩状的时限是（　　）。

A.1个月内　　　B.15天内　　　C.10天内　　　D.5天内

9.反映新近发生的事实的新闻报道是（　　）。

A.动态消息　　　B.综合消息　　　C.典型消息　　　D.述评消息

10.广告的生命在于（　　）。

A.思想性　　　　　B.真实性　　　　　C.时效性　　　　　D.艺术性

三、判断题（10分）

1.联合行文时，几个单位都要加盖印章。 （ ）

2.计划的"分列式"写法是指把前言和主体分开来表述。 （ ）

3.总结除了回顾做过的事，还必须提出对今后工作的意见。 （ ）

4.调查报告是一种反映客观事物真实面貌的文章。 （ ）

5.消息与通讯的区别，主要在篇幅长短不同。 （ ）

6.广告制作的核心是创意，创意的首要问题是定位。 （ ）

7.开标以后，投标者只能对自己的投标内容做局部的修改和补充。 （ ）

8.商品说明书的写作应当服从企业促销的需要。 （ ）

9.经济评论的正文写法有以论为主、以评为主、以释为主三种类型。 （ ）

10.写作学术论文的收集材料是靠查阅文献资料。 （ ）

四、简答题（20分）

1.规章制度与计划的正文都是"三大块"，区别在哪里？

2.总结与调查报告在写作上有哪两点是相同的？

3.经济活动分析与经济预测正文的重点都在"分析"部分，有何区别？

4.新闻和广告都要求"真实性"，它们的内涵有何不同？

五、案例分析（20分）

1.下列公文格式不完整，请在合适位置补上此文必备的格式项目。

你厂《关于申请免征产品税的请示》悉。该产品不属于明年免税产品范围。请照章纳税。

2.下面是××仓储公司（甲方）与××房产公司（乙方）签订的一份修缮合同的条款部分，请按《合同法》对条款的要求，指出其重要（可能引起纠纷）的错漏。

（1）甲方委托乙方修缮若干仓库。

（2）上冻前必须完工，交付使用。

（3）包工包料，保证质量。

（4）修缮费先付15%，其余完工后付。

（5）双方不得违约，违者罚款。

六、作文（30分）

中国人民银行在1998年一年中频频调低存贷款利率。请就此为某晚报写篇小评论。标题自拟，字数不少于600，观点鲜明，层次清楚，语言通顺，文面规范。

（注：本试卷教学所用的教材为俞纪东.经济写作［M］.上海：上海财经大学出版社，1996）

二、上海财经大学夜大学期末考试 "应用文写作" 试卷

(20××—20××学年第二学期)

专业_____ 学号_____ 姓名_____ 成绩_____

一、填空题（共10分）

1.我国现行公文的种类共_____类_____种。

2.多层次规章中"条"的序号始终连贯，这叫_____。

3.在商务合同中，当事人的名称应当与_____相一致。

4.经济预测报告的标题多采用_____标题。

5.经济活动分析报告的体式主要有_____和_____两种。

6.起诉必须有明确的被告、具体的_____和事实根据。

7.消息常用_____式的结构形式。

8.商品说明书的形式一种是附件式的，另一种是_____的。

9.新闻事实在评论中起着_____和_____的作用。

10.学术论文的摘要，应包含与论文_____的主要信息。

二、选择题（共10分）

1.中国人民银行××市分行向总行反映新币发行情况用的公文是（   ）。

（1）请示　　　　　（2）报告　　　　　（3）函　　　　　（4）公告

2.对某一方面的工作做部分的规定，称（   ）。

（1）规定　　　　　（2）办法　　　　　（3）细则　　　　　（4）意见

3.对提供劳务或智力成果给付的代价，合同中称（   ）。

（1）价款　　　　　（2）价金　　　　　（3）酬金　　　　　（4）价格

4.总结属回顾性文书，写作的主旨（本意）应该是（   ）。

（1）汇报情况　　　（2）树立典型　　　（3）作出安排　　　（4）明确方向

5.调查报告是新闻性、参考性材料，它的生命在于（   ）。

（1）时间性强　　　（2）针对性强　　　（3）条理性强　　　（4）生动性强

6.经济预测报告写作的核心是（   ）。

（1）前言　　　　　（2）背景　　　　　（3）预测　　　　　（4）建议

7.经济活动分析最基本的分析方法是（   ）。

（1）归纳法　　　　（2）演绎法　　　　（3）比较法　　　　（4）例证法

8.被告人或被上诉人提出答辩状的时限一般是（   ）。

（1）1个月内　　　（2）15天内　　　　（3）10天内　　　　（4）5天内

9.反映新近发生的事实而写的报道文章称（   ）。

（1）动态消息　　　（2）综合消息　　　（3）典型消息　　　（4）评述消息

10.广告是一种宣传手段，它的生命在于（   ）。

（1）思想性　　（2）真实性　　（3）时效性　　（4）艺术性

三、判断题（共10分）

1.联合行文时，几个单位都要加盖印章。（　　）

2."分列式"是指计划写作把前言和主体分开来表述的结构形式。（　　）

3.总结除了回顾做过的事，还必须提出对今后工作的意见。（　　）

4.调查报告是一种反映客观事物真实面貌的文章。（　　）

5.消息与通讯的区别是它们的篇幅长短不同。（　　）

6.广告制作的核心是创意，创意的首要问题是定位。（　　）

7.开标以后，投标者只能对自己的投标内容做局部的修改和补充。（　　）

8.商品说明书的写作应服从企业促销的需要。（　　）

9.经济评论不仅报道事实，更要就事论理。（　　）

10.学术论文的选题是根据自己的专长和兴趣。（　　）

四、简答题（共20分）

1.规章制度和计划的正文结构都是"三大块"，区别在哪里？

2.总结和调查报告有哪些区别？

3.经济活动分析和经济预测第三部分都写意见或建议，第一、第二部分各写什么？

4.招标广告和一般商品广告有什么区别？

五、案例题（共20分）

1.下面这份经济合同的条款表述欠妥，请以防止日后发生纠纷为目的，指出其缺漏并予改正。但将对的也改掉则扣分。

建筑工程承包合同

××财经专科学校（甲方）

立合同人：

××建筑工程公司（乙方）

为了发展教育事业，经双方协商，签订如下合同：

第一条　甲方委托乙方建造电教楼一幢，由乙方全面负责建造。

第二条　全部修建费一千万元。

第三条　甲方在签订合同后，先交付一部分建造费，其余在电教楼竣工后力争一个月内全部付清。

第四条　工期待乙方筹备就绪后一星期开工，要求一年左右完工。

第五条　乙方要加强工人的思想政治教育，做到精打细算，反对浪费材料。

本合同一式两份，双方各执一份。

甲方　　　　　　　　　　　　乙方

××财经专科学校（公章）　　　××建筑工程公司（公章）

　　承办人×××　　　　　　　　　代表人×××

20××年×月×日订于××市

2.下面是一篇调查报告的前言，读后请回答文后的问题。

中国航空技术进出口公司深圳工贸中心是航空工业部在深圳特区引进技术的一个"窗口"，它所承担的任务，与一些重要部门技术进步的关系密切，几年来的刻意经营，为发挥特区引进先进技术的"窗口"作用提供了有益的经验。

（1）这篇调查报告属哪类？

（2）此类调查报告的前言一般都写什么？

（3）本例是从哪个方面开篇入题的？

六、作文题（30分）

中共上海市委1996年4月20日发出通知，号召全市人民进一步学习徐虎的先进事迹。通知阐述了学习的目的、意义，通知对全市共产党员和全市人民提出了要求，通知还对全市各级党组织提出了要求。请模拟撰制此通知，用"红头文件"的格式。

三、上海市成人高校××××学年度第一学期抽考试卷 财经应用文（A）

一、选择题（共10分，每小题1分。请从备选答案中选出1个正确的答案，将正确答案的序号填入题后括号内。多选、错选，均不给分）

1.《国家行政机关公文处理办法》规定，在一定范围内公布应当遵守或者周知的事项，应采用（ ）。

A.通知   B.通告   C.公告   D.通报

2.在经济法规中，说明制定法规的目的、根据和意义等内容的部分通常被称为（ ）。

A.附则   B.分则   C.细则   D.总则

3.计划正文一般需包括三方面的内容，它们是（ ）。

A.为什么做、做什么、怎么做

B.能不能做、做什么、会做得怎样

C.做了什么、做得怎样、应该怎样做

D.为什么做、怎么做、为什么要这样做

4.可用作正式合同的前奏，或作为已订合同的补充与修订的文书称（ ）。

A.协议书   B.意向书   C.谈判纪要   D.确认书

5.下列一般公务文书中，用于自我回顾思考、明确方向的文书是（ ）。

A.规章制度   B.计划   C.总结   D.调查报告

6.批转下级机关的公文，或转发上级机关的公文，应采用（ ）。

A.通告   B.通知   C.通报   D.函

7.按预测方法分，市场预测的类型有两种，即（ ）。

A.全面预测和专题预测   B.比较预测和数模预测

C.定性预测和定量预测   D.宏观预测和微观预测

8.在多行新闻标题中，居于主题之上，起交代背景、烘托气氛等作用的是（ ）。

A.引题   B.子题   C.实题   D.副题

9."今年二十，明年十八"（白丽香皂广告语）的创意依据主要在于（ ）。

A.格调浪漫   B.消费心理   C.市场需求   D.语言流利

10.在产品说明书的写作要求中，首位的是（ ）。

A.语言的优美   B.构思的巧妙   C.态度的诚恳   D.说明的准确

二、填空题（共20分，每小题2分）

1.根据《国家行政机关公文处理办法》，各级国家行政机关的行文关系，应根据各自_____和职权范围确定。

2.依据国家有关规定，对某一项工作做比较具体的规定，称_____。

3.计划的标题一般由单位名称、_____、事由和计划名称四部分构成。

4.经济合同是当事人（如法人等）之间为实现一定经济目的，_____而订立的合同。

5.经验性总结主要写成功的做法和理性的认识，但一般都会涉及＿＿＿＿＿＿＿，它或者是具体做法或体会的前奏，或者是成功做法的尾声。

6.说明现状、预测未来和＿＿＿＿＿＿是市场预测正文的三大部分。

7.经常性、制度化的经济活动分析，如月度财务分析等，通常采用＿＿＿＿＿＿形式。

8.新闻中最常见的基本的正文结构形式是＿＿＿＿＿＿。

9.将商品广告分为报纸广告、广播广告、电视广告、路牌广告等，主要是着眼于＿＿＿＿＿＿的不同。

10.财经应用文的特点在于政策性比较强，对象比较明确、＿＿＿＿＿＿、语言比较朴素和数据使用较多。

三、是非判断题（共10分，每小题2分。先判明对或错，然后再用一两句话扼要地说明理由；正确的命题可不说明理由）

1.规章制度的内容用条文表达，条下可分款，常见条文的两层结构即"条""款"式。

判断：

理由：

2.总结的标题，或公文式，或一般式，或主副式。

判断：

理由：

3.经济活动分析报告的正文一般只包括基本情况与建议措施两个部分。

判断：

理由：

4.抓住特点是广告写作获得成功的关键。

判断：

理由：

5.产品说明书的作用主要在于吸引消费者，以利于扩大产品的销售。

判断：

理由：

四、简答题（共10分，每小题5分）

1.阅读下面一则新闻，要求完成：（1）说明这则新闻的类型；（2）指出这则新闻的导语（可直接在导语下划线）；（3）说明导语的作用（概括解释，可以不结合这则新闻）。

我国个人所得税增长迅速
1至4月征收总额32亿多元

据新华社北京6月13日电（记者丁坚铭）记者从国家税务总局了解到，今年以来，我国个人所得税增长迅速。据统计，1—4月份，全国征收的个人所得税总额达32.88亿元，比上年同期增长84.5%。

从地区看，前4个月全国除西藏自治区外，其他各省市区个人所得税收入都有较大幅度增长，其中有10个省市区个人所得税收入比上年增长一倍以上。增长幅度在前五位的是河南、云南、上海、广西、辽宁，其中河南省个人所得税的增长幅度高达269.2%。个人所得税征收额位居前五位的分别是广东、北京、上海、辽宁、福建，其中广东的个人所得税收入近6.2亿元。

（1）这则新闻的类型：

（2）这则新闻的导语（可以直接在原文下划线）：

（3）说明导语的作用：

2.请说明国家行政机关公文中的报告与请示的异同。

相同点：

区别点：

五、案例分析（15分）

阅读下面一则经济合同，在有错、漏处划线并标上序号，然后按序号逐条指出错在哪里或缺了什么。

提示：（1）检查主要条款是否残缺。（2）检查主要条款的内容是否有错漏。（3）标题、结尾、落款是否正确。

经济合同

甲方：××市畜产进出口公司

乙方：××新艺制革厂

甲方将提供山羊板皮一批，委托乙方加工成鞋面革，经双方协商订立本合同条款如下：

（一）品名及数量

生山羊板皮××××张。

（二）质量标准

以××市皮革工业公司所制定的山羊鞋面革标准为准，并以此为双方今后验收的依据。

（三）工缴费

每平方市尺人民币××元，深色浅色一律等价。涂色夹里革每平方市尺人民币××元。由乙方开具一式5联的"加工商品进仓单"，并附有关单据，将货连同这些单据送达甲方指定仓库，经验收后甲方支付工缴费。

（四）熟革交货期

自本协议签订之日起50天内分期分批交清。

本合同正本2份，副本6份，双方各半分执，各自分送有关部门备案。

甲方（印章）

乙方（印章）

20××年5月2日

六、作文（35分）

根据下列材料，为浙江省商业厅完成一份正式公文（只要求用成文格式），并把分配给各地区排涝抗旱用的汽油、柴油量制成表格作为附件。

　　材料：1.20××年8月23日，浙江省商业厅给各地区商业局，宁波、温州市商业局，杭州市第一商业局发了文。文件说，为了支援排涝抗旱斗争，我厅遵照省人民政府的指示，曾用电话通知有关地区对排涝抗旱用的汽油、柴油在节约原则下要认真作好安排。自从7月份以来，我省一部分地区受到旱涝的影响，特别是内涝，给农业生产带来了严重的威胁。现在根据各个地区受灾的实际情况，将排涝抗旱用的汽油、柴油分配给你们，这是经过和省防汛抗旱指挥部商量，又经过省农委审查同意的。请各地区、市赶快和有关部门一起，按灾情及实际需要，抓紧分配到县；分配到县的数量要抄送省燃料公司以便安排。

　　2.排涝抗旱用的汽油、柴油分配量（以吨为单位）：汽油共300，杭州地区80、嘉兴地区120、宁波地区30、宁波市20、绍兴地区50。柴油共4 000，杭州地区650、嘉兴地区1 250、宁波地区250、宁波市（包括镇海县）25、绍兴地区400、温州地区450、温州市25、丽水地区300、台州地区300、金华地区350。柴油分配数中杭州地区包括原来给临安县的50吨，丽水地区包括原来给遂昌县的50吨，金华地区包括原来给武义县的30吨。

　　3.这个文件需抄送给省燃料公司，各燃料二级站（地区公司），各市、县燃料公司，县商业局，还应抄送省人民政府办公厅、省财办、农委、省抗旱防汛指挥部。

　　（注：本试卷教学所用教材为俞纪东．经济写作［M］．上海：上海财经大学出版社，1996）

四、上海市高等教育学历文凭考试
应用文写作试卷

（本卷考试时间150分钟）（涉外文秘专业）

一、单项选择题（本大题共10小题，每小题1分，共10分）在每小题列出的四个选项中只有一个选项是符合题目要求的，请将正确选项前的字母填在题干后的括号内。

1.明确提出"应用文"这一名词的年代是（　　　）。

A.唐代　　　　　　　　B.宋代　　　　　　　　C.明代　　　　　　　　D.清代

2.《国家行政机关公文处理办法》失效的时间是（　　　）。

A.1987年2月　　　　B.1989年4月　　　　C.1992年7月　　　　D.2012年4月

3.向上级机关汇报工作，反映情况，应使用的文种为（　　　）。

A.通报　　　　　　　　B.报告　　　　　　　　C.请示　　　　　　　　D.函

4."为维护学校秩序，保持校园整洁，特做如下规定"，文件的这种开头称为（　　　）。

A.根据式　　　　　　　B.目的式　　　　　　　C.概括式　　　　　　　D.提问式

5."为要""为盼"属于应用文结构用语中的（　　　）。

A.开头用语　　　　　B.结尾用语　　　　　C.过渡用语　　　　　D.综合用语

6."通知"这一文种属于（　　　）。

A.呈请性公文　　　　B.商洽性公文　　　　C.记录性公文　　　　D.知照性公文

7.按公文格式的要求，发文字号的位置应当在（　　　）。

A.公文名称右上方　　　　　　　　　　　B.公文名称左上方

C.公文标题之上，文件头底线之下　　　　D.公文名称之下，文件头底线之上

8.国务院公文主题词的标引每件公文最多不超过（　　　）。

A.5个　　　　　　　　B.6个　　　　　　　　C.7个　　　　　　　　D.8个

9.可以不加盖机关印章的公文是（　　　）。

A.决定　　　　　　　　B.报告　　　　　　　　C.函　　　　　　　　D.会议纪要

10.在一定范围内公布应当遵守的事项，应当用的文种为（　　　）。

A.公告　　　　　　　　B.通告　　　　　　　　C.通知　　　　　　　　D.通报

二、双项选择题（本大题共10小题，每小题1分，共10分）在每小题列出的五个选项中有两个选项是符合题目要求的，请将正确选项前的字母填在题干后的括号内。多选、少选、错选均无分。

1.与一般文章相比，机关应用文的特点是（　　　）。

A.具体性　　　　　　　　B.实用性　　　　　　　　C.形象性

D.程式性　　　　　　　　E.抒情性

2.下列公文中属于下行文的文种有（　　　）。

A.议案　　　　　　　　B.决定　　　　　　　　C.通知

D.请示　　　　　　　　　　　E.函

3.在公文格式中，应当注明签发人的文种是（　　　）。

A.命令　　　　　　　　　　B.指示　　　　　　　　　C.报告

D.请示　　　　　　　　　　E.批复

4.上海市人民政府公文主题词的标引顺序是（　　　）。

A.先内容后形式　　　　　B.先形式后内容　　　　　C.先主观后客观

D.先客观后主观　　　　　E.先主要后次要

5.企事业单位，人民团体不宜使用的文种有（　　　）。

A.命令　　　　　　　　　　B.指示　　　　　　　　　C.通知

D.函　　　　　　　　　　　E.会议纪要

6.通知这一文种适用于（　　　）。

A.依照法律规定发布行政法规

B.在一定范围内公布应当周知的事项

C.批转下级机关的公文

D.任免和聘用干部

E.传达重要精神或者情况

7.经济合同的格式有（　　　）。

A.数字式　　　　　　　　　B.表格式　　　　　　　　C.条款式

D.序列式　　　　　　　　　E.平衡式

8.以下标题正确的是（　　　）。

A.上海市纺织局2016年工作总结

B.上海市纺织局总结2016年工作

C.2016年上海市纺织局总结工作

D.上海市纺织局报告2016年生产情况

E.上海市纺织局关于2016年生产情况的报告

9.下列公文落款正确的是（　　　）。

A.市府办　　　　　　　　　B.师大　　　　　　　　　C.上海市人民政府

D.华联股份　　　　　　　　E.上海市人事局

10.公文的表现手法主要是说明，兼有（　　　）。

A.抒情　　　　　　　　　　B.叙述　　　　　　　　　C.议论

D.描写　　　　　　　　　　E.夸张

三、填空题（本大题共7小题，每空1分，共10分）

1."顷接来函"是应用文特殊用语中的_____用语。

2.应用文主体部分的层次安排通常采用_____、并列式、递进式和_____四种形式。

3.发文字号由_____、年份和序号三部分组成。

4.公告的特点是_____、告知性、_____和慎重性。

5.公文的成文年月日的书写方法有_____式和_____式两种。

6.答复下级机关的请示事项应当使用的文种是_____。

7.公文的份数编号应标于公文首页_____的位置。

四、判断说明题（本大题共10小题，每小题2分，共20分）判断下列各题正误，对有错误或不全面的地方作简要说明。

1.所谓机关应用文，就是党政机关、社会团体、企事业单位和人民群众在日常生活、学习、工作和生产活动中处理公务和办理事务所使用的一种交际工具。

2.写作平行公文，对接受对象应采取平等态度，既要坚持原则，又要注意措辞，不要粗暴傲慢。

3.写作应用文时，要尽量避免思维过程中常犯的诸如主观性、片面性、表面性等毛病。所谓片面性，就是只看事物的表面现象，不看事物的内在本质。

4.文稿也要认真修改。修改的范围应该是全面的，即包括内容和格式两个方面。

5.指导性公文，是用来指导各项工作，采取一些强制性行政措施时用的。

6.公文标题的主要作用是概括行文机关名称和公文种类，统领全篇，便于阅读、处理和查询。

7.报告和请示，行文的时间有所不同。报告中的工作和事项必须经上级机关审核、批准后才能实施、办理，切不可"先斩后奏"或"边斩边奏"。

8.指示和批复同属下行文，但发文起因和适用范围都不同。批复是上级机关主动发文，适用于所属各下级机关；指示是被动发文，适用于来文单位请示事项的回复。

9.市场预测的分类，按预测的范围划分，可分为定性预测和定量预测。

10.电报有统一、固定的格式，由四个部分组成：电报头栏，收信人地址、姓名，电文内容和署名，发报人的姓名、住址和电话。发报人必须逐一填写清楚。

五、改错题（本大题共2小题，每小题6分，共12分）

1.请将下面文字按公文格式誊清，加上标点符号。

关于表彰先进班组和先进生产者的决定为推动生产深化改革总结经验表彰先进树立典型进一步深入持久地开展双增双节活动经各车间科室逐级评选厂部审查批准决定二车间二工段第三生产小组等三个班组为先进班组郑礼和等30位同志为先进生产者分别颁发奖旗证书和奖金予以表彰附先进班组和先进生产者名单××五金机构厂××××年×月×日公章。

2.下面文件在格式上有多处错误，也有缺漏之处。请在错误的文句下划一横线，并在横线下面写出正确的句子。缺漏的字句填在括弧内。

乡人民政府文件

××乡（16）第63号

——————*——————

××乡人民政府关于筹建

中外合资"××新福拉链有限公司"的请示报告

××县人民政府、县计委、县外经贸办公室、乡镇企业局：

我乡工业公司与新加坡××工业股份有限公司，经友好商谈，本着平等互利、共同发展的原则，决定筹建中外合资"××新福拉链有限公司"，生产尼龙拉链。该项目总投资为300万美元，建成后年产值1 941万元，预计3年内可收回投资，经济效益较好，是一个引进国外先进设计和管理技术、发展我乡商品经济的外向型企业。现将"××新福拉链有限公司"的项目建议书上报，务请批准。

××乡人民政府（盖章）

2016年×月×日

抄送：（　　　　　　　）

附件：（　　　　　　　）

六、简答题（本大题共3小题，每小题6分，共18分）

1.公告和通告有何区别？

2.党政机关的公文有哪些主要功能？

3.运用逻辑思维能力组织公文内容，主要注意哪些问题？

七、写作题（本大题共2小题，每小题10分，共20分）

写作要求：

（1）格式正确，书写整洁；

（2）内容表述清楚，措辞得体；

（3）称呼与落款要协调；

（4）时间概念准确。

1.某班级要举行一次主题班会，请为他们拟一份邀请其他专业、年级同学派代表参加的请柬。

2.请为某校报副刊"青春园地"拟一份"迎接2017年"的征文启事。

五、中央广播电视大学某学年度
第二学期期末考试 应用写作（汉）试题

一、选择题（每小题1分，共8分）

1.签发人通常是_____中应有的项目。

A.上行文   B.平行文   C.下行文

2.对重要事项或重大行动作出安排，要用_____。

A.命令   B.决定   C.通知

3.在一定范围内公布应当普遍遵守或者周知的事项，要用_____。

A.通告   B.通报   C.通知

4.不相隶属机关之间相互商洽工作、询问和答复问题；向有关主管部门请求批准等，要用_____。

A.报告   B.请示   C.函

5.党派或团体等组织规定自身的组织机构、活动形式和行动准则，一般要用_____。

A.章程   B.条例   C.规定

6.学术论文写作的第一个环节是_____。

A.制订研究计划   B.选题   C.搜集资料

7.提要和文摘属于_____。

A.一次文献   B.二次文献   C.三次文献

8.狭义的新闻专指_____。

A.消息   B.通讯   C.评论

二、填空题（每空1分，共10分）

1.公文的发文字号一般包括_____、_____和_____三项内容。

2.从不同的角度，可对报告进行不同的分类，比如，根据行文的直接目的的不同划分，有_____性报告和_____性报告。

3.调查报告的特点主要体现为：（1）_____性；（2）_____性；（3）_____性。

4.提要的写作要点有两个：一是_____；二是_____。

三、名词解释（每个4分，共12分）

1.公文主题词

2.上行文（举例）

3.简报

四、简答题（每小题10分，共20分）

1.在计划的制订中，主要应当考虑哪些要求？

2.在学术论文的选题中，主要应当依循哪些原则？

五、运用自己所学过的文件写作知识，对下面这篇工作总结进行评析（20分）

提示：

（1）评析应主要着眼于文章的一般写法，要对文章的总体结构和各构成要素作简要的说明、分析；

（2）既要注意运用所学知识，又要注意结合原文；

（3）分析要有条理。

调整信贷结构　促进商品流通

1989年是国务院提出治理经济环境、整顿经济秩序的第一年，总行提出了"控制总量、调整结构、保证重点、压缩一般、适时调节"的信贷总方针，如何把这一中心任务贯彻到我们的商业信贷工作中去，我们提出的口号是：调结构、保市场、促流通。其中调结构是基础，保市场是任务，促流通是目标。经过一年来的积极工作，商业信贷结构得到了有效调整。同时使我市市场出现了稳定、繁荣的喜人局面，完成购进总值20 548万元，实现销售24 178万元，创利税679万元，取得了比较好的经济效益。

一、调好两个结构，活化资金存量

（一）着力开展清欠，向潜力挖资金

针对商业企业资金占用高、潜力大的问题，我们今年建议市政府召开了三次清欠工作动员大会，组成了各级挖潜领导小组，并制定了一系列奖罚政策，在全市掀起了一个人人重挖潜、个个来挖潜的高潮，变银行一家的"独角戏"为银企政府的大合唱，有力地推动了全市商业企业挖潜工作的开展。为配合好企业清欠，我们还在三季度开展了"清欠三部曲"，派出信贷员28人次，帮助企业分市内、市外、区外三个层次清欠，清回资金317笔581万元，受到了企业的高度赞扬。

（二）全力督促企业补资，向消费挤资金

为解决商业企业自有资金少、抗风险能力差的问题，我们除发放流动基金贷款利用利率杠杆督促企业补资外，还广泛宣传，积极动员，引导企业学会过紧日子，变消费基金为经营资金。在我们的推动下，有7户企业把准备用于消费的285万元资金全部用于周转。如地区纺织站推迟盖宿舍楼，把85万元企业留利全部用于补充流动资金。今年，我们共督促商业企业补资158万元，为年计划的6倍。

由于我们开展了以上工作，我市商业企业的资金占用结构得到明显改善，全年处理各种积压商品595万元，使商品适销率由去年的8.5%上升至9.1%，压缩各种结算资金688万元，使结算资金占全部流动资金的比例控制在32%以下，全年补资158万元，使自有资金占全部流动资金的比重由年初的6.5%上升至7.9%。

通过调整两个结构，促进了资金存量向好企业投入，加快了资金周转，盘活了大量资金，一方面使资金需求量大，另一方面资金占用严重不合理的矛盾得以缓解。

二、实行商品监测，搞好商品供应

商品是否丰富、价格是否平稳，是判断市场优劣的标准。商业信贷的任务就在于及时、足量地把资金输到穴位上，支持商业部门及时组织商品供应市场，避免市场紊乱，我们采取的措施是：

今年，国家实行财政、信贷"双紧"的方针，其目的是减少货币投入，促进原有生产要素的调整及优化配置，从而达到控制通货膨胀、稳定发展经济的目的。商业部门担负着回笼货币、繁荣市场的任务，其经营如何，对于能否稳定市场，促进经济发展意义重大。我们认为，在货币紧缩、投入减少的情况下，支持商业企业提高效益、保住市场唯一的出路是活化资金存量，调整好两个结构，提高原有资金的使用效能，缓解供求矛盾。

（一）调整好一、二、三类企业的贷款结构

今年年初，我们根据上级行制定的分类排队标准，结合1988年我们自己摸索出的"十分制分类排队法"，考虑国家和总行提出的支持序列，对全部商业企业进行了分类排队，并逐企业制订了"增、平、减"计划，使贷款投向投量、保压重点十分明确，为今年的调整工作赢得了主动。到年末，一类企业的贷款比重达65.9%，较年初上升4.7个百分点；二类企业达26.7%，较年初下降2.6个百分点；三类企业达7.4%，较年初下降2.1个百分点。这表明，通过贷款存量移位，贷款结构更加优化。

（二）调整好商业企业资金占用结构

长期以来，由于我市商业企业经营管理水平不高，致使流动资金使用不当，沉淀资金较多，资金存量表现为三个不合理：一是有问题商品偏多，商品资金占用不合理；二是结算资金占用偏高，全部流动资金内在结构不合理；三是自有资金偏少，占全部流动资金的比重不合理。针对这三个不合理，我们花大气力、下苦工夫致力于现有存量结构的调整，从存量中活化资金，主要开展了以下几个方面的工作：

1.大力推行内部银行，向管理要资金

在1988年搞好试点工作的基础上，今年我们在全部国营商业推行了内部银行，完善了企业流动资金管理机制，减少了流动资金的跑、冒、滴、漏，资金使用效益明显提高，聊城市百货大楼在实行内部银行后，资金使用明显减少，而效益则大幅度增长。今年全部流动资金占用比去年增长1.5%，而购、销、利的增幅均在30%以上，资金周转加快27%，据统计，今年以来，通过推行内部银行商业企业约计节约资金450万元。

2.进行商品排队和监测

为保证市场供应，了解消费者对哪些商品最为敏感，最为需要，年初，我们抽出近两个月时间对300种日用消费品进行了商品排队，排出97种畅销商品、134种平销商品和69种滞销商品，通过排队，摸清了市场状况，找到了工作着力点。为使商业部门的采购既能充足供应市场，又能防止积压，减少资金占用，我们集中对火柴、肥皂、奶粉、搪瓷用品等50种商品进行监测，设置了监测卡，每旬统一对这些商品的进、销、存、价格等方面进行监测分析，然后及时指导商业企业调整采购重点。如今年4、5月份，我们发现有不少商业部门火柴库存薄弱，市场价格混乱，及时提供资金支持百货站重点采购。仅7天，就使火柴充裕起来，价格回落到正常水平。

在支持商业企业经营中，我们还从大处着眼，引导企业把近期市场和远期市场结合起来，把短期效益和长期效益结合起来，把企业效益同社会效益结合起来，以求得市场的长期稳定。如今年6月份，我市蒜薹取得大丰收，一时间蒜薹市场价格下摆过低，肯定要刺伤菜农的积极性，明年的蔬菜市场肯定要受影响。为迅速解决问题，保持蔬菜市场的长期稳定，我们建议市政府召开了由财政、税务、各乡镇、市蔬菜公司等27家单位参加的协调会议，适时制定了保护菜农和蔬菜公司利益的政策，理顺了各方面的关系。我们及时发放贷款100万元，支持蔬菜公司存储外调蒜薹60万公斤，迅速稳定了市场价格，保住了市场，为菜篮子问题消除了隐患，市政府对我们的工作予以高度评价。

3.压集体、保国营，重点支持国营企业

国营企业直接面对消费者，担负着供应市场、平抑物价的艰巨任务，其经营好坏对市场影响重大，而集体企业普遍管理水平低，且多追求盈利，不承担保市场的责任。为此，我们确定了压集体、保国营、重点支持零售企业的贷款投放序列。今年，在商业贷款基本不增加的情况下，6户国营零售企业贷款上升175万元，而17户集体商业企业下降232万元。由于我们支限分明，使国营零售企业的社会效益和经济效益明显提高，完成购、销、利为4 079万元、5 788万元和179万元，分别比去年同期增长25.6%、31.4%、29.8%，资金周转较去年同期加快7.5%。

三、重视决策审查，搞好综合反映

为使商业企业取得扎扎实实的经济效益，维护流动资金的完整无缺，我们于年末抽出专门人员对全部商业的效益进行审查，共审查出虚假利润134万元，并及时采取果断措施，督促企业调整了账务，保证了年终决算的真实性、准确性。

今年，我们还重点抓了综合反映工作，努力当好领导参谋，共写出经济活动分析、调查报告、专题总结、论文、经济信息等249篇，被有关部门转发录用的达169篇，通过写作，同志们的业务素质也有了明显提高。

四、抓政治思想工作，促廉政建设

今年，我们始终把政治思想工作作为工作中重要的一环，坚定不移地执行党的路线、方针、政策，自觉地、坚决地抵制资产阶级自由化思潮的侵蚀。为惩治腐败、重振党威，我们还狠抓了廉政建设，制订了实施方案，坚决做到不吃请、不受礼、不以贷谋私，清正廉洁，把我行建成一个团结的集体、战斗的集体、朝气蓬勃的集体。

1989年过去了，新的一年即将到来，我们决心坚定地贯彻治理整顿的总方针，着力调整信贷结构，再创新成绩，再上新台阶，大力促进我市的商品流通，为发展经济，振兴聊城做出贡献。

中国工商银行聊城市支行
1989年12月

六、起草一份转发下列通知，要求下级机关做好该通知所布置的工作的通知（30分）

写作要求：内容要明确，中心要突出；格式要正确，写法要规范（可只写标题、主送机关、正文、发文机关和发文时间几个项目，主送机关、发文机关和发文时间几项内容可虚拟）；语言要准确、简明、得体，书写要清楚。

国务院关于加强安全生产工作的通知（摘要）

国发〔1993〕50号

各省、自治区、直辖市人民政府，国务院各部委、各直属机构：

近年来，我国的安全生产形势十分严峻。今年前几个月，各类事故仍居高不下，重大、特大恶性事故不但没有得到有效控制，反而比一九九二年同期增加许多。同时，职业危害问题也是相当严重的。这种状况，给国家和人民群众的生命财产造成巨大损失，影响改革开放和经济建设的健康发展。为此，国务院要求各地区、各有关部门和单位，必须以对国家和人民高度负责的态度，采取坚决有效的措施，迅速扭转目前安全生产状况不断恶化的局面，特作如下通知：

一、各地区、各有关部门和单位的领导同志，应当充分认识加强安全生产工作的重要意义，进一步增强搞好安全生产的责任感和紧迫感；要加强领导，扎扎实实地贯彻"安全第一，预防为主"的方针，努力抓好安全生产管理责任制和各项法规、制度及措施的落实；要高度重视安全生产中出现的问题，及时研究处理，认真抓紧解决。

二、在发展社会主义市场经济过程中，各有关部门和单位要强化搞好安全生产的职责，实行企业负责、行业管理、国家监察和群众监督的安全生产管理体制。应互相支持配合，共同努力做好安全生产工作，坚决防止发生重大、特大事故，尽量减少一般事故和减轻职业危害。

三、国务院确定，劳动部负责综合管理全国安全生产工作，对安全生产行使国家监察职权；负责安全生产工作法规、政策的研究制定；组织指导各地区、各有关部门对事故隐患进行评估和整改；代表国务院对特大事故调整结果进行批复，根据需要对特大事故进行调查。安全生产中的重大问题由劳动部请示国务院决定。

四、各级综合管理生产的部门和行业主管部门，在管生产的同时必须管安全，对企业的安全生产工作加强管理，帮助企业解决安全生产方面的实际问题，支持、指导企业搞好安全生产。

五、企业必须坚决执行国家的法律法规和方针政策，按要求做好安全生产工作；要自觉接受国家监察和行业管理，并结合企业情况，努力克服安全生产中的薄弱环节，积极认真地解决安全生产中的各种问题。企业法定代表人是安全生产的第一责任者，要对本企业的安全生产全面负责。

六、各级政府和各有关部门应充分重视乡镇企业、外商投资企业和私营企业的安全生产工作，对这几类企业加强安全管理，区别不同情况给予必要的指导，提出严格要求，进行经常性的监督检查。同时严格外商投资企业立项审批工作，严禁将职业危害严重和安全可靠性差的项目引入我国。

七、各地区、各有关部门和单位在机构改革和企业转换经营机制过程中，对安全生产工作只能加强，不能削弱，要有机构和人员负责安全生产工作，要增加安全生产的资金投入，用好技措经费，通过技术改造消除事故隐患，改善劳动条件。

八、要加强安全生产方面的法制建设和制度建设，在目前已有法规、制度的基础上，通过总结经验教训，加快安全生产法规、标准和制度的补充、完善。应强调有法必依、执法必严、违法必究，并强调制度的严肃性，对违反制度的必须予以追究，把安全生产工作纳入法制和制度管理的轨道。要进一步做好事故的调查处理工作，事故发生后立即严肃认真地查处，对因忽视安全生产工作，违章违纪造成事故的，必须坚决追究领导人员和当事人的责任，构成犯罪的，由司法机关依法追究刑事责任；要认真吸取教训，提出有效的防范措施，防止事故再次发生。

九、要广泛深入开展宣传教育，增强全体职工的安全意识和搞好安全生产的自觉性。可通过新闻媒介，采取多种有效形式，经常宣传安全生产的重要性及如何搞好安全生产工作。应注意用正反两方面的典型事例并结合企业实际情况，开展生动活泼的宣传教育。同时，应提倡和鼓励广大群众对安全生产工作进行必要的监督。

十、要加强安全培训工作，对所有上岗人员应进行安全生产知识和技能的培训，并根据不同行业特点，运用多种形式和手段，加强对管理干部的安全培训，努力提高全体职工的安全素质。

十一、在安全生产管理中，各级政府及其有关部门要转变职能，认真贯彻《全民所有制工业企业转换经营机制条例》；应注意工作方法和减轻企业负担，到企业检查安全生产工作要按国家规定办事，简化程序，讲求实效。

各省、自治区、直辖市人民政府和国务院各有关部门，应根据本通知精神，认真检查当前安全生产状况，找出存在的问题，尤其要查清事故隐患，提出具体措施加以解决；对一九九二年和一九九三年上半年发生的特大事故，尚未结案的要抓紧处理。请于八月底前将贯彻本通知的情况报送劳动部，由劳动部汇总报告国务院。

国务院

一九九三年七月十二日

六、申论模拟试卷一

一、注意事项

本题由给定材料与作答要求两部分构成。考试时限为180分钟。其中，阅读给定材料参考时限为50分钟，作答参考时限为130分钟。

二、给定材料

1.某市市政府组织召开了一次专题研讨会，邀请了相关专家及政府部门工作人员，以"好政策"为话题展开讨论。以下是与会人员的发言摘要：

A：我讲一个关于苏东坡在杭州做官时治理西湖的事情。当时，西湖内淤泥壅塞、湖草蔓生，使得西湖容量日渐减少，淡水不敷居民饮用。苏东坡决心清理淤泥蔓草，他动用数千劳力，费时四个月得以竣工。工程完毕后，如何处理堆积如山的水草和淤泥又成了难题。苏东坡实地考察后发现，西湖南北两岸居民顺着蜿蜒的湖边步行到对岸必须绕道数里。于是他决定用挖出的淤泥修一条直贯南北两岸的路堤，将湖面分隔为里湖、外湖，大大缩短往返路程，沿堤垂柳和6座拱桥及9个亭子更增加了西湖的美景。这时，又出现了一个新的问题：如何使湖中的恶草不再滋生呢？那就把沿岸部分湖面开垦出来，让农民种菱角增收，条件是必须在自己承包的湖面按期除草。同时，苏东坡还向朝廷上书，请求向菱角种植户收的税金应确保作为保养湖堤、湖体的专项资金。

B：确实，我国历史上有很多好的政策，我印象深刻的是张居正的一条鞭法。一条鞭法的内容很多，但最主要的，是颁布统一规定，全国税收由实物税变为货币税，明白点儿说，就是以后收税时，不收东西了，统一改收钱币，一条鞭法看似简单，却蕴含了极高的智慧。正如那句老话：把复杂问题简单化。

C：2007年12月31日，国务院办公厅发布了《关于限制生产销售使用塑料购物袋的通知》，这份被称为"限塑令"的通知明确规定："从2008年6月1日起，在全国范围内禁止生产、销售、使用厚度小于0.025毫米的塑料购物袋。""在所有超市、商场、集贸市场等商品零售场所实行塑料购物袋有偿使用，一律不得免费提供塑料购物袋。"这一政策出台后，也有过一些争议，一是商家担心执行不严，有竞争者偷偷地继续提供塑料袋；二是消费者的心理感受差，原来不花钱的塑料袋，现在需要自己买，会有抵触情绪；三是塑料袋毕竟价格低，消费者还会继续花钱购买。从多年执行的情况看，我认为这一政策还是成功的。消费者逐渐理解了政策出台的意义，同时出于经济上的考虑，购物前一般会准备可以长期使用的环保购物袋。一时忘记带，也可以购买能反复使用的环保购物袋。所以说，政策是否有效，还要看其是否较好地发挥了政府和市场两方面的作用。

D：美国在如何推动民众参加养老保险计划方面，可谓煞费苦心。最初，在美国养老保险体系中，员工需要经过选择、申请加入，然后要作出各种各样养老金比例的选择。人们往往会被这一繁琐复杂的过程吓倒，因此相当多的人一生中从来没有加入过养老保险计划，也有很多人将自己的养老保险计划弄得一团糟。所以，后来美国的一些公司改变了他们的默认选项，他们说如果你不填表的话，就默认你会自动加入这个养老保险计划。除非你填表，明确表示退出，才能够不参加养老保险计划，这大大提高了员工的参保率。

这个方法也被美国政府在很多方面加以采用。在养老保险体系中，还有一个问题，就是刚刚参加工作的人缴存比例比较低，人们不愿意为了未来而降低现在的收入，于是美国又出台了另外一项推动措施，叫做"明天储蓄更多计划"，参与者在将来按照工资涨幅提高缴存金额，而不会看到自己手上的钱减少。这项措施促使民众缴纳更多的钱用于养老保险计划。

E：我的老家有一个亲戚，是区里某个部门的副局长，最近相当"纠结"。眼下，从上到下反"四风"，对党员干部操办"婚丧嫁娶"抓得很严，他准备不办婚宴。不料亲家坚决不同意：儿女婚姻是人生大事，必须办！两家为此闹得很不愉快。情急之下，他只得向纪委打电话"求助"："我家女儿快结婚了。怎样办婚宴才不至于违纪？"听说区纪委接到不少这样的咨询电话，因为不少人对有些事吃不准，害怕"一不小心"违了纪。于是，区纪委迅速地制作了一部动漫片，把工作和生活中经常碰到，大家又拿捏不准的违纪"高发点"梳理出来，用动漫片的形式进行权威解读、"边界"标注，让党员干部一看就懂，首批梳理出来的违纪"高发点"有五个：一是婚丧嫁娶大办宴席；二是以公务考察的名义旅游；三是违规发放福利；四是违规发放津贴、补贴；五是违规接受宴请礼品和参加娱乐活动。针对每个"高发点"，区纪委都制定了非常具体详细的规定。这下，我那位亲戚不再"纠结"了，已经与亲家达成共识，婚宴照办，但是一不收彩礼，二要控制规模，只宴请两家的亲戚欢聚一下。

F：好的政策谁说了算？只有综合汇总分析多方面的反馈，才能知道某项政策的效果。在美国家庭里，有一个能源使用反馈灯，如果家里消耗的能源过多，这盏灯就会变红变亮。通过这种反馈，美国家庭的能源消耗下降了40%。同理一项政策需要有良好的反馈系统，从而及时被修正。习近平同志在一次考察时说："政策好不好，要看乡亲们是哭还是笑。"

G：政策制定是一个对以往政策行为的不断补充和修正的过程：政策要有延续性，不断调适渐进，我国在改革开放初期提出"摸着石头过河"反映的正是这种理念。

2.1995年《全民健身计划纲要》的颁布实施，对全民健身活动的蓬勃开展起到了极大的推动作用。这二十年来，我国全民健身事业取得令人瞩目的成就，健身理念日益深入人心，人们的健身热情不断高涨，丰富多彩的健身活动涌动神州大地，群众体育组织不断加强，群众健身的环境和条件明显改善，参与体育健身活动的人数大幅增加，具有中国特色的全民健身体系基本建成，我国逐渐由体育大国向体育强国迈进。

如果说全民健身活动的开展显著增强了中国的国民体质，那么，1977年恢复高考的重大政策，则显著改变了中国人的精神生活。很多人的求知欲、读书欲被唤醒、被激活。上海图书馆的老员工们至今还记得当年图书馆开门营业时的盛况。每天早上，上海图书馆门口6点多就开始排队了，到了开门时间，读者像潮水一样涌入。挤进图书馆的人基本就不出去了，一旦出去位置就没了。这项好的政策不仅唤起了亿万青少年的读书热情，更奏响了中华民族复兴的前奏曲，让人们看到了我们民族的希望。

毫无疑问，在社会生活中，如何通过政策来促进公民的理性思考、合理引导人们的善意、提升公民的自我修养，是政府的职责和担当。政策的最终目的，是维护公共利益，使公民的生活更加美好。良好的政策有助于构建和谐的社会生活，让公民更趋于理性，更加崇尚和维护社会公德。从某种意义上说，好的政策不仅仅是对公民意愿的满足，更是对公民理性乃至德性的滋养。

三、作答要求

一、请你根据"给定资料1"的内容，将与会人员关于"好政策"的有关见解，汇总整理成一份简报。

要求：

（1）内容全面，紧扣材料；

（2）观点明确，简明扼要；

（3）语言流畅，条理清晰；

（4）不考虑格式要求，不超过400字。

二、"给定资料2"中提到："从某种意义上说，好的政策不仅仅是对公民意愿的满足，更是对公民理性乃至德性的滋养。"请你从对这句话引发的思考说开去，写一篇文章。

要求：

（1）自选角度，自拟题目，见解明确、深刻；

（2）思路明晰，语言流畅；

（3）参考"给定资料"，但不拘泥于"给定资料"；

（4）总字数800～1 000字。

参考答案1

某市市政府"好政策"研讨会简报

近日，某市市政府以"好政策"为主题召开专题研讨会，相关专家及政府部门工作人员提出了一系列建议。

（一）注重调查研究。A指出苏东坡建西湖路堤，离不开实地调查。

（二）从人民利益出发。A提到苏东坡让农民种菱角，D所说"明天储蓄更多计划"，都符合民众需求。

（三）复杂问题简单化。B指出一条鞭法将实物税变为货币税，D指出美国养老保险计划简化为不填表即默认加入。

（四）发挥政府和市场的作用。C强调"限塑令"之所以成功，一是政府采取刚性监管措施，二是消费者降低了消费需求。

（五）政策具体化、通俗化。E指出某区纪委梳理违纪"高发点"，用动漫案例+权威解读的形式，使政策一看就懂。

（六）建立政策反馈系统。F认为政策需要良好的反馈系统，主要看人民群众满不满意。

（七）摸着石头过河。G强调，政策制定是对以往政策行为的补充和修正，因此"要有延续性，不断调适渐进"。

参考答案2

【本文提供一个观点和论证论据比较全面丰富的版本，考生的文章可能只写到其中的部分内容，仅供参考。】

论好政策对公民的三重影响

在现代政治生活中，如何制定政策，制定什么样的政策，关系到国家的发展和群众的生活，不可不慎重。那么什么是好的政策呢？政策的好坏可以从三个方面评估：第一，是否满足公民意愿，反应群众诉求，回应民生关切；第二，是否增进公民理性，促进社会公平，符合实际国情，优化资源配置；第三，是否提升公民德行，醇化社会风气，有效地惩恶扬善。

概括地说来，好的政策最好要同时满足：民主、公平、正义三个标准。在这个开放、多元、复杂的现代社会结构中，要很好地理解、把握、制定、执行、推广这类政策需要我们：尊重公民、满足公民、引导公民、说服公民、提升公民、发动公民。

首先好的政策应该尊重公民、满足公民。尊重公民就是要问计于民、问需于民、问政于民，不专行独断，不搞一言堂。在制定政策过程中要深入调查，开放言路，让公民有机会参与政策的讨论、制定，有权利影响决策的方向。我们很高兴地看到，随着社会不断发展和互联网兴起，越来越多的政策进入了公共讨论空间。比如2015年10月刚放开的二孩政策，就是党中央国务院在倾听民意的情况下，对政策作出的及时调整。其实早在这之前，民间就有大量的关于二孩政策是否开放的讨论和研究，民间人士梁建章博士甚至专门放下自己的生意，做了大量的人口研究工作。正是在民间广泛的讨论和深入研究推动下，二孩政策才及时地出台。因此，好的政策要有一个相对开放、自由、通畅的讨论平台和诉求渠道，而满足公民意愿的前提就是要在政策上给予公民自由、开放、真实表达自己诉求的环境和空间。另外，满足公民意愿远远不是简单地听就可以的。好的政策必须去协调、平衡、捕捉、挖掘、洞察最普遍、最真实、最急迫的意愿，把这些意愿总结、归纳、提升为政策。比如20世纪90年代的公共图书馆的政策，为什么受到群众广泛拥护，正是因为在当时的历史条件下，所有人都非常急迫地想要获取知识。因此，好政策的重要作用之一就是要发现、挖掘、凝聚共识，找到群众普遍的痛点所在。

好的政策还要主动提升公民的理性，让公民的诉求更公正、善良、理性。好的政策要让公民在表达诉求时不仅考虑自己、个人、当前的利益，还考虑他人、集体、长远的利益，应该让公民表达诉求不再是简单基于个人利益和情感，而是学会充分考虑到政策需要的条件、落实的成本、执行的效率等等。好的政策还要涵养公民的科学务实的精神、客观公正的态度、公平正义的情怀。以"限塑令"为例，这是一个出于维护整体环境利益而出台的政策，但是单纯从个人角度说，可能会让生活变得不方便，购物成本更高等等，这时候个人的小利益就必须让位于公共的大利益。但与此同时，也要有效规避一部分人打着公共利益的旗号去损害个人的自由和意愿，因此采取的是"限塑"而不是"禁塑"。这个政策好就好在：你的行为可能损害公共利益，但是你必须为此埋单，要对公共利益进行补偿——通过货币补偿的形式，协调了个人利益和公共利益之间的矛盾，彰显公平正义的内涵。"限塑令"这个政策很好地诠释了"理性"，它没有基于一种简单的道德理想，对那些使用塑料袋的人没有挥舞大棒，而是给予了选择的空间。这样的政策才是有强大解释力的政策，才是有普遍执行力的政策，同时也才是符合最广大人民群众理性诉求的好政策。

好的政策虽然不能简单地根据道德热情制定，但是它可以包含丰富的道德内涵。"限塑令"这类政策虽然并没有禁止使用塑料袋，但是也包含着道德诉求。限塑令出台之后，塑料袋付钱就不是一个简单的市场交易行为了，这个钱就带有一定的违背社会公德的处罚意味。这种处罚虽然不重，但是它表达出了对某些行为的是非对错、善恶美丑的一种态度，它将在舆论上形成对滥用塑料袋者的监督和鞭策。而有些政策本身就是强制性的道德规范，比如党的八项规定，规定党员领导干部婚丧嫁娶不能大操大办，就是把道德上升为政策。孔子云"君子之德风，小人之德草，草上之风，必偃"，党员干部作为国家兴衰、社会发展的领头人，官风、党风、政风关系到民风、社风、世风，领导干部的道德水平提高了，普通公民的道德水准就能上一个新台阶。因此，我们要将依法治国的现代政治手段和以德治国的古典政治智慧相结合，传承"为政以德"的伟大传统，让冰冷的政策重新闪耀道德和人性的光辉。

好的政策应该与公民形成良性互动，在满足公民诉求、提升公民理性、涵养公民道德上都要积极有为。好的政策不是静态的，而是动态的，不是封闭的，而是开放的，在不同的历史社会条件下，在不同的社会结构下，好的政策应该有不同的内涵。好的政策是面向未来、面向世界的，历史没有现成答案，需要一代又一代人去摸索、探讨、争论、发掘、实践……

七、申论模拟试卷二

一、注意事项

本题由给定材料与作答要求两部分构成。考试时限为180分钟。其中，阅读给定材料参考时限为50分钟，作答参考时限为130分钟。

二、给定材料（有删减）

1.1867年，约瑟夫在加利福尼亚一个牧场工作，常常一边放羊一边看书。在他埋头读书时，牲口经常撞倒放牧的铁栅栏，跑到附近田里偷吃庄稼。牧场主对此事十分恼火，威胁要将他辞掉。约瑟夫经过观察发现，羊很少跨越长满尖刺的蔷薇围墙。于是，一个偷懒的想法浮上心头：何不用细铁丝做成带刺的网呢？他把细铁丝剪成小段缠在铁丝栅栏上，并将铁丝末端剪出尖刺。这下，想要偷吃庄稼的羊只好"望网兴叹"，约瑟夫再也不必担心会被辞退了……

约瑟夫恐怕做梦也没有想到，他的小发明竟然造就了这样宏大的景观，也没想到他最初用来限制羊的带刺铁丝网，不久就被用来限制人了：带刺铁丝网除了在监狱、集中营、战俘营中用来圈住人外，还在战场上得到了广泛应用。有人把这种铁丝网列为"改变世界面貌的七项专利之一"，因为这项技术的创新，带来了制度的创新。有经济学家说，铁丝网催生了美国西部的早期产权制度（铁丝网帮助牧场确定了边界，并因此推动了经济和社会的发展），这才是铁丝网最大的贡献。

铁丝网的发明也由此启示人们，新技术的创意和发明，与人们的生活方式以及制度的改变都有直接的关联性。

近百年来，人类的科技只能用突飞猛进这样的词汇来形容，如果让一个1900年的发明家来看今天的世界，他会认得汽车、电话、飞机，也能想象出宇宙飞船、深海潜艇，但他绝对会对计算机、互联网、基因工程、核能一无所知。现在，知识爆炸给人类带来前所未有的自信和乐观，有位作家这样写道："我真诚地相信，我们生活在人类历史上最伟大的知识时代，没有任何事物我们不了解……只要是人能想到的事，总有人能做到。"20世纪是科学技术空前辉煌的世纪，人类创造了历史上最为巨大的科学成就和物质财富。这些成就深刻地改变了人类生产和生活的方式及质量，同时也深刻地改变了人类的思维、观念和对世界的认识，改变并继续改变着世界，也使人类思考的方向有所变化。由此带来的，是对人类不断创新的深刻认识。而技术的更新具有一种加速度的特质，尤其是21世纪以来电子产品（例如电脑、手机等）的更迭，更是呈现出几何级数的速度，更新换代往往在两三年内就得以完成，以至于有人认为：新技术是一种创造性的毁灭力量。

习近平在2014年6月9日召开的中国科学院第十七次院士大会、中国工程院第十二次院士大会上强调，我国科技发展的方向就是创新、创新、再创新。实施创新驱动发展战略，最根本的是要增强自主创新能力，最紧迫的是要破除体制机制障碍，最大限度解放和激发科技作为第一生产力所蕴藏的巨大潜能。要坚定不移走中国特色自主创新道路，坚持自主创新、重点跨越、支撑发展、引领未来的方针，加快创新型国家建设步伐。习近平强调，今天，我们比历史上任何时期都更接近中华民族伟大复兴的目标，比历史上任何时期都更有信心、有能力实现这个目标。而要实现这个目标，我们就必须坚定不移贯彻科教兴国战略和创新驱动发展战略，坚定不移走科技强国之路。科技是国家强盛之基，创新是民族进步之魂。中华民族是富有创新精神的民族。党的十八大作出了实施创新驱动发展战略的重大部署，强调科技创新是提高社会生产力和综合国力的战略支撑，必须摆在国家发展全局的核心位置。这是党中央综合分析国内外大势、立足我国发展全局作出的重大战略抉择。面对科技创新发展新趋势，我们必须迎头赶上、奋起直追、力争超越。历史的机遇往往稍纵即逝，我们正面对着推进科技创新的历史机遇，机不可失，时不再来，必须紧紧抓住。

2.长三角地区生猪的重要产区P市，其养猪业正处在转型升级的关键期。记者走进P市，探寻信息化时代这种后养殖模式究竟改变了什么。

"村里以前有34 000~35 000头猪，每天都有猪仔出生、肉猪出栏、病猪死去，具体多少就不清楚了。"P市某村村委会李主任说。

该村有2 000多户村民，位置比较偏僻。养殖是村里的传统产业，也是不少农户的收入来源之一。以前村民随意倾倒猪粪，随意处理病死猪，村里环境越来越差。要恢复环境，拆除违建猪舍，起码要知道村里有多少头猪。这个简单的问题，却难倒了很多村委会主任。

据P市畜禽养殖污染治理办公室工作人员林先生解释，以前，如果上面要求统计生猪养殖的某一项数据，他们就要将任务派到各镇、街道，镇、街道再把任务派到村、社区，由村、社区的工作人员到每个养殖户家中询问状况，汇总统计之后，逐级上报。一般来说，完成一项统计最快也要1个月。

除了费时费力，准确度也是个问题。等到各村农户一家家跑下来，数据交上去，实际情况总会和报上去的不太一样，因为生猪数量是动态的。要对生猪养殖户进行管理，还涉及诸多相关的问题：猪舍面积多少，沼气池、沼液池、三格式化粪池建设情况如何，是否按照生猪数量收取养殖污染处置费……必须利用现代化信息技术，对生猪养殖进行精细化管理。

下午2时，该村村委会工作人员小徐来到二组村民老曹家。猪舍里，一窝刚生下来没几天的小猪仔见到生人来了吓得挤成一团。

"一、二、三……"小徐一只只数了起来。前两天，老曹家的母猪生了12头仔猪，而一周前来统计的时候，这窝猪仔还没出生。

跑了十几家农户的猪舍后，小徐回到村委会，登录电脑上的"P市生猪信息化管理系统"，找到老曹家的档案。档案里，农户基本信息、联系方式、治污设施、猪舍面积、养殖规模、存栏头数以及出栏、出生、仔猪、母猪、肉猪等情况清清楚楚。

小徐动动鼠标和键盘，将仔猪数量从"0"改成了"12"。接着根据刚刚走访了解到的情况，逐户进行修改。随着老曹家仔猪数量的变化，全村、全镇、全市仔猪数量也随之发生了变化。"现在实时更新，效率高，更准确，而且每家农户都建立了一个档案，方便管理。病死多少，出栏多少，存栏多少等一清二楚。"林先生对新系统赞不绝口。

截至目前，系统里有"一户一档"养殖基本信息2.45万户，其中，现有存栏生猪养殖户0.94万户，退养户1.51万户。而整个系统里包括养殖生产管理、动物防疫管理、动物检疫管理、流通监管、溯源管理五个模块，涵盖50类数据情况的记录统计，还能实时导出线形图和柱状图，变动情况也很明晰。

为了配合这套系统，P市在人员配置方面建立了市、镇、村三级网络，96个行政村里，村村都有1名专职管理人员，负责基础信息的收集、更新。从上到下，构建一张信息网。

除了一些类似于"人口统计指标"的基本情况，生猪养殖业要减量提质，生猪养殖污染和养殖安全问题必须要解决。这套系统在这方面也大有作为。

生猪养殖污染曾经让老百姓苦不堪言。根据"谁污染谁治理"的原则和"村规民约"的要求，村民们按照自家养殖的生猪数量，向村里缴纳费用来治污。养几头猪、交多少钱，虽然已经有"村规民约"的约束，但由于以前生猪数量不明晰，因此在执行上存在一些问题。

现在，通过将缴费信息录入系统，对照养殖户的生猪存栏数等基本情况，一旦出现数字对不上的情况就能及时发现，杜绝村民随意处置病死猪和畜禽废弃物的可能性，确保了制度的全面推行和长效管理。

小徐向我们展示了一张生猪养殖污染处置费缴纳证明，在系统里，记者看到，和纸质证明相对应的，该农户的缴费金额、存栏头数、收费标准、收费凭证编码等事项很清楚。继续点开，还能看到该农户在这段时间的所有养殖行为详情，比如母猪产下猪仔情况，出栏前检疫证明情况等，都可以随时查看。

最近一个月，系统内记录了1 053户养殖户的生猪养殖污染处置费缴费登记信息、57户养殖户能繁母猪的收费登记信息，同时由于数据实时更新，系统基本实现了从仔猪出生免疫、出售检疫、屠宰检疫的全程实时动态管理，为相关部门提供了详实可靠的决策依据。

此外，该系统已与农业部动物追溯系统联网，能更大程度地保证猪肉来源的可靠，一旦出现问题，也能更准确、迅速地追溯到源头。

三、作答要求

（一）结合给定资料1，谈谈你对文中划线句子"新技术是一种创造性的毁灭力量"的理解。

要求：（1）准确、全面；（2）不超过150字。

【参考答案】

技术进步不仅推动了人类物质生产力的迅猛发展，也深刻地改变着人类生产、生活的方式和质量。新技术对人类的思维、观念、制度模式以及人类对世界的认识都会带来显著的变化，并从整体上推动世界和人类思考方向的变化，它所带来的是一种创造基础上的革新，因此可以说是一种创造性的毁灭力量。

（二）P市某村的生猪养殖进入了信息化时代。假如你是该村驻村干部，要向其他市县养殖村的管理人员介绍经验，请根据给定资料3写一篇在经验交流会上的讲话稿。

要求：（1）全面准确、符合实际；（2）语言得体、有感染力；（3）不超过500字。

【参考答案】

信息化助推转型升级，养殖产业实现新突破

尊敬的各位来宾：

大家好！

很荣幸能与大家交流我村利用信息化网络实现养殖业转型升级的做法。

大家都了解，过去的养殖业粗放落后，小打小闹还行，一旦规模上去，各种数据统计和污染管理等问题，处理起来费时费力不说，只要中途有任何一丁点的纰漏和变化，就会造成大面积的返工、延误和错误，很多工作效果不佳，甚至难以开展，管理起来非常困难。而自从利用信息网络技术，实现了精细化管理之后，这些问题统统得到了解决。在网络上，各种数据一目了然，而且调整非常方便，大幅度降低了管理难度，提高了管理的效率。

生猪信息化管理系统，实行一户一档，涵盖50类农户养殖的数据统计，只要配合村里专职的信息管理人员，就可以将详细的信息数据分类汇总，这样不仅可以方便掌握各种具体数据，而且统计直观、方便，可以实现动态管理，为决策提供了准确依据。过去因为数据不准确而老大难的污染费用征缴和随意丢弃病死猪的问题也迎刃而解。我们还与农业部动物追溯系统联网，对养殖质量进行了严格的监控。

如今，各行各业都在利用先进技术，我们养殖业也不能落后，希望大家都能利用好信息网络，实现腾飞，共同富裕。

谢谢大家！

八、申论模拟试卷三

一、注意事项

本题由给定材料与作答要求两部分构成。考试时限为180分钟。其中，阅读给定材料参考时限为50分钟，作答参考时限为130分钟。

二、给定材料（有删减）

1.27岁的小邹认真地考虑了几次之后，还是决定不去参加周日约定好的教友福音会，他确实需要倾诉，但肯定不是向神父。到目前为止，至少他并不认为自己已经到了需要求助于某种宗教的地步。

身高1.74米，体重150斤，在北方城市的机关大院内，这几乎是一个标准身材。当小邹回顾自己进入"体制"的四年，注视着自己不论从体型还是心理，都逐渐被"体制"化，甚至连血压、血脂也与周围的同事趋同时，面对着在外人看来"很顺"的处境，他有了一种莫名的骚动。

对于这份职业，小邹的理解来自于四年间循环往复的工作节奏，作为一个普通工作人员，他只不过是需要在每个时间段内完成"规定动作"，虽不能消极怠工，但也不需要超额完成任务，四年来的工作天天如是，没有什么波澜。

最近一段话时间，感觉有些困惑的小邹，周末经常到一家心理诊所，就青年社会心理问题进行咨询。

事实上，小邹并不认为自己心理有问题，他只是想印证一下自己的某些想法是否合乎常理。结果很意外，当需要向心理医生介绍自己的情况时，小邹这位当年大学校园里的校报写手竟然发现自己无从谈起，他心想"或许是事情太多，没办法很完整地表述清楚"。

"说真的，目前这个工作节奏是五十岁以上人的节奏，对我来说这个节奏感觉有点压抑。"小邹思考着，一字一顿地说，"有时我在想，我会不会真的习惯这种节奏，换句话说，是不是已经被这种节奏所禁锢，永远失去某些竞争力了呢"。

有一段时间，小邹曾经尝试着改变自己的节奏，对于自己份内应为的工作一丝不苟，提高工作效率，而对于非份内的工作，熟悉业务流程的他也尽量帮着跑，他希望这样能够时刻让自己处于一种高效率的工作状态中，"不会有被社会主流抛弃的感觉"。

然而，小邹很快放弃了这种做法。因为他这样的工作态度，让周围的同事极不适应，经常有人认为他是多管闲事；领导也找他谈话，希望他能够"稳重一些"。到了发薪日，小邹的薪水也仍然是那个很少变化的数字。

面对心理医生的时候，小邹把自己这种情况总结为和体制节奏有些不搭调，他梦想能有所改变。

小邹对于自己的收入也是不满的。以小邹的收入，如果仅仅是正常生活并不存在任何问题，当然，这一切都必须建立在不买房的情况下。

但小邹必须买房，而且已经买了房。他说："这既是对女友的承诺也是对自己的要求，更是在心理上认同自己的一个标尺。"

　　购买了期房的小邹到今年年底就能拿到自己那个两居室的钥匙了，和大多数同事一样，小邹也把房子买在了房价较低的郊区，而这意味着小邹不但要考虑买一辆汽车代步，还要考虑如何忍受上下班时段恼人的交通和攀升的油价。

　　小邹对于买车抱持着一种幻想，但他心里非常清楚，以他目前的收入和储蓄，能偿还每个月1 800元的购房贷款已经很不容易，买车基本上是一个短期不可能完成的任务。

　　已经还了两年贷款的小邹随口就能够报出自己资金的大致去向：2 800多元的月收入再还完1 800多元的贷款之后，1 000元的生活费用几乎让他每月都捉襟见肘。"如果赶上亲戚朋友结婚、生小孩需要随礼，我可能还要向父母借钱。"

　　其实，对于现实不安且不满的小邹并不是没有想过跳槽，然而，他的顾虑几乎同他的渴望一样多。

　　非常稳定的"吃皇粮"生活对小邹的诱惑仍然非常大，至少能够还贷款，至少可以有一定的社会地位，而一旦投身于滚滚洪流的社会，这一切都可能不复拥有。这几乎是小邹不能够承受的。"我不能拿自己和女朋友的将来当儿戏，我需要稳定。"

　　然而，小邹的女朋友却并不这样看，她经常问小邹，每个月就这点死工资，自己觉得值吗？这时的小邹经常是撇撇嘴，不再言语。

　　其实，看着自己女友研究生毕业后七八千元的月收入，小邹感到欣慰的同时，也面临极大压力，"那是一种无形的压力，有时候确实心里很别扭"。

　　小邹非常清楚自己的位置，他认为以自己的能力，在没有特殊机遇的情况下，最好能够在35岁之前就获得职务晋升，如果达不到，今后就不太可能再进一步，但总的来说，工资也在涨，只要不犯错误，至少是安全的。

　　是否应该用永久的安全换取仅仅是可能的发展机会？这是令小邹头痛的一件事，毕竟，鱼和熊掌不可兼得，对于接近而立之年的小邹来说，马上就要面临结婚、生子等一系列问题，而一旦跳槽，这一切肯定要推迟，这是他并不愿意看到的。

　　跳不跳槽这个问题，已经困扰了小邹一年多，时至今日，他仍然没有下定决心。"像我这样的人多了去了，既然大多数都选择了继续，肯定是有一定道理的，虽然我的心在躁动，但我真的不知道该如何抉择。"

　　2.提高心理健康水平，不仅要完善相关立法和建立专门的疏导机制，还要不断提高教育水平，从价值观方面解决问题。

　　"尊重他人和尊重自己的生命，是生命进程中的伴随物，也是心理健康的一个条件。""夫君子之行，静以修身，俭以养德。非淡泊无以明志，非宁静无以致远。""想不付出任何代价就得到幸福，那是神话。""你想成为幸福的人吗？但愿你先学会吃得起苦。"

　　这些关于心理健康、人生观和幸福观的名人名言，被有效地应用在教学实践中，不少教师都能通过树立榜样，在教学中自觉地渗透心理健康教育。苏轼仕途坎坷而壮心不已，蒲松龄面对落第却发奋创作，曹雪芹处境艰险仍不辍笔耕，安徒生屡遭失业而自强不息，奥斯特洛夫斯基身残却潜心著述……这些都构成对学生进行挫折教育、引导学生正确对待挫折的生动教材。史马迁忍辱十八载撰写《史记》，司马光苦熬十九春秋编纂《资治通鉴》，曹雪芹十年寒窗写就《红楼梦》……这些感人的经历和遭遇给人留下的精神财富，更是对学生进行意志品质教育和培养学生优良品德的绝佳教材。

　　B是一家心理诊所的心理医师。在她成长过程中，作家张承志的小说《北方的河》就曾经对她如何认知和面对生活中的缺陷起过不可磨灭的作用。"小说中的男女主人公在湟水的河床发现一个没有了下半截的彩陶罐子。他俩在河沟里的陶片堆里一块块翻找，试着把陶片对上罐子的断口。彩陶罐渐渐地复原了，但是最后还缺腹部的一块始终没有找到。"B沉浸在对小说情景的回忆中，"我记得女主人公一再感叹：'多美啊，可惜碎了。世上的事情多么拂人心意啊，生活也常常是这样残缺。'从此这部小说就教会我一个道理：生活原本可能正是美好与残缺的统一"。

B对记者说："我特别高兴加拿大作家门罗获得了2013年诺贝尔文学奖，当年我就欣赏她的一句名言：'幸福始终充满着缺陷。'我也总是想把这种幸福观传达给我的每一个病人。"

B称自己也同样是在经历过心理躁动、人生观迷茫之后，才慢慢形成了对人生和幸福的理解，"治疗病人的过程对我来说其实也是一个自我诊治的过程。每个人的生命中都会在某个时段面临心理的问题和价值观的困惑"。

在采访临近结束时，B告诉记者："我们现在一提起价值观，似乎总被人嗤笑，但是心理问题的最终解决，其实与正确的社会价值观和人生观都有密切的关联性，也往往决定于对生活的理解以及对幸福的体认。"

三、作答要求

1.某单位为了了解工作人员的生活、工作情况和心理、思想状态，打算以"给定资料1"中小邹的情况为案例，设计一份调查问卷。假如由你具体负责这项工作，请设计出该问卷内容所应列出的主要问题。

要求：

（1）写出明确具体的设问；

（2）设问应当分类并对每类中的每个设问标注序号；

（3）内容全面，用语得体；

（4）不超过500字。

2.加拿大女作家门罗曾经说过："幸福始终充满着缺陷。"请结合你对给定资料的思考和对这句话的领悟，自拟题目，写一篇文章。

要求：

（1）自选角度，立意明确；

（2）联系实际，不拘泥于"给定资料"；

（3）思路清晰，语言流畅；

（4）总字数1 000~1 200字。

【参考答案】1

一、生活方面

1.您当前的薪酬是多少，您对您的薪资状况满意吗？

2.您有没有买房，是否有还房贷的压力？

3.您认为当前的物价水平是否超出了您的承受能力？

4.您身体健康状况如何，多长时间体检一次？

5.您当前遇到父母养老和抚养子女的问题了吗？

6.您现在有随礼问题的困扰吗？

二、工作方面

1.您对您目前的工作环境满意吗？

2.您对单位的上下级关系、同事之间的关系满意吗？

3.您是否想过跳槽？

三、心理方面

1.您是否感到焦虑，焦虑的程度如何？

2.感到焦虑时，您会通过什么途径解决？

3.您家人对您目前的工作是否满意？

四、思想方面

1.您有没有宗教信仰，如果有，您的信仰是什么？

2.从价值观角度来说，成功对您意味着什么？

五、背景方面

1.您的性别？

2.您的年龄？

3.您的政治面貌？

【参考解析】2

当幸福来敲门

每个人都渴望幸福，然而人们对幸福的理解又千差万别。有人认为衣食无忧就是幸福，有人认为家财万贯才是幸福，还有人认为功成名就才是幸福。殊不知还有一种幸福是历经一番寒彻骨，赢得梅花扑鼻香的幸福。正如文王拘而演周易，仲尼厄而作春秋的幸福，虽与苦难、艰辛相伴，却也别有一番滋味在心头。正所谓：艰难困苦，玉汝于成。

然而，随着市场经济的快速发展，人们生活脚步的不断加快，大家的目光越来越关注于物质的增长和富足，对利益的盲目追求遮挡了寻找幸福的双眼，急功近利的浮躁心态蒙蔽了眺望幸福的视线。2012年央视掀起的一场关于"你幸福吗"的调查，开启了人们对当前生活幸福指数的叩问：到底什么才算幸福？怎样才能拥有幸福？归根结底，幸福不是一条单行线，它不仅需要物质上的满足，更需要精神上的富有；它不只在于结果的完满，还在于追逐的过程。那么如何才能在幸福缺失的年代召回我们的幸福感呢？

培养幸福感需要全社会传递正能量。幸福不会从天而降，成功不会自动生成，就像今天每一部呈现在我们面前的完美作品都有其创作者背后数不尽的艰辛和汗水，只有经历过风雨才能见到绚丽的彩虹，只有走过挫折才能更加清晰地体会到幸福的味道。这也是每个社会成员需要明白的道理，不要一味试图走捷径，应努力克服浮躁心理，戒骄戒躁，培养良好的心境，树立正确的价值观，在全社会形成一种通过自身努力收获成功的良好社会风气。

培养幸福感需要榜样的激励和渗透。屈原放逐，乃赋离骚；左丘失明，厥有国语；孙子膑脚，兵法修列。他们的作品完成那一刻的幸福感是我们难以体会的，就像我们无法体会他们的痛苦一样。虽然我们不必像古人那样遭受各种常人难以想象的折磨，但也告诉我们，成功往往与艰辛相连，幸福常常与苦难相伴。当我们用这些事迹时常敲打一下自己的灵魂，必会为自己当前的碌碌无为而感到悔恨和自责，或许也会找到那份为幸福去奋斗的动力与激情。

另外，培养幸福感还需要个人的自我努力。要以一个积极乐观的心态去面对所有的问题与困惑，保护自己的价值观不受社会物欲横流的影响，并且以更加阳光的心态去影响身边的人，不断激发自己的潜力，努力使自己的价值得到最大限度的发挥。

幸福，是我们内心最本真的呼声。而对幸福的认知正确与否，决定了我们能否寻找到属于自己的幸福感。处于"改革"深水区、"转型"攻坚期的我们，要敢于接受缺陷，乐于享受挫折，只有经历过风雨的洗礼，才能对幸福做出正确的诠释。只有如此，当幸福来敲门之时，我们才能寻找到幸福的真谛，才能实现自己的梦想，才能实现我们的民族之梦！